国家社科基金重大项目(项目批准号:12&ZD032)

国外公共图书馆法研究

著者:李国新　段明莲　孙　冰　曹　磊
高长伟　唐开敏　王学思

國家圖書館出版社
National Library of China Publishing House

图书在版编目(CIP)数据

国外公共图书馆法研究/李国新,段明莲著. —北京:国家图书馆出版社,2013.8

(《公共图书馆法》立法支撑研究丛书)

ISBN 978 -7 -5013 -5136 -7

Ⅰ.①国… Ⅱ.①李… ②段… Ⅲ.①公共图书馆—立法—研究—国外 Ⅳ.①D912.04

中国版本图书馆 CIP 数据核字(2013)第 151038 号

书名 国外公共图书馆法研究
著者 李国新 段明莲 等著

出版 国家图书馆出版社(100034 北京市西城区文津街 7 号)
(原北京图书馆出版社)
发行 010 -66114536 66126153 66151313 66175620
66121706(传真) 66126156(门市部)
E-mail btsfxb@ nlc. gov. cn(邮购)
Website www. nlcpress. com→投稿中心
经销 新华书店
印刷 北京科信印刷有限公司

开本 787 ×1092(毫米) 1/16
印张 11. 25
版次 2013 年 8 月第 1 版 2013 年 8 月第 1 次印刷
字数 250 千字

书号 ISBN 978 -7 -5013 -5136 -7
定价 60. 00 元

写在前面

（一）

新中国的图书馆立法工作始于世纪之交的2001年。当年，《中华人民共和国图书馆法》的制定工作由文化部牵头正式启动。遗憾的是，由于种种原因，这次立法工作到2004年6月中断。不过，在此后的国家立法和事业发展规划中，研究制定“图书馆法”的任务并没有消失。2004年中宣部印发《关于制定我国文化立法十年规划（2004—2013）的建议》，将图书馆法列入前五年的立法规划。2006年9月发布的《国家“十一五”时期文化发展规划纲要》，将“抓紧研究制定图书馆法”列为“十一五”时期文化立法的任务之一。2008年10月，十一届全国人大常委会立法规划公布，“图书馆法”被列为“第二类项目”，即“研究起草、条件成熟时安排审议的法律草案”。2008年11月18日，文化部在北京召开《公共图书馆法》立法工作会议，明确了根据全国人大常委会的立法规划，经过广泛征求意见并慎重研究考虑，“图书馆法”的制定从研究制定《公共图书馆法》做起。以此为标志，我国的图书馆立法工作在2004年中断以后再次启动。这次会议还决定，由中国图书馆学会和国家图书馆牵头，协调和组织全国的力量，首先对《公共图书馆法》将要涉及的基本问题和重要制度展开支撑研究，为法律的框架体系设计和条文起草提供思想、理论、学术、方案等方面支撑。于是，就有了“《公共图书馆法》立法支撑研究”这一项目。

2009年1月初，中国图书馆学会2009年新年峰会在北京召开，专题讨论、部署《公共图书馆法》立法支撑研究事宜。经过与会代表热烈而畅所欲言的讨论，形成了围绕《公共图书馆法》的11个研究专题，并按照专家学者、图书馆管理者、图书馆实际工作者相结合的原则，组建了相应的专题研究组。为保证整个支撑研究的有机协调和整体推进，还成立了统筹与协调研究工作的“协调组”。会后，支撑研究在“协调组”的组织、统筹和协调下以专题组为单位正式开始。

2009年7月中旬，各专题组提交的初步研究成果经过“协调组”组织的研讨、汇总、统稿审定后，由中国图书馆学会提交文化部，标志着支撑研究第一阶段工作的完成。在历时半年多的研究过程中，“协调组”先后主持召开工作会议5次，各专题组分别召开研讨会10多次，有的专题组还进行了大范围的问卷调查、典型地区的实地调研，直接参与各专题研究的有70多人，汇总的初步成果达150万字左右。

这次围绕《公共图书馆法》制定而组织进行的立法支撑研究，可以称得上是一次我国图书馆界动员力量广泛、涉及内容全面、研究目标明确、组织保障有力的立法专题研究。国家主管部门的高度重视，业界人士的热情参与和专业奉献，中国图书馆学会和国家图书馆的有力保障，共同成就了这一盛举。

(二)

《公共图书馆法》立法支撑研究共涉及11个专题,具体如下:

(1)国内外图书馆立法资料收集与分析;

(2)公共图书馆立法背景与必要性、可行性研究;

(3)公共图书馆的性质与功能定位研究;

(4)公共图书馆的设置与体系建设研究;

(5)公共图书馆管理体制研究;

(6)公共图书馆绩效评估研究;

(7)公共图书馆人、财、物保障及呈缴本制度研究;

(8)著作权保护法律法规在公共图书馆的适用研究;

(9)公共图书馆文献资源建设法律保障研究;

(10)读者权益与图书馆服务研究;

(11)公共图书馆与"数字图书馆"——数字环境下公共图书馆发展研究。

纵观这些专题,应该说,比较广泛地涉及了与公共图书馆设置、运营、服务、保障有关的主要问题。立法支撑研究不是纯理论纯学术研究,是比较典型的具有全局性、战略性、前瞻性的重大现实性问题研究。研究所涉及的问题,与未来《公共图书馆法》规范的重要问题、建立的基本制度相一致。但是,支撑研究不是法律本身,支撑研究的结论也不是法律条文本身。在整个研究过程中,支撑研究秉持了如下基本原则:

第一,以全面系统地梳理总结国内外已有理论、观点、制度、方案、事例的产生、演变与现状为基础。立法支撑研究不是个性化的学术研究,与为立法提供支撑的目标相适应,首先应该如实呈现相关问题的历史流变与现实状况,勾勒出国内外已有法律、政策的变化轨迹和发展趋势,展现各家之言,体现不同的利益诉求,为法律的最终选择与决断提供比较的基础、判断的理据、参考的事实,以及全面、系统、真实的资料。

第二,以我国目前公共图书馆事业发展进程中的重大现实性问题和事关我国公共图书馆持续稳定发展的基本制度为研究重点。中国的法律是要解决中国的问题,因此首先要明确,对国外经验的借鉴,必须考虑中国的社会发展水平和公共图书馆事业的现实状况,考虑引进或应用的社会环境、必要性与可能性,即便是发达国家今天已经比较成熟的公共图书馆制度,有些也难以简单地"拿来所用",因为发达国家的制度确立本身也经历了一个过程。其次,我国的公共图书馆事业发展面临着诸多困难和问题,试图毕其功于首次制定《公共图书馆法》一役是不现实的,这就需要我们分析研究目前阶段制约事业发展的主要问题是什么,这些问题有没有可能在今天解决,怎样解决,或者能解决到什么程度。总之,立法支撑研究必须在借鉴国际经验与立足中国国情之间、在适当超前与面对现实之间、在必要性与可能性之间寻求平衡,力求通过有重点、适度地解决一些事关全局的重要问题来推动事业持续发展。

第三,以完善公共图书馆的社会功能、实现公共图书馆的社会价值、推动公共图书馆事业发展,进而保障公众基本文化权益、满足公众基本文化需求、促进公共文化服务体系构建为研究的指导思想。积改革开放30多年我国法治建设的经验教训，今天我们必须明确，《公共图书馆法》不是公共图书馆“保护法”，也不是公共图书馆馆员“保护法”，它保护的是公众利用公共图书馆的权利，从根本上说保护的是公众的基本文化权益。所有对公共图书馆本身的条件保障和制度设计，都必须站在如何更好地保障公众实现利用图书馆权利的高度去审视、去选择、去研究、去设计。为图书馆事业立法，是以人为本、以改善民生为重点加强社会领域立法思路的体现，《公共图书馆法》立法支撑研究在指导思想上应该体现这样的高度。

（三）

按照立法支撑研究项目的整体计划，研究成果的去向和发布分三个层次：一是向文化部提交详细研究成果，供法律草案的设计、起草参考。二是各专题组将本专题研究成果的核心内容浓缩为论文，集中在《中国图书馆学报》发表。这一任务已在2010年3月至2011年3月间完成，共发表专题研究论文14篇。三是将主要研究成果整合为若干本专著，交由国家图书馆出版社公开出版。经过对11个专题研究成果的综合考量，最终将主要研究成果整合为5部专著，这就是呈现在读者面前的《公共图书馆法》立法支撑研究丛书。早在近20年前，当我刚刚着手研究日本的图书馆法律体系时，曾经感叹日本图书馆协会早年出版的一本《图书馆法成立史资料》给研究带来的方便。希望这套汇集我国《公共图书馆法》立法支撑研究主要成果的丛书，能够成为展现当代中国图书馆法治研究水平的代表作，同时也成为记录我国公共图书馆法立法进程的历史资料。

李国新
2011年11月20日

目　　录

第一章　美国联邦公共图书馆法

第一节　联邦与联邦图书馆法

在美国，存在联邦（federal）、州（state）、地方（local）三级政府，但严格来说，只有两级政府——联邦和州政府，因为地方政府是州政府的组成或分支，它的权力也来自州政府。

根据合众国宪法第十条修正案规定，“宪法未授予合众国，也未禁止各州行使的权力，由各州各自保留，或由人民保留”。据此，公共服务是各州和地方政府的责任，联邦政府过度干预各州与地方政府的事务将面临违宪的风险。在美国，包括图书馆在内的教育事业长期以来都是各州和地方政府的职责。公共图书馆也主要依靠地方政府的资金和少量的州政府资金而存在。联邦政府在图书馆事业发展中所承担的角色是很有限的，联邦的投入占全国图书馆总投入的比例非常小。以 1964 年为例，当时联邦政府的投入仅占全部投入的 8.1%，而州政府投入占到 17.2%，地方政府投入则占到 74.7%。[①] 到 2007 年，联邦投入比例下降到 0.4%，而地方政府投入则上升到 84%。[②]

在美国图书馆法律体系中，州图书馆法是整个法律体系的主体。联邦制度下的各州拥有高度的自治权力，包括立法权和司法权，因此各州的图书馆法，在法律效力和内容上都类似于集中体制国家的国家层面的图书馆法，用以规范州境内的图书馆事业。美国州图书馆法的制定也早于联邦。1849 年，新罕布什尔州制定第一部州图书馆法，授权州内市政通过征税建立公共图书馆。[③] 随后半个世纪，各州相继制定了图书馆法。

在很长一段时期里，图书馆法只停留在州层面，并不存在联邦图书馆法，直到 1956 年《图书馆服务法》的制定，才标志着联邦图书馆法的出现。随后，1964 年的《图书馆服务与建设法》与 1996 年的《图书馆服务与技术法》相继出台，构成了美国不同历史时期的联邦图书馆法。

美国的联邦图书馆法与其他国家的图书馆国家立法有所不同，它们在内容上不涉及图书馆的设立、组织、管理等内容，这些内容在美国通常是由州图书馆法加以规范。联邦图书馆法实质上是国会以立法的形式，授权联邦政府向地方政府提供专项拨款，通过财政转移支付的手段，资助各地方政府开展图书馆服务，促进图书馆事业发展。因此，美国联邦图书馆法的条款内容主要是规定拨款数额、拨款方式，以及拨款用途等。

美国联邦最早的图书馆法是 1956 年颁布的《图书馆服务法》，此后，1964 年颁布了《图

---

① John F, Nathan C. The Federal Government and Public Libraries: a Ten-year Partnership, 1957—1966[J/OL]. [2010-03-29]. http://www.eric.ed.gov/ERICWebPortal/search/detailmini.jsp?_nfpb.

② 2007 年美国图书馆统计报告[R/OL]. [2010-03-22]. http://harvester.census.gov/imls/pubs/pls/index.asp.

③ 韩小亚. 美国图书馆法律体系建设及其启示[J]. 图书馆论坛, 2009(6): 40—42.

书馆服务与建设法》,1996 年又颁布了《图书馆服务与技术法》,三部法律实际上是一部法律在不同历史时期的演变与发展,从中既可以看到法律顺应和引领图书馆事业发展的潮流,又可以看到图书馆事业的时代发展在法律中留下的印迹。

第二节 1956 年《图书馆服务法》:向农村推广图书馆服务

一、联邦图书馆立法的背景

19 世纪初,公共图书馆开始在美国社会兴起。1870 年以后,以安德鲁·卡耐基为代表的慈善家们,慷慨捐赠,为美国公共图书馆事业的发展注入了急缺的资金。经过 70 多年的发展,到 20 世纪 40 年代时,美国图书馆事业取得了长足发展,已经位居世界先列。尽管如此,美国当时仍有大量人口尤其是农村地区的人口,无法享受到公共图书馆服务。据美国图书馆协会(ALA)1940 年的调查,当时全美人口为 1.3 亿,有 3500 万人(约占全国人口的 27%)无法接触到任何公共图书馆服务,另有 5300 万人(约占全国人口的 41%)只能得到不充足的公共图书馆服务,全国有五分之一的郡县没有设立公共图书馆。[①] 1956 年教育部的调查显示,全国有 2600 万农村人口(约占全国人口的 20%)无法接受到任何公共图书馆服务,全国 300 多个郡县没有公共图书馆。[②]

根据美国图书馆协会当时制定的公共图书馆标准,维持最低限度的公共图书馆服务,人均投入应为 1.5 美元;提供合理良好的图书馆服务,人均投入至少为 2.25 美元;而要提供优质的图书馆服务,人均投入应达到 3 美元。但 1954 年调查结果却显示,全国没有一个州的人均图书馆投入可以达到 3 美元,只有马萨诸塞州、纽约州和俄亥俄州的人均图书馆投入超过了最低标准。当时,加利福尼亚州的人均投入仅 2 美分,康涅狄格州 3 美分,48 个州的平均人均投入仅有 81 美分,远远低于美国图书馆协会所规定的最低标准。[③]

除了公共图书馆数量与经费不足之外,地区间发展的不平衡也非常严重。表 1.1 为 1955 年时公共图书馆在美国的地域分布情况。从中可以看出,东部和北部中心地区所拥有的图书馆数量远远多于南部和西部诸州。如果仅从图书馆数量来看,似乎地区间差异性并没有那么明显。但是如果考虑到图书馆的规模和能力,地区差异就十分突出了。位于东部地区的纽约州,共有 634 个图书馆系统,其中的一个是纽约市公共图书馆,它是美国最大的 3 个公共图书馆之一,该图书馆系统拥有一个中心图书馆,81 个分馆,这些分馆的规模都远远超过了很多地区的整个图书馆系统。[④]

---

① Hawthorne Daniel. *Public Libraries for Everyone*[M]. Garden City, N. J.: Doubleday, 1961: 34.

② James W Fry. LSA and LSCA, 1956—1973: a Legislative History[J]. *Library Trends*, 1975(8): 7—26.

③ Hawthorne Daniel. *Public Libraries for Everyone*[M]. Garden City, N. J.: Doubleday, 1961: 99.

④ Hawthorne Daniel. *Public Libraries for Everyone*[M]. Garden City, N. J.: Doubleday, 1961: 31—32.

表 1.1　1955 年美国公共图书馆的地区差异

地区	人口	图书馆系统数量	平均每个图书馆系统的服务人口
东北地区	4000 万	2647	15 111
北部中心地区	4450 万	3022	14 725
南部 16 州	4600 万	1326	34 690
西部 11 州	1900 万	876	21 689

东北地区的马萨诸塞州、罗德岛州、特拉华州 3 个州是公共图书馆发展最好的地区，然而就算是这 3 个最幸运的州，仍然需要更多的公共图书馆，以马萨诸塞州为例，当时全州 351 个城镇中仅 4 个有独立的社区图书馆，另外 4 个城镇通过州图书馆提供的流动书车获得服务。[①]

根据美国各州图书馆法的规定，地方政府负责当地的公共图书馆建设。但对于那些人口稀少、分布分散，经济又落后的郡县来说，它们根本没有能力发展公共图书馆事业。例如在美国西南部广大地区，一个郡县的面积甚至大于整个马萨诸塞州的面积，新墨西哥州西南部相邻的 3 个郡县——Catron、Socorro 和 Sierra，它们的总面积相当于马萨诸塞州的两倍，在这片广阔的土地上，人口稀少，每平方英里不足一人，最大的城镇也只有五千居民。[②]在人口如此分散的地区建设图书馆，地方政府确实是无能为力。

20 世纪 30 年代，联邦工作促进局（Works Progress Administration）曾以试点的形式在这些地区利用联邦资金建立公共图书馆。这些试点实践证明，联邦资金撤销后，当地政府愿意继续为这些图书馆提供后续资金。[③] 路易斯安那州也曾在卡耐基基金会的资助下开展过公共图书馆服务推广示范项目，这些示范项目唤醒了当地政府对公共图书馆价值的认识，地方政府愿意继续投入资金使之成为永久性服务。这些试点项目，也引起美国图书馆界的关注，他们希望能向联邦政府寻求帮助，通过自上而下的联邦援助来推动公共图书馆事业进一步发展。但当时美国图书馆行业内部对于联邦的参与还没有形成统一意见，直到第二次世界大战之后，随着政治环境的改变，联邦图书馆法才正式提上议程。

二战后，自由主义开始控制美国政治舞台，最明显标志就是由罗斯福总统开创的“新政”式大政府模式被广大民众所接受。罗斯福之后的数任总统继续大政府模式，联邦政府开始在国民经济与民众生活中扮演更重要的角色。[④] 另外，战后美国的社会意识显著提升，民权意识成为社会主流，社会更加关注国内问题，尤其是种族歧视所带来的机会不平等。这个时期，美国教育部提出了《联邦政府资助全国教育事业法案》，希望保障教育公平。联邦图书馆法也借机成为教育法的一部分，进入国会议员们的政治视野。

当时，从国家管理机构到图书馆行业协会内部也出现了一些对立法有利的条件。1938 年，在美国图书馆协会的长期努力下，美国教育部设立了图书馆服务处（Library Services Divi-

---

①②Hawthorne Daniel. *Public Libraries for Everyone*[M]. Garden City, N. J. : Doubleday, 1961 : 51.

③　Lisa Degruvter. The History and Development of Rural Public Libraries [J]. *Library Trends*, 1980 (Spring) : 513—523.

④　王恩铭. 当代美国新保守主义的兴起[J/OL]. [2010 - 02 - 25]. http://americanstudy. bokee. com/viewdiary. 16496041. html.

sions),负责全国图书馆事业的数据统计和调研工作,为政策制定提供支持。该部门掌握着全国图书馆的权威数据,在立法过程中发挥了重要的数据支持作用。二战期间,战时信息部(Office of War Information)成立了一个图书馆信息处(Library Information Section),主要职能是提供战时所需的资料与情报。虽然这个部门并没有为图书馆事业的发展带来直接好处,但是却使更多的政府官员们重新认识到图书馆的作用,图书馆界也开始学习如何与联邦政府官员打交道。

二、从《公共图书馆示范法案》到《图书馆服务法》

联邦图书馆法的制定,离不开美国图书馆协会的奋斗。ALA 坚定不移的信念与持之以恒的工作,换来了立法的成功。

1944 年,时任 ALA 执行秘书 Carl Milam 在华盛顿召集会议以了解国会与联邦政府对图书馆事业的态度,讨论如何推动立法工作。会议认为"一个目标足够明确、但规模又不至于引起巨大反弹,不与教育协会(National Education Association)的联邦诉求构成竞争的立法议案"是最好的选择。不久,美国图书馆协会专门成立了联邦关系委员会(Federal Relations Committee),Paul Howard 任主席,负责与联邦政府沟通。Paul 经常走访华盛顿,与教育部、教育协会、国会议员们保持着良好的政治关系,与他们讨论联邦图书馆法提案,征求他们对提案的意见。随着美国图书馆协会与联邦政府沟通的增多,在国家政治中心华盛顿设立一个专门办事处也就变得越来越有必要。1945 年 10 月,美国图书馆协会华盛顿办事处成立,仍由 Paul Howard 任主席。Paul 及随后几任主席的政治能力和坚持不懈,是《图书馆服务法》得以成功的重要因素。ALA 华盛顿办事处的地理位置优越,距离国会大厦、参议院和众议院大楼都很近,为工作人员接近国会议员提供了极大的便利。同时,该办事处定期出版《ALA 华盛顿通讯》(ALA Washington Newsletters),向业界传递最新的立法资讯。可以说,在联邦图书馆法的整个立法过程中,华盛顿办事处发挥着中流砥柱的作用。

ALA 希望通过立法得到联邦拨款资助,促进农村地区公共图书馆的发展,而对农村地区的资助也最容易打动国会议员。基于此种考虑,《公共图书馆示范法案》(Public Library Demonstration Bill)应运而生。该法案的核心内容是在农村地区开展公共图书馆示范推广活动,活动经费由联邦政府与州政府各承担一半。

《公共图书馆示范法案》的起草人是 Paul Howard,当时 ALA 华盛顿办事处的主席。他在回忆草案的诞生经过时说道:"共和党政策委员会(Republican Policy Committee)的 George Smith 给我很大帮助。1945 年春天的一个下午,我们讨论了联邦图书馆立法的想法,他告诉我,如果我可以在第二天带给他一个草案的话,他可以通过非正式渠道了解共和党对该草案的态度。于是那天下午我就准备好了立法草案。在准备时,我参考了国会图书馆立法咨询服务部之前帮我起草的一份草案,以及之前我与各个组织谈话的记录。这个草案就是《公共图书馆示范法案》,以及之后的《图书馆服务法》。"[①]

根据立法程序,只有议员可以正式提出立法请求,在寻找议案提出人时,Paul 选中了众议员 Emily Douglas 和参议员 Lister Hill。Paul 决定同时争取他们的支持。他回忆道:"1946 年 1 月的一个早上,我约好与 Douglas 女士谈论提案,在去她办公室的路上,我路过 Hill 议员

① Hawthorne Daniel. *Public Libraries for Everyone*[M]. Garden City, N. J. :Doubleday, 1961:40.

的办公室,便顺便拜访看看他是否愿意见我。结果被告知他一个小时之后有空,于是我留下Douglas女士的电话,去赴约。在与Douglas女士讨论了大约45分钟之后,她说如果Hill议员愿意在参议院提出议案的话,她便同意在众议院提出相同的议案。这个时候,电话响了,Hill议员说他可以见我。我对他讲了十分钟的图书馆价值和议案的目的,他便同意作为法案提出人。"①

但令人遗憾的是,从1946年起,连续三届国会都未能成功通过此法案。1946年3月第79届国会上,Emily Douglas与Lister Hill议员分别在众议院与参议院提出立法提案。提案通过了两院小组委员会的审议,但随后便被搁置。第80届国会上,提案仍未能进入全院审议和表决阶段。直到第81届国会,《公共图书馆示范法案》才得以推进到众议院全院辩论和表决阶段,但经过5个小时的辩论,最终以161票支持164票反对的结果被否决。② 失败的主要原因,是联邦政府不参与地方政府教育事业的传统观念成为巨大障碍,另外当时各州的图书馆管理机构还很薄弱,有些州(比如亚利桑那州与犹他州)还没有州图书馆管理机构,地方政府也没有做好申请与利用联邦拨款的准备。③

经过《公共图书馆示范法案》的失败之后,美国图书馆协会(ALA)充分考虑反对意见,对法案进行修改,草拟出新的《图书馆服务法案》。1951年的第82届国会上,《图书馆服务法案》得到了更多人的支持。但在立法资源有限的情况下,该提案仍未能进入全院审议。在第83届国会上,所有教育类法案都被否决,《图书馆服务法案》也再次失败。④

联邦图书馆立法最大的障碍来自于保守派,他们顽固地认为联邦政府资助图书馆事业是违宪的。为了降低他们的反对,《图书馆服务法案》开篇即强调"本法任何内容不得解释为对地方政府权力的干涉",州与地方政府仍是公共图书馆事业的责任主体,法律保障它们享有自由使用拨款的权力,同时要求各州为联邦资金提供配套资金。

尽管历经数次失败,但美国图书馆界并没有放弃努力,而是继续游说,组织全国图书馆力量支持立法。一次次的立法申请,也让更多的议员逐渐认识到公共图书馆的价值。1956年《图书馆服务法案》终于等来了胜利,在第84届国会上,28位众议员,17位参议员联名提起立法案,5月8日,《图书馆服务法案》进入众议院全院审议,在辩论会上,支持者Edith Green精彩陈词:"今年国防部要求超过15亿美元拨款研发更好的武器……但在科学、技术以及最重要的思想竞争中,有什么武器能比受教育的头脑更好呢?图书可以武装年轻人的头脑,他们才是我们的优势,在战争中,图书与坦克、飞机一样是武器装备。"辩论后,众议院全院表决通过。6月6日,参议院也全院表决通过。7月6日,艾森豪威尔总统签署Public Law 84—597,即《图书馆服务法》(Library Services Act),有效期至1961年6月。到第86届国会时,有7份提案要求延长《图书馆服务法》的有效期。经两院辩论,最后国会同意将其有

① Hawthorne Daniel. *Public Libraries for Everyone*[M]. Garden City, N. J.: Doubleday, 1961: 41.

② Holley Schremser. *The Library Services and Construction Act: an Historical Overview from the Viewpoint of Major Participants*[M]. JAI Press Inc, 1983: 8—9.

③ Holley Schremser. *The Library Services and Construction Act: an Historical Overview from the Viewpoint of Major Participants*[M]. JAI Press Inc, 1983: 9—10.

④ Holley Schremser. *The Library Services and Construction Act: an Historical Overview from the Viewpoint of Major Participants*[M]. JAI Press Inc, 1983: 15—16.

效期延长五年。①

三、《图书馆服务法》的主要内容

《图书馆服务法》(LSA)是一个简单的联邦政府拨款法案,共八条,分别是政策声明、拨款授权、拨款分配、州计划、拨款支付、拨款扣留、管理、定义。

艾森豪威尔总统在签署法令时声明,"我今天所签署的《图书馆服务法》,代表着刺激州与地方政府为农村人口提供公共图书馆服务的一种努力,它将造福百万美国人民。我相信,当联邦拨款结束后,州与地方政府将继续下去"。②

《图书馆服务法》的第一条"政策声明"中强调,本法目的是"向没有图书馆服务或图书馆服务不足的农村地区,推广图书馆服务"。同时强调"本法的任何条款不得解释为干涉州与地方政府在公共图书馆服务领域的主动权和管理责任","资金的最佳使用方式决定权,保留给州与其地方分支机构"。

"拨款授权"条款规定,从1957年至1966年,授权联邦政府每年提供750万美元拨款。各州要申请拨款,必须先向教育部主管部门提交州计划(state plan),计划得到教育部批准后方可得到拨款。

"拨款分配"条款对拨款方式做出规定:首先向符合要求的州提供4万美元拨款,剩余部分再按照各州的农业人口占全国农业总人口的比例发放。

"州计划"条款对州计划的内容做出具体要求,规定应包含以下内容:①各州图书馆管理机构对计划实施承担管理与监督责任;②州财政部门负责联邦资金的接管与监督;③州图书馆管理机构制定资金的管理政策与方法,确保资金最大限度地用于农村地区公共图书馆;④州图书馆管理机构定期向教育部汇报计划实施与资金使用情况;⑤所有州计划实施的图书馆服务必须免费向所有居民开放。

"拨款支付"条款规定,由教育部提出年度拨款申请。为刺激州政府对图书馆事业的投入,要求州政府必须提供配套资金,联邦拨款所承担的份额根据各州的人均收入水平不同,最高不超过66%,最低不少于33%。具体份额由教育部每年公布。法律还规定本法拨款仅限于为农村地区提供图书馆服务,不得用于城镇地区。

"拨款扣留"条款规定发生哪些情况时,教育部可以终止拨款,直待问题满意解决后方继续拨款。主要是:州计划发生重大变化,或是计划实施过程管理中存在问题,导致不符合本法的规定。被停止拨款的地方机构如若不服,可以向联邦地区法院提起诉讼。

"管理"条款规定由教育部负责实施本法,制定必要的管理条例,授权教育部开展必要的调研活动,定期报告农村公共图书馆示范计划的实施情况。

法律最后的"定义"条款,对法律中出现的重要概念、术语进行了界定,如界定"农村地区"为特指人口在一万以下的农村等。

四、《图书馆服务法》的实施及其效果

《图书馆服务法》的实施,首先带动了公共图书馆管理机构的建立和实施细则、管理条例等配套规章的制定。按照法律的规定,美国教育部负责法律实施,其下设的"图书馆服务处"

①②James W Fry. LSA and LSCA, 1956—1973: a Legislative History[J]. *Library Trends*. 1975(7):7—26.

(Library Services Divisions)更名为“图书馆服务部”(Library Services Branch),负责审批各州的图书馆资金申请计划。同时,教育委员会成立“图书馆服务法案咨询委员会”(Advisory Committee on the Library Services Act),为法律的实施提供咨询。教育部从1956年6月开始制定法律实施细则与管理条例,先后召集了四次由各州图书馆代表参加的地区会议,讨论法律实施细节问题,直到1956年12月份,实施细则正式颁布。

《图书馆服务法》所规定的联邦政府拨款额度是一个授权最高限额,并不表明联邦政府一定会实际拨付这么多钱。每个财政年度,教育部都要提出拨款预算,经国会批准后才能得到拨款。国会享有财政权,它实际批准的拨款数额可能会与政府预算有所不同。

《图书馆服务法》规定,各州申请专项拨款的前提是州图书馆管理机构制定的“州图书馆申请计划”得到教育部的批准。该计划要包括三部分内容:①本州未来5年内的公共图书馆发展规划;②计划利用联邦拨款开展的项目,每个项目须单独描述;③详细罗列每个项目的预算,以及联邦拨款与州政府各承担的比例。

法律实施的第一年,共有38个州提交了州申请计划,其中31个获得批准,顺利得到联邦拨款。[①]到1961年,印第安纳州是唯一一个没有制定利用这笔资金的州,因为该州州长顽固地认为这是联邦政府对州政府权力的干预。而据估计,印第安纳州当时有八十万居民享受不到公共图书馆服务,这意味着在《图书馆服务法》实施的前四年,印第安纳州大约放弃了70万美元原本可以用于促进当地公共图书馆发展的资金。[②]

《图书馆服务法》授权联邦政府每年最高拨款750万美元。在法律实施第一年,教育部提出了全额750万美元的拨款申请,外加14万管理经费。当时,图书馆界都满心以为国会将同意全额拨款,但最终国会只批准第一年拨款205万。国会的主要考虑是,各州图书馆管理机构还没有做好准备,在立法效果证明之前,还是从较小的数额开始更为谨慎。1957年至1960年,美国图书馆事业获得的国会拨款从最初的205万美元,逐渐增加到了全额750万美元,如表1.2所示。

表1.2　1957至1963财政年度《图书馆服务法》的联邦拨款数额

财政年度	申请数额(万美元)	实际批准拨款数(万美元)
1957	750	205
1958	300	500
1959	300	600
1960	665	750
1961	730	750
1962	750	750
1963	750	750

数据来源:*The Library Services and Construction Act:an Historical Overview from the Viewpoint of Major Participants* 的附录部分。

---

① Holley Schremser. *The Library Services and Construction Act:an Historical Overview from the Viewpoint of Major Participants*[M]. JAI Press Inc,1983:29—30.

② James W Fry. LSA and LSCA,1956—1973:a Legislative History[J]. *Library Trends*,1975(7):7—26.

《图书馆服务法》的实施，向农村地区普及了公共图书馆服务，使很多没有接触过图书馆的人群得到服务，提高了公共图书馆的覆盖面。法律将联邦拨款的使用范围限定在人口稀少的农村地区，各州的州图书馆主要采用流动书车的方式，定期定点向农村地区提供公共图书馆服务。根据1960年的统计，全美当时共有200多辆流通书车投入使用，约3000万农村居民、65个农村郡县第一次获得了图书借阅服务。[①] 1956—1961年，超过500万册新增图书用于农村服务，图书馆利用率也显著提升，很多图书馆的统计流通量增加了40%。[②]

《图书馆服务法》的实施，带动了州与地方政府对公共图书馆的投入。联邦拨款的最大成功之处在于为公共图书馆事业注入了活力，唤醒了州与地方政府对公共图书馆事业的责任意识。1956年州与地方政府对农村图书馆项目的投入是3840万美元，1964年这一数目提高到8420万美元，提高了119%，州与地方政府的农村图书馆项目投入都有一倍以上的增加，如表1.3所示。[③]

表1.3　1957—1966年联邦、州、地方政府的图书馆投入对比

来源	农村项目				农村—城市项目			
	1956	1964	变化		1965	1966	变化	
			数量	比例			数量	比例
(单位:百万美元)								
总计……	38.4	91.6	53.2	139	416.5	442.8	26.3	6.3
联邦…	—	7.5	7.5	—	24.9	24.6	-0.3	-1.2
州与地方	38.4	84.2	45.8	119	391.5	418.2	26.7	6.8
州……	6.7	15.8	9.1	135	39.3	43.6	4.3	10.9
地方……	31.7	68.4	36.7	116	352.2	374.6	22.4	6.4
(比例%)								
总计……	100.0	100.0	—	—	100.0	100.0	—	—
联邦…	—	8.1	8.1	—	6.0	5.6	-0.4	—
州与地方	100.0	91.9	-8.1	—	94.0	94.4	0.4	—
州……	18.9	17.2	-1.7	—	9.4	9.8	0.4	—
地方……	81.1	74.7	-6.4	—	84.6	84.6	0	—

数据来源：The Federal Government and Public Libraries：a Ten-year Partnership，1957—1966：4.

① Holley Schremser. *The Library Services and Construction Act：an Historical Overview from the Viewpoint of Major Participants*[M]. JAI Press Inc，1983：29—30，34.

② James W Fry. LSA and LSCA，1956—1973：a Legislative History[J]. *Library Trends*，1975(7)：7—26.

③ John F，Nathan C. The Federal Government and Public Libraries：a Ten-year Partnership，1957—1966[J/OL]. [2010-03-29]. http://www.eric.ed.gov/ERICDocs/data/ericdocs2sql/content_storage_01/0000019b/80/2f/75/b2.pdf.

立法之前,图书馆在地方政府(城市、郡、镇)是独立分散运行的,各州图书馆管理机构普遍很薄弱,没有能力协调和管理全州境内的公共图书馆事业。《图书馆服务法》的实施,要求州图书馆机构负责联邦拨款的计划、申请、实施和监管,各州图书馆管理机构在承担更多责任的同时,也得到了州政府的更多关注与资金支持,因此组织架构和管理能力都得到提升。1956 年到 1961 年,各州图书馆管理机构普遍加强了对农村地区公共图书馆的领导,为它们提供更多的资料馆藏与设备。[①]

第三节　1964—1990 年《图书馆服务与建设法》:全面提升图书馆服务与建设水平

一、《图书馆服务与建设法》的出台

20 世纪 60 年代,美国通过了多项教育立法,如《中小学教育法》《高等教育法》等。这些法律不仅改善了美国的教育条件,更是打破了联邦政府不能干预教育事业的传统观念。伴随政治环境的改变,特别是联邦政府对教育事业投入的增加,美国图书馆事业也迎来了发展的"黄金时代"。

60 年代颁布的一系列教育法,诸如《中小学教育法》《高等教育法》《医学图书馆援助法案》等,为全国的中小学校图书馆、高校图书馆、全国医学图书馆赢得了联邦拨款。这些法律的实施,大大提高了联邦政府对图书馆事业的参与力度,极大地促进了各类图书馆的发展。

《图书馆服务法》实施后,美国公共图书馆事业发展迅速。但随着馆藏增加、服务拓展,馆舍的老化陈旧、空间不足、硬件条件不能满足发展需要等问题日益突出。美国教育部当时的调查数据显示,全国有 38% 的公共图书馆的建筑寿命已经超过 40 年,超过 1600 座公共图书馆是在 20 世纪前二十年建造。图 1. 1 显示了 1964 年时全美公共图书馆建筑的寿命情况。[②]

1963 年肯尼迪总统曾在一份教育特别咨文中全面分析当时教育存在的问题,其中多次提到图书馆。他高度认可公共图书馆的价值,指出"公共图书馆是继续教育的重要资源",但"全国仍有 1800 万人无法接受图书馆服务,超过 1. 1 亿人只能得到不充足的图书馆服务",他特别指出,公共图书馆馆舍建筑年久失修,空间不足、缺乏现代化设备,因此应该延长并修改《图书馆服务法》,为公共图书馆硬件建设提供拨款,以促进公共图书馆事业的发展。

肯尼迪总统的咨文建议为《图书馆服务与建设法》的成功奠定了良好的政治基础。与十年前《图书馆服务法》的艰难诞生相比,《图书馆服务与建设法》的立法进程可谓一帆风顺。

---

① James W Fry. LSA and LSCA, 1956—1973: a Legislative History[J]. *Library Trends*, 1975(7): 7—26.

② John F, Nathan C. The Federal Government and Public Libraries: a Ten-year Partnership, 1957—1966[J/OL]. [2010 - 03 - 29]. http://www.eric.ed.gov/ERICDocs/data/ericdocs2sql/content_storage_01/0000019b/80/2f/75/b2.pdf.

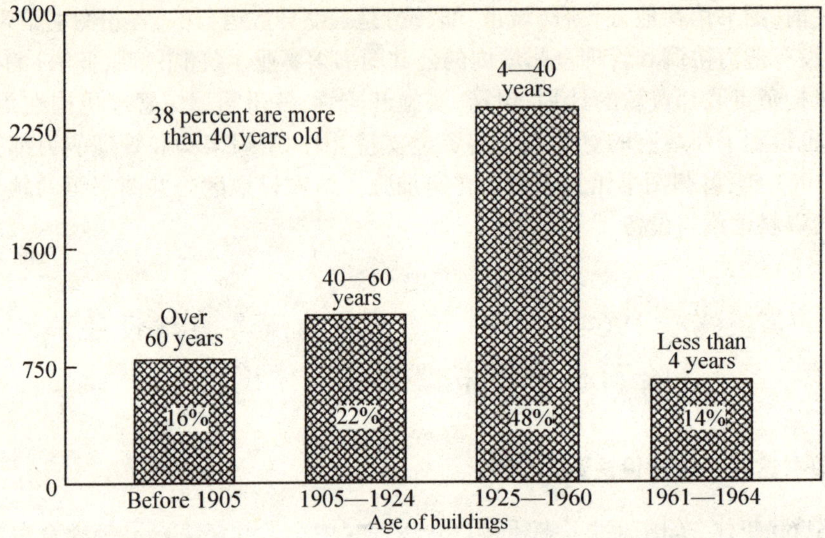

Source: Extrapolations of unpublished data from U.S. Office of Education Survey of Public Library Building Facilities, Fiscal 1963-64.

图 1.1　1964 年全美公共图书馆建筑的寿命分布

资料来源:*The Federal Government and Public Libraries*:*a Ten-year Partnership*:17

1963 年 10 月,参议员 Wayne Morse(当时的参议院教育小组委员会主席)提出了 S. 2265 号提案,即《图书馆服务与建设法案》,法案依然遭到了少数保守派的反对。11 月 22 日,肯尼迪总统在德克萨斯州遇刺身亡,举国震惊。也许是基于对总统遇害的震惊与同情,不久参议院顺利通过了肯尼迪总统曾积极支持的这份法案。1964 年 1 月众议院也顺利通过投票。1964 年 2 月,新上任的约翰逊总统签署了 Public Law 88—269,即《图书馆服务与建设法》(Library Services and Construction Act,简称 LSCA)。

《图书馆服务与建设法》继承了《图书馆服务法》的基本思想,并进一步提高了联邦拨款的数额,拓展了联邦拨款的使用范围。1964 年到 1996 年,在长达 30 多年的时间内,《图书馆服务与建设法》对美国公共图书馆事业的发展起到重要促进作用。

二、《图书馆服务与建设法》20 年间修订

从名称上看,《图书馆服务与建设法》与《图书馆服务法》的不同在"建设"(construction)二字,这正好体现了它们之间的继承与发展关系。

《图书馆服务与建设法》继续授权联邦政府向各州提供图书馆专项拨款,不同之处在于,被取代的《图书馆服务法》只允许各州将拨款用于公共图书馆在农村的推广服务,新法则允许联邦拨款除了用于推广服务之外,还可用于援助建设新的公共图书馆馆舍,或对已有建筑物进行修葺维护。新法进一步扩大了拨款范围,取消了拨款只能用于人口一万以下农村地区的限制,将援助范围扩大到所有地区;同时大幅提高了联邦政府的授权拨款数额,规定 1964 年至 1966 年用于公共图书馆服务的拨款数额提高到每年的 2500 万美元。

虽然 1964 年颁布时规定《图书馆服务与建设法》的有效期为两年,但事实上它的有效期最终延长到 32 年(1964—1996),是美国图书馆法历史上有效期最长的一部法律。这是因为每次即将到期,国会两院都会出现相应的立法修订案,对《图书馆服务与建设法》进行修订或延期,《图书馆服务与建设法》修订案成了国会两院的常客。通过不断的修订,《图书馆服务与建设法》平稳度过了凶险不定的政治环境,法律内容本身也不断完善。

1966 年,《图书馆服务与建设法》的有效期延长 5 年,至 1971 年。此次修订进一步扩大了联邦拨款的使用项目,新增加两个拨款条目——第三条(Title III)的"馆际合作"与第四条(Title IV)的"州图书馆特殊服务"。修改后,《图书馆服务与建设法》规定联邦政府可为 4 个领域提供拨款援助:公共图书馆服务、公共图书馆建设、馆际合作以及州图书馆特殊服务。"馆际合作"是指为各类图书馆(公共、学校、高校、专业)的服务合作提供资金援助;"州图书馆特殊服务"是指为各州的州图书馆(state libraries)开展特殊服务提供资金援助。所谓特殊服务主要包括两类:一是为公立机构(如监狱、医院、孤儿院、养老院等)提供图书馆服务;二是为残疾人提供图书馆服务。

1970 年,法律有效期再次延长 5 年,法律内容也再次进行一些调整,主要包括:①原第四条"州图书馆特殊服务"的内容合并入第一条之中,不再为州图书馆特殊服务单独提供拨款;②增加为城市与农村地区弱势群体公共图书馆服务提供拨款;③增强大都市公共图书馆的服务能力,发挥它们作为国家或地区资源中心的作用;④提高州图书馆管理机构的管理能力;⑤在"馆际合作"条款中取消了要求州政府提供配套资金的规定;⑥进一步完善了州计划(state plan)的制定与审批过程。

1984 年,《图书馆服务与建设法》再次经历重大修订。新增第四条"印第安部落土著居民图书馆服务",授权向服务于土著居民的公共图书馆提供专门拨款,但该项拨款不是独立拨款,而是从第一条、第二条、第三条的拨款中分别提留 1.5% 和 0.5% 的资金。新增第五条"外文资料获取",援助公共图书馆采购外文资料,以更好地服务非英语用户。这部分拨款要求全国公共图书馆竞争获取,并限定单项拨款不超过 3.5 万美元。增加第六条"图书馆扫盲计划",鼓励公共图书馆开展成年人扫盲服务,该项拨款也是在全国竞争基础上分配,同样限定单项拨款不得超过 3.5 万美元。此次修订新增了 4 个拨款项目,体现了联邦政府对全国公共图书馆服务发展方向的引导。

除了以上专门的立法修订案之外,这一时期美国出台的一些其他与图书馆相关的法律也对《图书馆服务与建设法》的内容产生了影响。如 1973 年的《美国老年人全面服务法修订案》(the Older American Comprehensive Service Amendment)颁布后,《图书馆服务与建设法》新增加第四条"老年读者服务",为公共图书馆的老年人服务提供联邦拨款。1973 的《国家艺术与人文基金修订法案》(National Endowment for the Arts and Humanities Amendment)将满足特定标准的研究型图书馆(如纽约公共图书馆)纳入"公共图书馆"范围之内,这意味着这些图书馆也可以申请联邦拨款。1974 年的《教育法修订法案》(Education Amendment)出台后,《图书馆服务与建设法》增加了向母语非英语人群集中地区提供公共图书馆服务的专项拨款。

三、《图书馆服务与建设法》(1990 年修订)的主要内容

《图书馆服务与建设法》在 1984 年修订后,维持了较长一段时间的稳定。1990 年第 101 届国会再次对法律作出较大调整,之后在 1994 年又进行了一次小的技术性修改,直到 1996 年法律彻底失效。1990 年修订的《图书馆服务与建设法》是该法律的最终文本。

1990 年修订的《图书馆服务与建设法》对法律意义上的"建设"(construction)的内涵外延,较前作出了大幅度拓展:"建设"不再局限于馆舍建筑,还包括购买、租赁或安装各种图书

馆设备,特别是信息与技术设备、录像与电信设备。法律还扩大了“残疾人”的定义,将肢体或精神障碍、视觉障碍或听觉障碍人群全部纳入“残疾人”范围。法律增加了对“网络(network)”的定义,特指任何图书馆之间的合作协调机制,目的在于使各类图书馆能高效利用馆藏资源。以上这些变化,实际上是大大拓展了联邦拨款的使用范围。

“拨款授权”(Authorization of Appropriations)对法律第一条至第八条的拨款数额进行规定。具体规定了1990财政年度的授权拨款数额(见表1.4),同时规定1992至1994年4个财政年度的拨款数额根据需要酌情确定。

表1.4　1990年LSCA各部分授权拨款额度(单位:百万美元)

年份	Title I	Title II	Title III	Title IV	Title V	Title VI	Title VII	Title VIII
1990	100	55	35	*	1	10	0.5	6

* Title IV,即针对土著居民的拨款不单独设置,从Title I至III中提留2%。

另外,在“计划与项目”(Plans and Programs)一条中,增加对反歧视的要求,规定任何接受联邦资助的项目都必须无歧视地向所有公民提供,不得因种族、宗教信仰、年龄、性别、国籍或身体等原因限制人们利用图书馆服务;还规定教育部应该给各州图书馆管理机构的负责人提供一个机会,让他们有机会对本法第五条或第六条的申请资料进行评论,以保证资金用途满足法律规定。

这次修订还在“支付、联邦份额、支出维持”(Payments, Federal Share and Maintenance of Effort Requirement)一条中,要求各州和地方政府对公共图书馆事业的投入至少为下一年度的90%,即保证第二年的投入一定比前一年高,目的在于促进各州与地方政府的投入。此次修订后《图书馆服务与建设法》的条款框架详见表1.5。

表1.5　1990年修订后的《图书馆服务与建设法》的条款框架

Sec. 1 Short Title	Sec. 1 法律名称
Sec. 2 Declaration of Policy	Sec. 2 政策声明
Sec. 3 Definitions	Sec. 3 定义
Sec. 4 Authorization of Appropriations	Sec. 4 拨款授权
Sec. 5 Allotments to States and Indian Tribes	Sec. 5 给州与印第安部落的拨款
Sec. 6 Plans and Programs	Sec. 6 计划与项目
Sec. 7 Payments, Federal Share and Maintenance of Effort Requirement	Sec. 7 支付、联邦份额、支出维持
Sec. 8 Administration	Sec. 8 管理
Sec. 9 Education Research Library	Sec. 9 教育研究图书馆
Title I Public Library Services	Title I 公共图书馆服务
Title II Public Library Construction and Technology Enhancement	Title II 公共图书馆建设与技术提升
Title III Interlibrary Cooperation and Resource Sharing	Title III 馆际合作与资源共享
Title IV Library Services for Indian Tribes	Title IV 土著居民的图书馆服务
Title V Foreign Language Materials Acquisition	Title V 外文资料采购
Title VI Library Literacy Programs	Title VI 图书馆扫盲计划
Title VII Evaluation and Assessment	Title VII 评估与测评
Title VIII Family Learning Centers Programs	Title VIII 家庭学习中心计划
Part A—Family Learning Centers	Part A—家庭学习中心
Part B—Library Literacy Centers	Part B—图书馆扫盲中心

Sec. 1 至 Sec. 9 相当于法律的总则部分，对法律目标、拨款、实施进行总体规范，然后分 8 个条款规范联邦拨款的具体用途。

第一条——公共图书馆服务（Public Library Services）。这是源于 1956 年的《图书馆服务法》的拨款项目，目的是推广公共图书馆服务，使更多的居民享受公共图书馆服务。但经过多年修订，拨款项目不断扩大，已从最初的农村地区公共图书馆示范推广活动扩大到包括老年人、残疾人、弱势群体图书馆服务等。该条内容所获联邦拨款时间最长，数量最多。对该部分拨款的使用限制是，只能用于开展新的推广服务或开展新的服务方式，不能用做已有服务的运作经费。

1990 年对该条的主要修改是增加了该部分拨款可用于如下事项：协助图书馆开展“代际图书馆项目”（Intergenerational Library Program），即由老年人志愿者来照看放学后的学龄儿童；协助图书馆提供流动图书馆服务，建立符合资质要求的幼儿照看中心（Child-Care Centers）；协助图书馆与其他非营利机构合作，成立扫盲中心，减少成年人的文盲数量，帮助他们充分就业；协助图书馆与其他地方教育机构合作，提供针对药品滥用的书籍或活动；授权合理减少用于大都市图书馆的资金。

在总则的“拨款授权”（Authorization of Appropriations）中规定了联邦政府对该条的拨款总数，至于这些拨款的分配方式则在本条中进行规定。具体方式是，联邦政府首先向所有符合申请资格的州提供 20 万美元（海外属地是 4 万美元）最低拨款，剩余部分再根据各州人口占全国人口的比例分配。对于州计划中的所有项目经费，联邦政府将根据各州的人均收入情况，承担 33%—66% 的份额，其余部分由各州配套支付。拨款到达各州图书馆管理机构之后，由它们负责本州境内拨款分配，保证资金使用的灵活性，也表明中央政府不过度干预地方权力。同时法律规定，如果某年联邦政府对该条的拨款超过 6000 万美元，那么各州必须保留一部分资金用于大都市图书馆。[①]

第二条——公共图书馆建设与技术提升（Public Library Construction and Technology Enhancement）。该项拨款源于 1964 年的《图书馆服务与建设法》，当时的拨款项目名称即为“图书馆建设”（Library Construction），用于资助新建图书馆或对已有建筑修葺扩建，或是改善建筑设施为残疾人利用提供便利，让建筑节约能源等。简单地说，当初规定这项拨款资金只限于馆舍建设。1990 年首先将这项拨款的名称改为“图书馆建设与技术提升”（Library Construction and Technology Enhancement），顾名思义，拨款的用途大为扩展，不仅可以用于馆舍建设，还可以用于购买图书馆服务所需要的技术设备，特别强调对图书馆信息技术应用的资助。

总则的“拨款授权”中也规定了联邦政府对该项拨款的总数。拨款分配方式与第一条类似，联邦政府先向所有符合资格的各州提供 10 万美元的最低拨款，然后剩余部分再根据人口分配，也由各州图书馆管理机构负责境内的具体分配。但相对于第一条而言，该项拨款对州政府的配套要求更高，规定联邦承担的比例不超过 50%，也就意味着州与地方政府必须提供 50% 以上的配套资金。

---

① 法律对大都市图书馆的定义是，图书馆所服务的城市，人口超过 10 万，且该州 50% 的人口生活在城市中。

在整个20世纪70年代和80年代初期,该条所规定的联邦拨款实际上并没有真正实施,直到1983、1985—1995年,才开始有少量的拨款,对公共图书馆硬件建设发挥的作用可谓杯水车薪。例如,1988—1993年全美公共图书馆平均每年的建设支出约为3.51亿美元,1995年该条款获得的实际拨款仅为1671万美元,只占全部支出的5.1%。[①]

第三条——馆际合作与资源共享(Interlibrary Cooperation and Resource Sharing)。该条是1966年修订时增加的,用于对各类图书馆间开展合作、成立图书馆系统、实现资源共享进行资助。1990年对该条的修订主要是两个方面:一是与第二条的修改相呼应,对通过提升图书馆的技术水平开展馆际合作与资源共享进行资助;二是新增拨款用于"保存项目"(Preservation Program),援助公共图书馆与档案馆、高校等机构合作,开展特色纸质馆藏的保存项目,通过数字化等手段保存文化遗产。

拨款分配方式与前两条类似,但向各州提供的最低拨款是4万美元(海外属地1万美元)。不同之处在于该部分拨款不要求各州与地方政府提供配套资金。

第四条——土著居民的图书馆服务(Library Services for Indian Tribes and Native Hawaiians)。该条是1984年修订时增加的,专门拨款资助那些针对土著居民提供服务的图书馆。如前所述,该条不设单独的拨款,而是从第一到第三条的总拨款中提留,分别提留1.5%用于服务印第安部落群体的图书馆,提留0.5%用于援助开展土著夏威夷人图书馆服务。

在资金分配方式上,针对印第安部落的那部分资金,其中的一半首先平均分配给所有具有资格的部落,剩下的一半再竞争分配。法律规定分配给他们的拨款必须由一位图书馆馆员管理。而针对夏威夷人的拨款,只能分配给那些得到夏威夷政府认可并代表土著夏威夷人的组织机构。

第五条——外文资料采购(Foreign Language Materials Acquisition)。该条是1984年修订时增加的,目的是针对移民等母语非英语人群,援助公共图书馆为他们采购外文资料。这部分拨款也是在全国竞争的基础上分配,单项拨款不得超过3.5万美元。

第六条——图书馆扫盲活动(Library Literacy Programs)。该条也是1984年修订时增加的,目的是鼓励公共图书馆开展针对成年人的扫盲活动,拨款也是在全国竞争基础上分配资金,限定单项拨款不得超过3.5万美元。

1990年对第五条和第六条的修改,主要是提高了最高拨款的限额,将单项用于购买外文资料的拨款和单项用于扫盲活动的拨款最高限额统一调整为3.5万美元。

第七条——评估与测评(Evaluation and Assessment)。这是1990年修订时新增的条款。联邦政府长期缺乏对《图书馆服务与建设法》实施情况的评估和调研,因此特别设立该条,为评估与调研活动提供资助,但法律实施以来,该事项从未获得过实际拨款。

第八条——家庭学习中心计划(Family Learning Centers Programs)。这也是1990年修订时新增的条款。该条所说的"家庭学习中心"分两种情况:一是资助地方公共图书馆(local public library)成立家庭学习中心,支持家长与孩子的教育活动,特别是为青少年家长、单亲

---

① Wayne Riddle. Library Services and Construction Act: Reauthorization Issues. [OE/OL]. [2010-03-22]. http//www.eric.ed.gov/ERICWebPortal/contentdelivery/servlet/ERICServlet? accno=ED377888.

家庭、双职工家庭、移民家庭及存在教育障碍的家庭和儿童提供服务，规定该事项所获拨款的25%必须用来采购资料，10%必须用于采购计算机软硬件。二是资助州图书馆（state library）成立扫盲中心，规定州图书馆首次接受拨款不得超过35万美元，随后每年不得超过10万美元，并从第二年开始地方政府提供1∶1的配套资金。

四、《图书馆服务与建设法》的艰难岁月

20世纪60年代是美国图书馆事业发展的“黄金时代”，进入70年代，尤其是80年代共和党保守派掌握政权之后，美国图书馆事业开始进入了一段艰难岁月。

美国保守派的政治主张是反对政府干预经济、反对政府推行福利计划，坚持地方政府权力，限制联邦政府权力。[①] 20世纪70年代至90年代，尼克松、里根、老布什先后入主白宫，标志着保守主义开始控制政府权力中心。在他们的任期内，包括联邦图书馆法在内的一系列联邦拨款都遭到压制或取消。《图书馆服务与建设法》也经历了一段艰难的生存时期。借用美国图书馆协会华盛顿办事处主席 Eileen Cook 的话说，就是“共和党政府向全国图书馆宣战”。[②]

1. 尼克松时期（1969—1974）

1969年尼克松总统宣布就职，他提出要大幅缩减联邦政府支出，要求预算局重新审议约翰逊总统在任最后期间提出的教育预算，计划减少所有的教育预算。因此联邦图书馆拨款遭到严重缩减，总预算比约翰逊总统任期缩减了66%。1970—1974年，联邦政府每年的图书馆预算都低于1969年的水平。到1974年度，对《图书馆服务与建设法》的拨款预算彻底降为零。

为抵抗联邦当局的缩减，ALA联合其他教育组织，专门成立了“教育项目全额拨款紧急委员会”（Emergency Committee for Full Funding of Education Program），积极向国会展开游说，证明继续向教育事业全额拨款的重要性与必要性，声明停止联邦拨款将是一种历史的倒退，将会给美国教育事业带来灾难性的后果。经过积极斡旋，国会每次都否决了总统的预算计划，继续授权向《图书馆服务与建设法》提供拨款。[③] 图1.2显示了尼克松总统任期内，《图书馆服务与建设法》的政府预算、国会批准拨款与政府实际拨款之间的差别。可以看出，“教育项目全额拨款紧急委员会”的国会游说工作还是起到了很大作用，国会授权的拨款数额远远高于政府预算。

---

① 王恩铭. 当代美国新保守主义的兴起[J/OL]. [2010-02-25]. http://americanstudy.bokee.com/viewdiary.16496041.html.

② Peter F. The Politics of LSCA During the Regan and Bush Administration: an Analysis[J]. *Library Quarterly*, 1994(3): 294—318.

③ 根据美国联邦财政制度，每个财政年度前19个月，总统领导的预算部门综合各行政部门提交的预算制定下一年度的总预算报告，预算报告经总统批准后，提交国会审议，国会具有财政权，对总统提交的预算进行修改或批准。联邦政府再按照国会审议通过的预算进行执行，但在执行过程中，又可以通过拖延拨款等行政方式对实际拨款数额施加影响。

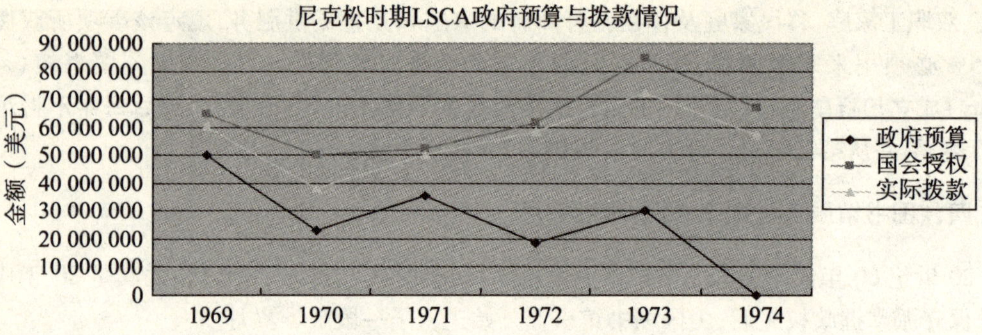

图 1.2　尼克松任期 LSCA 政府预算与拨款情况①

2. 里根时期(1981—1989)与老布什时期(1989—1993)

1981 年,罗纳德·威尔逊·里根(Ronald Wilson Reagan)当选总统,他是共和党保守派的代表人物,他的政治信条就是“抨击大政府”。他在 8 年任期内更是严格限制联邦权力,《图书馆服务与建设法》因此遇到巨大阻力。

1983—1988 年,里根政府对《图书馆服务与建设法》都是零预算,但国会驳回了总统的零预算计划。1988 年,里根政府开始改变策略,提出《图书馆服务与建设法》的拨款用途过于分散,应该进行整合,应以《图书馆促进法》(Library Improvement Act)取代《图书馆服务与建设法》及《高等教育法》中第二条对高校图书馆的资助。里根政府提出的《图书馆促进法》(LIA)的主要内容是:①“对弱势群体的图书馆服务”,保留了《图书馆服务与建设法》第一条的很多计划,但限制拨款只能用于援助经济上处于弱势的群体或残疾人,不能用于开展针对普通大众的图书馆服务。②“图书馆资源共享”基本保留《图书馆服务与建设法》的第三条,继续为图书馆合作提供拨款。③“图书馆研究与评估”,为图书馆研究与评估提供拨款。通过这样的调整,《图书馆促进法》将拨款限于弱势群体、资源共享、图书馆研究与评估这三部分,取消众多的其他拨款项目,如对建筑、土著居民、外文资料采购的拨款。②另外,拨款数量上也大幅缩减,按照《图书馆促进法》的规定,拨款将由原来的 1.37 亿美元左右(其中《图书馆服务与建设法》1.27 亿美元,《高等教育法》1000 万美元)减少到 7600 万美元。《图书馆促进法》名为“促进”,实为“压缩”,Thomas Alrutz 说这是“共和党式的促进”。

1989 年老布什上台后,继续里根总统的政治策略,仍然大幅削减对《图书馆服务与建设法》的预算,并计划取消多项拨款,提出以《图书馆服务促进法》(Library Service Improvement Act)取代《图书馆服务与建设法》,但国会最终也否决了总统的提案。

从 20 世纪 70 年代初到 90 年代初,《图书馆服务与建设法》面临着艰难困苦的环境,最终得以顽强生存下来,主要的内外因素在于:

第一,支持者的政治游说是成功的。参议员西蒙赞赏他们“能说会道且充满激情”。美国图书馆协会特别是华盛顿办事处的工作人员功不可没,他们与国会的相关委员会(两院负

① Holley Schremser. *The Library Services and Construction Act: an Historical Overview from the Viewpoint of Major Participants*[M]. JAI Press Inc, 1983: 150—156.

② Thomas Alrutz. Library Improvement, Republican Style [J]. *The Bottom Line*, 1989(3): 4—5.

责教育议案审议的小组委员会）保持着长期的友善关系，通过各种渠道让议员们了解《图书馆服务与建设法》给美国公共图书馆事业带来的积极影响，让他们认同图书馆给美国民众带来的巨大价值。

第二，公共图书馆的价值赢得多数人的认同。很多议员在从政之前都是公共图书馆的读者，他们视图书馆为有价值的公共产品，而那些有教育事业背景的议员们更是积极支持图书馆事业。

第三，国会成员普遍认为《图书馆服务与建设法》是一个值得支持和继续的项目。尽管很少有人详细地了解《图书馆服务与建设法》的具体执行情况，但大多数都认为它是有效的，特别是针对弱势群体的资助。

第四，当时有利的政治环境。尽管保守派控制政府，但民主党却长期控制国会，共和党政府的提案常常在国会遭到否决。里根和老布什要求缩减支出的多项提案都被否决，在这样的政治环境中，总统对《图书馆服务与建设法》的缩减计划也被国会视为仅是出于一种政治倾向，所以《图书馆服务与建设法》在政治斗争中幸存下来。[①]

第四节　1996 年《图书馆服务与技术法》：迎接信息时代挑战

一、《图书馆服务与技术法》的出台

20 世纪 90 年代，信息革命方兴未艾，信息技术广泛应用到经济、生活、工作的各个领域，对社会结构和人们的生活习惯产生空前影响。阿尔文·托夫勒的《第三次浪潮》敏锐地预示了信息社会的来临，尼葛洛庞帝（Negroponte）的《数字化生存》也形象地表述"信息的 DNA 正在迅速取代原子而成为人类生活中的基本要素"。[②]

美国政府积极推动信息革命。1993 年克林顿上台伊始就提出了"信息高速公路"（Information Highway）计划，并制定实施"国家信息基础设施"（National Information Infrastructure）行动计划，其指导原则和目标之一就是要"拓展全民服务，以保证所有用户以负担得起的价格享用信息资源，而政府有责任保护所有美国人都能使用信息时代的资源"。

美国图书馆也深受信息技术的影响，图书馆成为"信息高速公路"上的一个重要节点。对于很多无法承担计算机通信费用的人来说，他们需要依赖公共图书馆来分享信息时代的文明成果。然而联机书目检索、在线文献专递、在线参考咨询、多媒体信息的存储，都要求图书馆加大对信息技术的投入，这让原本经费就很紧张的图书馆难以承受。在这样的时代背景之下，美国图书馆员和美国图书馆协会希望能够充分利用国家的信息发展政策和机遇，启动对《图书馆服务与建设法》的修订，迎接信息时代给图书馆带来的挑战。

1991 年，图书馆与信息科学白宫会议（White House Conference on Library and Information

---

① Peter F. The Politics of LSCA during the Regan and Bush Administration: an Analysis[J]. *Library Quarterly*, 1994(3): 294—318.

② 尼古拉·尼葛洛庞帝著；胡泳，范海燕译. 数字化生存[M]. 海口：海南出版社，1996：3.

Services)召开,会议就联邦政府如何资助图书馆事业发展从 8 个方面提出了建议:①获取(access)方面,联邦政府为各类型图书馆的馆藏发展提供拨款,以满足语言与文化日益多元化的图书馆需求,以及残疾人的文化需求;②监管(governance)方面,政府成立一个专门负责管理全国图书馆与信息科学的国家机构;③市场推广(marketing)方面,利用联邦资金开展图书馆示范推广项目;④网络(networking)方面,利用联邦资金建立各种服务网络,开展尽可能广泛的信息资源共享活动,建立信息资源共享网络标准;⑤国家信息政策(national Information Policy)方面,国家制定一系列政策法律,降低图书馆服务的邮递与电信费用,修改著作权法使图书馆能更轻松地获取出版物,保障公民的政府信息获取权,在所有图书馆中接通互联网,并扩充联邦贮存图书馆(Federal Depository Library);⑥文献保存(preservation)方面,政府制定国家文献保存政策,帮助各州图书馆开展文献保存项目;⑦服务(services)方面,教育部提供相关方法,用来评估公共图书馆对社区生活产生的影响,评估社区对图书馆的需求,设立联邦资助学校图书馆的专项拨款,鼓励公共图书馆与学校图书馆建立合作关系,继续拓展成人扫盲活动;⑧技术(technology)方面,建议把公共图书馆纳入国家信息基础设施(National Information Infrastructure)计划之内,通过图书馆向所有公民提供互联网服务。①

1996 年第 104 届国会上,面对信息时代挑战的新的联邦图书馆法出台。新的联邦图书馆法取名为《图书馆服务与技术法》(Library Services and Technology Act,简称 LSTA),与《博物馆服务法》(Museum Services Act)一起共同构成了《博物馆与图书馆服务法》(Museum and Library Services Act)。

《博物馆与图书馆服务法》由三部分组成:总则、《图书馆服务与技术法》、《博物馆服务法》。在"总则"部分,授权联邦政府成立一个新的独立机构——博物馆与图书馆服务署(Institute of Museum and Library Services,简称 IMLS),由它负责本法案的经费管理。博物馆与图书馆服务署(IMLS)由博物馆办公室(Office of Museum)与图书馆服务办公室(Office of Library Services)两个分支组成,分别负责各自领域的事务,主席则由图书馆与博物馆领域的专家交替担任。图书馆服务办公室接替之前教育部图书馆服务部门(Office of Library Program)的全部职责。

《图书馆服务与技术法》(LSTA)专门针对图书馆事业而设,实际上是对《图书馆服务与建设法》修订的结果,大部分拨款仍然分配给各州灵活开展地方性项目,法律只做拨款用途的笼统规范;但同时预留少部分拨款给博物馆与图书馆服务署(IMLS),由它在国家层面开展一些全国性项目。

二、《图书馆服务与技术法》的主要内容与修订

《图书馆服务与技术》虽然是《博物馆与图书馆服务法》的一个组成部分,但具有相对独立的结构,其框架结构如表 1.6 所示。

① Wayne Riddle. Library Services and Construction Act: Reauthorization Issues. [OE/OL]. [2010-03-22]. http//www.eric.ed.gov/ERICWebPortal/contentdelivery/servlet/ERICServlet? accno=ED377888.

表 1.6　《图书馆服务与技术法》的框架结构

Library Services and Technology（图书馆服务与技术法）
Sec. 211 Short Title（名称）
Sec. 212 Purpose（目的）
Sec. 213 Definitions（定义）
Sec. 214 Authorization of Appropriations（授权拨款）
Chapter 1—Basic Program Requirements（基本项目要求）
Sec. 221 Reservation and Allotment（保留与分配）
Sec. 222 Administration（管理）
Sec. 223 Payments; Federal Share; and Maintenance of Effort Requirements（支付、联邦分担比例、效果维持要求）
Sec. 224 State Plans（州计划）
Chapter 2—Library Program（图书馆计划）
Sec. 231 Grants to States（给州的拨款）
Chapter 3—Administration Provision（管理规定）
Subchapter A—State Requirement（对州的要求）
Sec. 251 State Advisory Councils（州咨询委员会）
Subchapter B—Federal Requirement（对联邦的要求）
Sec. 261 Services for Indian Americans（针对印第安部落的服务）
Sec. 262 National Leadership Grants, Contracts（国家领导力奖金，合同）
Sec. 263 State and Local Initiatives（州与地方政府职责）

Sec. 211 规定法律名称为《图书馆服务与技术法》，自 1996 年 9 月 30 日生效。

Sec. 212 规定本法的目的，涉及 5 个方面：①整合联邦图书馆服务计划；②在各类型图书馆中，向所有年龄的用户提供优质的图书馆服务，提供各种信息资源；③通过州、地区、国家、国家间图书馆的电子网络合作，使用户可以获取各种信息；④促进图书馆间的网络链接；⑤针对多元文化背景的用户、残疾人用户、受教育水平低或信息素养不足的用户，开展图书馆服务。

Sec. 213 对"印第安部落"、"图书馆"、"图书馆联盟"、"州"、"州图书馆管理机构"、"州计划"等名词概念的内涵外延进行界定。规定"图书馆"包括公共图书馆、中小学图书馆、高校图书馆、研究图书馆、私人图书馆，这就意味着《图书馆服务与技术法》的拨款几乎可以用于所有类型的图书馆，而不再局限于公共图书馆。"图书馆联盟"，包含任何图书馆构成的系统的合作组织。"州"包括 50 个州及哥伦比亚特区，波多黎各、维尔京群岛、关岛、萨摩亚、北马里亚纳、马绍尔群岛、密克罗尼西亚、帕劳等海外领土。"州图书馆管理机构"是指依据各州法律成立的、专门负责境内公共图书馆事务的官方机构。"州计划"指由各州图书馆管理机构制定的文件，应说明本州图书馆的发展规划、准备开展的项目、管理方式、保证联邦资金用途等，只有州计划得到批准后该州才能获得联邦拨款。

Sec. 214 规定国会对《图书馆服务与技术法》的授权拨款：1997 财政年度授权对 LSTA 拨款 1.5 亿美元，1998—2002 财政年度的拨款在此基础上酌情考虑。同时规定，任一财政年度，联邦实施该法律的管理费用，不得超过拨款总数的 3%。

以上相当于《图书馆服务与技术法》的"总则"部分，然后法律分 3 个章节规范联邦拨款的分配方式与用途。

在第一章“基本项目要求”中，Sec. 221 规定了联邦拨款的分配方式。对于每个财政年度的联邦拨款，首先提留 1. 5% 用于针对土著居民的图书馆服务，提留 4% 用于 Sec. 262 所规定的国家领导力奖金（National Leadership Grants），然后再向所有符合资格的各州和地区先分配一个最低拨款数量（minimum allotment）（对 50 个州是每州 34 万美元，其他海外地区是 4 万美元），剩余资金再按照人口比例分配给各州。

Sec. 222 规定，任何一州的州图书馆管理机构实施本法的管理经费，不能超过其所获拨款的 4%。

Sec. 223 规定，各州计划的所需项目经费中，联邦拨款只承担 66% 的份额，剩余的 34% 必须由其他非联邦资金支付，各州自行解决。为了促进各州对图书馆事业的投入，防止地方政府过分依赖联邦拨款，此条还规定各州每年度的图书馆事业投入不能低于上一年度的水平，否则该州所获拨款也将相应减少，但如果是自然灾害等不可抗力造成的州政府财政紧张，博物馆与图书馆服务署（IMLS）主席有权免除这条规定。

Sec. 224 规定，各州与其他地区获得联邦拨款的前提条件是必须提交一份州计划，并获博物馆与图书馆服务署（IMLS）批准。州计划由各州的州图书馆管理机构制定，覆盖 5 年时间。一份完整的州计划应包括以下内容：①各州图书馆事业的发展目标与优先发展领域；②为实现目标准备开展的具体活动；③具体活动的开展计划；④州图书馆管理机构如何对上述活动进行评估；⑤州图书馆管理机构在决策制定过程中如何保证图书馆及用户参与；⑥保证州图书馆管理机构按博物馆与图书馆服务署（IMLS）的要求提交各种报告。博物馆与图书馆服务署（IMLS）原则上应批准满足上述要求的州计划，并向公众公开所有州计划。如果博物馆与图书馆服务署（IMLS）没有批准某州计划，也应告知未能通过的原因，并给予该州修改的机会。

在第二章“图书馆计划”中，Sec. 231 规定分配给各州的拨款由各州图书馆管理机构根据当地情况灵活运用，但法律同时为拨款的用途设定大方向，要求 96% 的拨款必须用于：①提升图书馆的信息技术应用，促进图书馆间的合作联盟，开展资源共享；②针对弱势群体提供特别的图书馆服务。[①]

第三章“管理规定”是对各州与联邦政府实施本法的一些规定，分为两个部分。Sec. 251 是对各州的要求，要求各州成立图书馆咨询委员会（Advisory Councils），其成员应该能够广泛地代表公共图书馆、学校图书馆、高校图书馆、专门图书馆等所有类型图书馆。Sec. 261 至 Sec. 262 是对博物馆与图书馆服务署（IMLS）的规定。根据前面 Sec. 221 的规定，总拨款中应提留一部分资金用于博物馆与图书馆服务署（IMLS）开展国家项目，其中规定 1. 5% 的提留资金专门为印第安部落的图书馆服务而设，要求博物馆与图书馆服务署（IMLS）必须把这部分资金分配给那些服务印第安人的组织机构，并确保这些组织利用资金开展符合本法规定的活动。另外 4% 提留的资金，博物馆与图书馆服务署（IMLS）需要采用颁发奖金（国家领导力奖金）或与图书馆、博物馆签订合约的方式开展国家项目。设立该部分资金的目的在于，一是表彰奖励服务突出的图书馆，二是促进图书馆与博物馆之间的合作。奖金或合约项目可用于：馆员继续教育与培训，或与利用新技术开展服务、信息传递服务有关的研究与示范项目，或馆藏资料的数字化保存，特别优先考虑跨机构之间开展的合作保存项目，或是图

① 按照 Sec. 122 的规定，任何一州实施本法的管理费用不得超过该州所获拨款的 4%，也就意味着剩余 96% 的资金必须用于此条款规定的方向。

书馆与博物馆之间的合作示范项目。

Sec. 263 是一个说明性条款，强调管理图书馆事业是州与地方政府的职责，本法的任何规定不得解释为联邦对州与地方政府权力的干涉，图书馆的管理、人事任命、文献采购、资金最佳使用方式的决定权均保留给州与地方政府。

1997 年第 105 届国会通过了《博物馆和图书馆服务技术法一致修正案》，[①]对《图书馆服务与技术法》做出一些技术补充。主要是：①扩大了“图书馆”定义的外延，把“专业图书馆”（special library）包括在内；②为印第安部落提留的资金比例由原来的 1.5% 提高到 1.75%，为国家奖励或合同项目提留的资金比例则由原来的 4% 降低为 3.75%；③原来仅针对印第安部落的条款修改为针对“土著美国人”（native American），把土著夏威夷人群体也纳入援助范围，这也正是拨款提留比例由 1.5% 提高到 1.75% 的原因所在；④对博物馆与图书馆服务署（IMLS）运用资金的规定，在原来的颁发奖金或签订合约方式的基础上，增加了与图书馆或博物馆签订“合作协议”的新形式，以促进两馆之间的合作。

2000 年，美国国会通过了《儿童互联网保护法》（Children's Internet Protection Act，简称 CIPA），要求全国中小学与公共图书馆为联网计算机安装过滤系统，屏蔽淫秽、色情等低俗网页内容，并将履行此规定作为图书馆接受《图书馆服务与技术法》、E-级计划（E-rate Program）等联邦拨款的基本条件。美国所有学校和公共图书馆的电脑里都必须按照规定安装色情过滤软件。[②] 据此，《图书馆服务与技术法》对州图书馆计划增加新规定，要求各州必须满足“网络安全”（Internet safety）的要求，所有公共图书馆和中小学图书馆必须制定网络安全政策（Internet safety policy），采取必要的技术措施，防止联网计算机接入色情网页。对于已经制定网络安全政策的图书馆，必须保证遵守《儿童互联网保护法》的要求；而对于尚未制定网络安全政策的图书馆，则必须保证在第二年制定安全政策，安装过滤技术，否则将不能接受《图书馆服务与技术法》拨款。与这些要求相适应，规定《图书馆服务与技术法》拨款可以用于购买网络过滤技术。

2003 年《博物馆与图书馆服务法》获得重新授权，并对法律内容作出如下调整。

（1）规范了博物馆与图书馆服务署（IMLS）的组织架构。在 IMLS 内成立国家博物馆与图书馆服务委员会（National Museum and Library Service Board），一个提供工作咨询建议的组织。国家博物馆与图书馆服务理事会由 IMLS 主席、副主席、国家图书馆与信息科学委员会主席，以及总统任命的十位图书馆专家及十位博物馆专家组成。理事会每年至少要召开两次会议，以投票方式产生决议，但 IMLS 主席和两个副主席不能参加投票。

（2）确定了博物馆与图书馆服务署（IMLS）的工作职能。授权 IMLS 设立国家图书馆服务奖（National Awards for Library Service）、国家博物馆服务奖（National Award for Museum Service），用以奖励工作出色、为社区服务做出突出贡献的图书馆与博物馆。要求 IMLS 对全国的图书馆与博物馆服务情况展开评估分析，并公开出版评估结果。在评估过程中，IMLS 应广泛征询各州图书馆管理机构、各地图书馆与博物馆等机构的意见，着重分析全国图书馆与博物馆服务需求与发展趋势、LSTA 拨款的实施效果，传播最佳实践，鼓励推广。

---

① Museum and Library Services Technical and Conforming Amendments of 1997, Public Law 105—128, 105th Congress[OE/OL].[2010-03-17]. http://ftp.resource.org/gpo.gov/laws/105/publ128.105.pdf.

② 罗曼. 网络信息过滤对美国公共图书馆的影响[J]. 图书馆杂志，2005(5)：65—68.

(3)修改了《图书馆服务与技术法》的立法目的。1996年的《图书馆服务与技术法》从5个方面阐述立法目的,本次修改以更高的站位、更宏观的视野对立法目的加以概括,分别是:第一,整合联邦图书馆服务计划;第二,提升所有类型图书馆的服务水平,以更好地服务美国人民;第三,促进资源获取,以培育有教养、信息素质良好的公民;第四,促进资源共享,以更加有效、更加经济的方式为公众提供图书馆服务。

(4)完善了《图书馆服务与技术法》的拨款数量与分配方式。首先是在拨款数量上,1996年时授权1997财政年度为《图书馆服务与技术法》拨款1.5亿美元,1998—2002财政年度的拨款在此基础上酌情考虑。同时规定,任一财政年度,IMLS的管理经费不能超过拨款的3%。此次调整为授权2004财政年度拨款2.32亿美元,2005—2009财政年度的拨款在此基础上酌情考虑,IMLS的管理经费不超过拨款总额的3.5%。其次是资金分配方式上,还是按照1997年的修订提留一部分资金,剩余部分再在50个州和地区分配。1996年时规定50个州所获得的最低拨款数量是34万美元(其他海外地区4万美元),这次修改为当某一年的拨款总额超过2003年的拨款水平,那么各州所获最低拨款数量就提高到68万美元,(其他海外地区8万美元)。

(5)扩展了州拨款的使用方向。此次修订对资金的优先用途进行了扩展,加入了更多的可优先方向,主要包括:①在所有图书馆中,保证用户能够获得各种信息与教育资源;②促进不同地域范围(州、地区、国家、国际)图书馆间的电子网络合作;③促进不同类型(公共、高校、专业等)图书馆间的电子网络合作;④促进图书馆与其他公共或私人机构、社区组织开展合作;⑤为多元文化、残障人、缺乏信息技术或读写能力的人群提供图书馆服务;⑥为利用图书馆有困难的人群、落后城市与农村地区(包括贫困家庭儿童)提供图书馆服务。

特别值得注意的是,《博物馆与图书馆服务法》明确禁止本法的任何拨款用于馆舍建筑,凸显了与《图书馆服务与建设法》的不同,也体现了美国联邦图书馆立法、美国图书馆事业发展的时代特色。

三、《图书馆服务与技术法》的实施效果

2009年美国博物馆与图书馆服务署(IMLS)出版了《变化的催化剂》(a Catalyst for Change)一书,汇集了2003—2006年间50个州为申请联邦拨款提交的州计划与评估报告,系统地分析了《图书馆服务与技术法》对美国图书馆事业产生的积极影响。

博物馆与图书馆服务署(IMLS)现任主席安妮·伊美黛(Anne Imelda)女士在序言中高度评价《图书馆服务与技术法》,她写道:"我为美国的图书馆感到骄傲与自豪……《图书馆服务与技术法》是联邦政府援助图书馆事业的主要方式,对于图书馆提高技术水平、建立新型服务方式、服务大众具有重要价值。在它的帮助下,美国图书馆始终是受民众欢迎、珍贵而高效的资源中心。"①

图1.3显示了2003—2009财政年度《图书馆服务与技术法》州拨款的数量,除2008年度有所下降外,基本保持上升趋势。

① Manjarrez C, Langa L, Miller K. *A Catalyst for Change: LSTA Grants to State Program Activities and the Transformation of Library Service to the Pubic*[M/OL]. Washington, D. C.: Institute of Museum and Library Services, 2009: 1. [2010-03-29]. http://www.imls.gov/pdf/CatalystForChange.pdf.

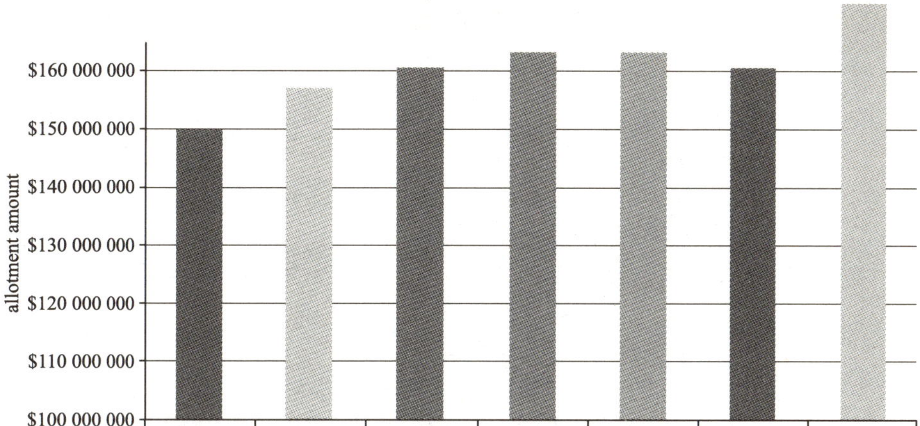

FY 2003	FY 2004	FY 2005	FY 2006	FY 2007	FY 2008	FY 2009
$149 827 180	$157 053 070	$160 156 200	$163 197 850	$163 197 880	$160 337 460	$171 500 000

Source: IMLS, Program Allotment table

图 1.3　2003—2009 财政年度《图书馆服务与技术法》州拨款总数①

近万份的州计划与评估报告显示，州拨款主要用于 3 个领域：人力资本开发、图书馆服务推广与获取、信息与技术基础设施。

人力资本开发领域的活动包括两种，第一种是专门针对某一类特定人群（有读写障碍的人、移民、贫困儿童等）的读写能力训练、教育支持活动；第二种是图书馆利用馆藏资源，为中小学或其他社区教育机构提供信息资源。这类活动充分利用图书馆的现有资源，着眼于教育支持、人力资本开发，具体的服务方式包括就业培训、读写能力训练、信息素质教育、儿童早期教育等。

图书馆服务推广与获取领域的活动，目的在于提高图书馆服务的延伸力，使尽可能多的人接受利用图书馆。流动图书车、盲人或残疾人服务这些传统的推广方式还在使用，但有很多图书馆开始利用新技术开展服务，如有些州开展 24 小时的参考咨询服务，为学龄儿童提供网络版的家庭作业助手。

信息与技术基础领域，包括购买、安装信息基础设施，馆员的信息技能培训，图书馆服务流程再造等，目的在于帮助图书馆适应快速变化的技术环境，满足读者新时期的信息需求。

图 1.4 显示了 2003—2006 年，《图书馆服务与技术法》州拨款在上述 3 个领域开展的项目数量，信息基础设施领域的项目最多，其次是人力资源开发领域，图书馆推广领域的项目最少。

1996 年至 2007 年，美国公共图书馆统计数据的各项指标均反映出其公共图书馆事业在稳步发展，以下几组数据是从美国公共图书馆统计报告中节选出来的。②

表 1.7 显示，1996—2007 年，全国图书馆总经费持续增长，人均图书馆经费由 21.98 美元提高到 34.95 美元。与此同时，联邦投入占全部经费的比例在下降，地方政府的投入在上升，说明《图书馆服务与技术法》刺激了地方政府对图书馆的投入。

① Manjarrez C, Langa L, Miller K. *A Catalyst for Change: LSTA Grants to State Program Activities and the Transformation of Library Service to the Public*[M/OL]. Washington, D. C.: Institute of Museum and Library Services, 2009:27. [2010-03-29]. http://www.imls.gov/pdf/CatalystForChange.pdf.

② Public Libraries in the United States 1996—2007[R/OL]. [2010-03-22]. http://harvester.census.gov/imls/pubs/pls/index.asp.

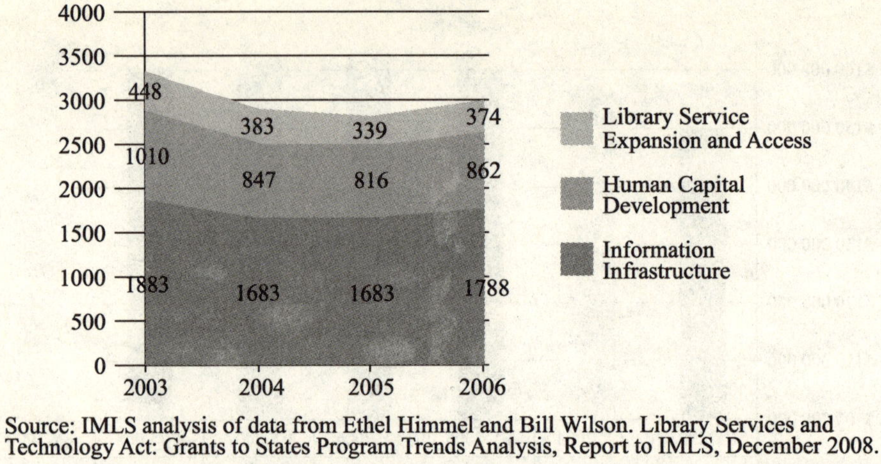

图 1.4　LSTA 州拨款在 3 个领域开展的项目数量(2003—2006 财政年度)[①]

表 1.7　1996—2007 年美国公共图书馆经费投入情况

年份	全国总经费（千美元）	联邦投入比例	州政府投入比例	地方政府投入比例	其他资金来源比例	人均经费（美元）
1996	5 904 967	1.00%	12.20%	78.10%	8.70%	21.98
2000	7 702 768	0.70%	12.80%	77.10%	9.40%	28.96
2003	8 740 779	0.50%	10.90%	80.00%	8.60%	31.18
2005	9 703 268	0.50%	9.60%	81.40%	8.40%	31.65
2007	10 997 532	0.40%	6.70%	84.10%	8.70%	34.95

表 1.8 反映了 1996—2007 年间全美公共图书馆的场馆数量情况。目前美国公共图书馆管理单元的数量基本保持在 9000 个左右,[②]国内文献经常提到美国有 16 000 多所公共图书馆,指的是公共图书馆的固定场馆数量。1996 年以来,美国公共图书馆不论是管理单元数量还是固定场馆数量,都在稳步增加。

表 1.8　1996—2007 年美国公共图书馆场馆数量　　(单位:个)

年份	图书馆数量（管理单元）	固定场馆数量（Stationary Outlets）	中心馆（Centrals）	分馆（Branches）	流动书车
1996	8946	16 047	8923	7124	966
2000	9074	16 298	8915	7383	844

① Manjarrez C, Langa L, Miller K. *A Catalyst for Change: LSTA Grants to State Program Activities and the Transformation of Library Service to the Public*[M/OL]. Washington, D. C. : Institute of Museum and Library Services, 2009: 13. [2010-03-29]. http://www.imls.gov/pdf/CatalystForChange.pdf.

② 在美国,一个公共图书馆系统包括总馆、分馆、图书邮寄点等服务场所,整个系统称为一个管理单元;那些不设置分馆的单体图书馆,也称之为一个管理单元。

续表

年份	图书馆数量（管理单元）	固定场馆数量（Stationary Outlets）	中心馆（Centrals）	分馆（Branches）	流动书车
2003	9211	16 541	9062	7479	864
2005	9198	16 543	9040	7503	825
2007	9214	16 604	9040	7564	808

表 1.9 反映的是 1996—2007 年全美公共图书馆的馆藏数量和计算机配置情况。纸质馆藏资源数量 2007 年比 2005 年有所下降，但视音频资料迅速增加，全国公共图书馆拥有的联网计算机数量超过 20 万台。

表 1.9　1996—2007 年美国公共图书馆馆藏存量与计算机配置情况

年份	纸质馆藏（册）	音频资料（件）	视频资料（件）	联网计算机终端（台）
1996	711 013 000	25 164 000	13 094 000	—
2000	760 513 000	31 889 000	22 132 000	99 453
2003	801 958 000	37 365 000	32 566 000	156 563
2005	815 605 000	41 512 000	39 669 000	185 179
2007	812 483 000	45 904 000	46 336 000	207 551

表 1.10 反映了 1996—2007 年美国公共图书馆的利用情况。所有指标都呈现上升趋势，尤其是人均到馆 2007 年已近 5 次，人均流通量已达 7.4 册，平均每册馆藏流通 2 次以上，体现了良好的服务效能。

表 1.10　1996—2007 年美国公共图书馆读者利用情况

年份	到馆人次（万人次）	人均到馆（次）	参考咨询服务（万人次）	流通总量（万册次）	馆藏流通率*	人均流通量（册）	馆际互借（万册）
1996	101 380	4.0	28 451	164 263	2.2	6.6	1053
2000	114 628	4.3	29 148	171 397	2.1	6.4	1647
2003	128 418	4.6	30 234	196 500	2.3	7.0	2667
2005	135 986	4.7	30 251	206 296	2.3	7.2	3605
2007	143 373	4.9	29 248	216 679	2.4	7.4	4993

* 馆藏流通率 = 流通总量 ÷ 馆藏总量，馆藏总量 = 表 1.9 中的纸质馆藏 + 视频资料 + 音频资料

表 1.11 反映的是 1996—2007 年美国公共图书馆的人力资源状况。从业人员的总数在稳步增长，拥有 ALA - MLS 认证资格的图书馆员占全部从业人员的 70% 左右，每万人占有的专业图书馆员数量在 1.5 名左右。

表 1.11　1996—2007 年美国公共图书馆全职工作人员与图书馆馆员的情况

年份	全职工作人员（人）	图书馆员（人）	拥有 ALA－MLS* 认证资格的图书馆员（人）	拥有 ALA－MLS 认证资格的图书馆占全部图书馆员的比例	拥有 ALA－MLS 认证资格的图书馆员占全部工作人员的比例	美国人口总数（千人）	千人拥有公共图书馆员数（人）
1996	117 812	39 095	27 353	70.00%	23.20%	265 284	0.147
2000	130 101	43 118	29 519	68.50%	22.70%	281 422	0.153
2003	136 171	45 114	30 479	67.60%	22.40%	290 810	0.155
2005	137 855	45 354	30 873	68.10%	22.40%	296 410	0.153
2007	144 654	47 151	32 172	68.20%	22.20%	301 621	0.156

* ALA－MLS 是经 ALA 认可的图书馆学硕士学位，千人拥有公共图书馆员人数＝图书馆员人数 ÷ 人口总数

第二章　美国州公共图书馆法

第一节　美国州公共图书馆法的发展演变

一、美国州公共图书馆法的起源与发展

在美国，州图书馆法出现的时间要比联邦图书馆法早得多。早在1833年，新罕布什尔州一个拥有1934名居民的城市彼得堡市走在了美国州图书馆立法的最前沿。当年，该州通过了一项依靠征税来建立一个公共的免费图书馆的法律议案，随后他们又效仿当时教育机构的模式建立了图书馆管理理事会。1835年，纽约州通过法律，为学校建立图书馆当年课税20美元，此后每年课税10美元。两年后，马萨诸塞州通过了类似的法律。1848年，威斯康星州在其最初的州宪法中规定，出售州公有土地所得收益纳入"学校基金"，经营基金所得收益用于公立学校的维持、经营以及相应的图书馆维修。[①] 1847年，波士顿市接受了法国巴黎市寄赠的图书，市参议会要求州议会赋予波士顿建立、经营图书馆的权限。1848年8月18日，马萨诸塞州议会通过了一项特别法，允许波士顿市建立公共图书馆。这一法案全文如下：

> 波士顿市为供本市居民利用，拥有建立公共图书馆、维持公共图书馆运营的权限。本市参议会为便于管理和经营，可随时制定适当的规则。但该图书馆所使用的资金，无论哪一年度，其总金额不得超过5000美元。

这项法案，是州当局首次在法律上承认了地方政府可以使用税金建立和运营面向公众的图书馆。1852年10月14日，波士顿市参议会最后决议通过一项条例，规定通过由一名市参议会议员、一名评议会一般会员参加，会同市参议会共同投票，每年选出由5名市民组成的委员会来经营公共图书馆。条例还规定，委员会有权监督图书馆的一切开支，并拥有制定图书馆使用规则、任命所属职员、决定职员工资等权限。此条例在美国公共图书馆立法史上具有重要意义。[②]

在新罕布什尔州，1849年7月7日的法典里记载着最初的一般性的公共图书馆法。该法令共四条内容，第一条规定赋予市、镇建立公共图书馆和为以下目的拨款的权限：①购置图书和其他资料；②获得土地和建设馆舍；③支付工资。第二条规定图书馆必须无偿向所有居民开放，供其利用。第三条规定镇或市为建立公共图书馆或者改善公共图书馆的运行，有权接受社会对其捐赠的图书、刊物以及遗产等。第四条规定公共图书馆有权从州总务长官

---

① Alex Ladenson. *Library Law and Legislation in the United States* [M]. The Scarecrow Press, Inc. Metuchen, N. J., London, 1982:94.

② Alex Ladenson. *Library Law and Legislation in the United States* [M]. The Scarecrow Press, Inc. Metuchen, N. J., London, 1982:7—9.

那里接收州发行的所有出版物。

1851 年 5 月 24 日,马萨诸塞州议会通过了一项与新罕布什尔州图书馆法令类似的一般公共图书馆法。其超越新罕布什尔州图书馆法的内容有两点:一是赋予图书馆设立分馆的权限;二是为建立图书馆,对纳税者征税每人每年不超过 1 美元,为维持图书馆运营,对纳税者征税每人每年不超过 25 美分。

新罕布什尔州和马萨诸塞州的公共图书馆法令成为新英格兰地区其他各州制定公共图书馆法的模板,缅因州在 1854 年、佛蒙特州在 1865 年、罗德岛州在 1867 年、康涅狄格州在 1869 年都制定了内容大致相同的法令。[①]

1850 年至 1890 年,美国所有的市、镇、村都要求设置以税收支持的公共图书馆,美国各城市也相继建立了公共图书馆。[②] 截至 1890 年,全美各州都有了一种或多种一般图书馆法(general public library laws)。这一阶段制定的图书馆法通常包括三方面重要的规定:①市、村、镇、郡设立公共图书馆,并由市议会等监督单位负责成立;②以地方税收编列预算,支持图书馆的运营,通常规定固定财产税(property tax)一定的百分比用于建立和运营图书馆;③设置图书馆指导委员会,规定人数为 3—9 人,由市长聘任或选举产生。候选人包括市长、议员及教育长等,同时还规定了他们的任期。[③]

1890 年,马萨诸塞州以促进和援助公共图书馆发展为目的,制定了创设图书馆专门委员会的法令。该法赋予图书馆专门委员会有权分配总额为 100 美元的新设立图书馆的图书购置费。此后,图书馆专门委员会这类机构发展很快,新罕布什尔州于 1891 年采用了图书馆专门委员会的做法,纽约州在 1892 年、康涅狄格州在 1893 年、佛蒙特州在 1894 年、威斯康星州在 1895 年,也都制定出了类似的法律。到 1922 年,全美有 38 个州采用了设置图书馆行政机构的规定。

20 世纪六七十年代,州间图书馆合作法及图书馆系统法案纷纷被写入美国州图书馆法中,标志着美国图书馆事业进入了共建共享、互利合作的新时代。1960—1979 这 20 年间,全美有 22 个州制定了图书馆系统法案,34 个州制定了图书馆合作法案,为各州图书馆系统的建立奠定了坚实基础。

二、美国州公共图书馆法的现状

表 2.1 美国州图书馆法现状[④]

州名	图书馆法在州法典中的隶属关系	制定年代
阿拉巴马州	教育法⇨图书馆法	1907
	州政府法⇨阿拉巴马州公共图书馆服务法案	
阿拉斯加州	教育,图书馆和博物馆法⇨州和社区图书馆	1913

① Alex Ladenson. *Library Law and Legislation in the United States* [M]. The Scarecrow Press, Inc. Metuchen, N. J., London, 1982:10.

② Alex Ladenson. *Library Law and Legislation in the United States* [M]. The Scarecrow Press, Inc. Metuchen, N. J., London, 1982:11.

③ 吴美美. 中美图书馆咨询服务相关法案比较[J]. 国家图书馆馆刊, 2000(1):35—56.

④ 本表根据 Alex Ladenson 所著的 *American Library Laws* 一书整理而成。

续表

州名	图书馆法在州法典中的隶属关系	制定年代
亚利桑那州	分散	1915
阿肯色州	图书馆，档案馆和文化资源⇨图书馆	1904
加利福尼亚州	分散	1905
科罗拉多州	州政府⇨图书馆	1913
康涅狄格州	图书馆法	1867
特拉华州	教育法⇨地方图书馆法	1915
佛罗里达州	公共土地和财产⇨公共图书馆和州档案馆	1914
佐治亚州	教育法	1901
夏威夷州	教育法⇨图书馆	1907
爱达荷州	教育法⇨图书馆委员会；公共图书馆；社区公共图书馆	1911
	法律图书馆⇨州法律图书馆	
伊利诺伊州	图书馆教育	1845
	行政机关⇨州图书馆法案；伊利诺伊州图书馆系统法案……	
	州间合同⇨州间图书馆合同法案	
印第安纳州	地方政府法案⇨图书馆法	1914
	州办公室和行政机构⇨董事会和委员会⇨印第安纳州图书馆和历史发展；州图书馆	
爱荷华州	教育和文化事务	1897
	地方政府法案	
堪萨斯州	分散	1909
肯塔基州	图书馆和档案馆	1915
路易斯安那州	图书馆，博物馆和其他科学机构	1915
缅因州	图书馆，历史，文化和艺术	1854
马里兰州	教育法⇨图书馆	1882
马萨诸塞州	教育法⇨图书馆	1851
密歇根州	密歇根图书馆法	1913
明尼苏达州	图书馆法	1913
密西西比州	图书馆，艺术，档案馆和历史	1906
密苏里州	教育和图书馆	1909
蒙大拿州	图书馆，艺术和文物	1907
内布拉斯加州	分散	1913
内华达州	图书馆，博物馆，历史保护	1912
新罕布什尔州	图书馆法	1849
新泽西州	职业⇨职业图书馆员资格认证	1902
	教育法⇨图书馆网络基金	

续表

州名	图书馆法在州法典中的隶属关系	制定年代
新墨西哥州	图书馆,博物馆和文化财产	1915
纽约州	分散	1913
北卡罗来纳州	图书馆法	1908
北达科他州	州政府⇨	1913
	市政府⇨公共图书馆法	
俄亥俄州	教育⇨图书馆	1912
俄克拉荷马州	公共图书馆法	1910
俄勒冈州	法庭记录,法院人员,律师⇨律师,法律图书馆	1910
	教育和文化⇨图书馆,档案馆	
宾夕法尼亚州	教育法⇨州图书馆和图书馆事业发展咨询委员会	1905
罗德岛州	图书馆法	1867
南卡罗来纳州	图书馆,档案馆,博物馆和艺术	1912
南达科他州	图书馆法	1913
田纳西州	公共图书馆,档案馆及记录	1896
德克萨斯州	分散	1914
犹他州	社区和文化发展⇨图书馆发展	1907
佛蒙特州	图书馆,历史和信息技术	1865
弗吉尼亚州	图书馆法	1904
华盛顿州	图书馆,博物馆和历史档案	1907
西弗吉尼亚州	公共图书馆,公共娱乐,运动	1913
威斯康星州	图书馆法	1913
怀俄明州	分散	1910

从表2.1可以看出,目前美国每个州都有一部或多部有关图书馆的制定法,有些是在州法中设立单独的“图书馆”一章,有的是在州法的市政或教育法之下列出,还有的是隶属于州政府或市政府相关法律。有的州的图书馆法并没有集中于以“图书馆”为名的法律之下,而是分散于多部法中。例如加利福尼亚州图书馆法分散于教育法、行政管理法、政府法中;德克萨斯州图书馆法分散于地方政府法、政府法以及选举法中;而堪萨斯州的图书馆法则显得更为分散,它分布于镇和乡镇人员、市及自治市、州部门、公务人员和雇员、郡及郡官员等法律条款中。有些州的一部图书馆法会覆盖所有类型的图书馆,如郡、市、乡镇、地区或学区图书馆,而有些州则分别为每个图书馆管理单元制定一部法律。

每个州图书馆法的内容与形式也各不相同,但通常会包括以下重要条款:授权地方政府设立公共图书馆;授权地方政府征收图书馆税;成立图书馆理事会,规定理事会的权力、职责、成员的任命等。此外,几乎所有的州图书馆法都规定,公共图书馆服务必须免费对所有人开放。其他常见的规定还有:授权图书馆理事会接受捐赠;惩罚破坏图书馆财产的读者。

一个特别有价值的条款是，为“图书馆税”设立专门的“图书馆基金”，以保证“专税专用”，不与其他市政资金混用。法律有时还会规定土地购买、建筑、财务等方面的内容。

从表2.1中还可以看出，各州制定图书馆法的年代都比较早，一般都在19世纪末20世纪初。1849年新罕布什尔州通过了一项普通图书馆法，该法条款十分简单，它授权乡镇可以通过征税来建立公共图书馆；1851年马萨诸塞州通过与新罕布什尔州相似的法律，只不过比前者的相关条款更加具体、详尽。迈阿密州于1854年，佛蒙特州于1865年，罗德岛州于1867年，康涅狄格州于1867年分别制定了各自的州图书馆法。至1915年，美国50个州都有了自己的州图书馆法。各州的州图书馆详略不同，内容各异，并且它们自产生之日起每隔几年都会被修改和完善。经过将近一个世纪的发展演变，当前许多州图书馆法较之最初制定的版本都发生了很大的改观，有的甚至已经完全改变，已经看不到最初版本的影子。

第二节　美国州公共图书馆法的主要内容

美国各州图书馆法的内容和形式不尽相同。从总体上看，以下为各州图书馆法涉及较多的内容。

一、州图书馆委员会

州图书馆委员会（state agency）是一个在美国各州普遍设置的具有“准政府”职能的公共图书馆管理机构。其职责通常包括以下几方面：管理联邦政府拨款；向本州公共图书馆提供援助基金；为本州各类图书馆提供业务咨询；制定公共图书馆各种标准；定期收集公共图书馆统计数据；计划与评估公共图书馆；推进宣传公共图书馆活动。

表2.2　州图书馆委员会隶属的部门①

州名	州图书馆委员会名称	隶属部门（需负责的对象）
阿拉巴马州	阿拉巴马公共图书馆服务委员会	市长
阿拉斯加州	州图书馆，档案馆和博物馆	教育部
亚利桑那州	亚利桑那州图书馆，档案馆和公共记录	立法分支机构
阿肯色州	州图书馆	教育部
加利福尼亚州	加利福尼亚州图书馆	教育部
科罗拉多州	科罗拉多州图书馆	教育部
康涅狄格州	康涅狄格州图书馆	教育部
特拉华州	图书馆部门	市长
佛罗里达州	图书馆和信息服务部	州政府
佐治亚州	佐治亚州公共图书馆服务	州教育部

① Local and State Sources of Funding for Public Libraries[R/OL].[2011-03-05].http://library.utah.gov/programs/development/statistics/documents/PaLA_report_interior.pdf.

续表

州名	州图书馆委员会名称	隶属部门(需负责的对象)
夏威夷州	州公共图书馆系统	教育部
爱达荷州	州图书馆	州教育部
伊利诺伊州	伊利诺伊州图书馆	州秘书办公室
印第安纳州	州图书馆	州政府
爱荷华州	爱荷华州图书馆	
堪萨斯州	州图书馆	市长
肯塔基州	图书馆和档案馆部门	市长
路易斯安那州	路易斯安那州图书馆	文化资源部
缅因州	州图书馆	教育和文化服务
马里兰州	图书馆发展和服务部	州董事会
马萨诸塞州	图书馆委员会	市长
密歇根州	密歇根州图书馆	其他
明尼苏达州	图书馆服务和学校技术	
密西西比州	密西西比州图书馆委员会	州图书馆董事会
密苏里州	密苏里州图书馆	州部门
蒙大拿州	州图书馆	教育部
内布拉斯加州	图书馆委员会	最高法院
内华达州	内华达州图书馆和档案馆	其他
新罕布什尔州	州图书馆	文化资源部
新泽西州	州图书馆	教育部
新墨西哥州	州图书馆	文化事务办公室
纽约州	州图书馆	教育部
北卡罗来纳州	北卡罗来纳州图书馆	文化资源部
北达科他州	州图书馆	教育部
俄亥俄州	俄亥俄州图书馆	州图书馆董事会
俄克拉荷马州	图书馆部	市长
俄勒冈州	州图书馆	
宾夕法尼亚州	联邦图书馆办公室	教育部
罗德岛州	图书馆和信息服务办公室	州部门
南卡罗来纳州	南卡罗来纳州图书馆	
南达科他州	南达科他州图书馆	教育部
田纳西州	田纳西州图书馆和档案馆	州秘书办公室
德克萨斯州	德克萨斯州图书馆和档案馆委员会	

续表

州名	州图书馆委员会名称	隶属部门(需负责的对象)
犹他州	犹他州图书馆部门	社区和经济发展部
佛蒙特州	图书馆部	其他
弗吉尼亚州	弗吉尼亚州图书馆	教育部
华盛顿州	州图书馆部门	州部门
西弗吉尼亚州	图书馆委员会	
威斯康星州	图书馆司,技术和社区学习	教育部
怀俄明州	州图书馆	其他

各州行使州图书馆委员会职能的机构并不一样。统计显示,有29个州规定由州图书馆来行使图书馆委员会的职能。美国大多数州的州图书馆是政府机构之一。按照美国联邦政府博物馆和图书馆服务机构的定义,州图书馆就是由州法律指定负责拓展全州的图书馆服务的官方机构。美国联邦图书馆法《图书馆服务和技术法》授权各州图书馆统一监管州的图书馆计划,此外各州的州图书馆法也都对州图书馆的法律地位、权力及义务作了相关规定,它负责全州图书馆标准的制定,以及联邦和州资助经费在全州范围内的分配,并指导、统筹协调全州图书馆特别是公共图书馆的发展。从州图书馆的地位及所承担的职能来看,它跟中国的省(自治区、市)图书馆有相同之处。

美国各州图书馆委员会在其州政府内的编制差别很大。州图书馆委员会所隶属的政府部门不同,对该州图书馆事业的发展会有不同的影响。不同的州把州图书馆设置在不同的政府部门,并受不同的政府部门监管。大致来说,有直接隶属某一个政府部门的,有自身为政府一个独立部门的,也有通过州政府指定的委员会来管理的。从表2.2可以看出,全美50个州中州图书馆委员会作为独立政府机构的有14个,另外31个州设在州政府的某个部门。其中,隶属教育部的有14个州,隶属文化资源部的有5个州。有5个州州图书馆委员会直接隶属州务卿(Department of State),还有两个州(亚利桑那州和内布拉斯加州)比较特别,一个是作为立法机关的分支机构而存在,另一个则隶属于州最高法院。再如伊利诺伊州,“州图书馆法案”(State Library Act)规定由州务卿兼任州图书馆的名誉馆长,同时任命州图书馆执行馆长,并在以各方代表人士组成的州图书馆咨询委员会的监管下对州内的图书馆事业、政策等进行指导。[①]

从表2.2还可以看出,很多州的图书馆委员会都隶属于教育部门。以加利福尼亚州图书馆法为例,它不仅明确规定了州图书馆是教育部门的一个分支机构,而且还详细地列举了教育部门在管理图书馆事业发展中的权利及义务,主要包括:①制定不违背法律的规章和条例来管理州图书馆;②授权图书馆员雇佣他们所需要的助理人员;③出售或与其他部门交换图书副本;④有序保存并修复州图书馆中的图书及其他资产;⑤制定规章条例允许除立法机构成员和州政府官员之外的人们使用图书馆资源;⑥收集并保存与图书馆相关的统计数据及其他信息,其他图书馆可以向教育部门提交申请获取这些统计数据和相关信息;⑦根据需

① Illinois Compiled Statutes. State Library Act[EB/OL]. [2011-03-29]. http://www.ilga.gov/legislation/ilcs/ilcs3.asp? ActID=200&ChapterID=4.

要在全州各地建立图书存储站（deposit station），存储站由州政府官员或者州图书馆工作人员管理；⑧收集、保存、传播与州历史相关的信息；⑨与国会图书馆合作，作为一个地方图书馆（regional library）为盲人服务；⑩为公共图书馆工作人员及图书馆管理机构提供咨询、建议及其他技术帮助，并帮助承担图书馆服务责任的其他所有权利机构，无论它是州权力机构还是地方上的；⑪作为一个参考咨询中心和研究型图书馆为州政府部门服务，并为立法部门提供充足的参考咨询及研究型图书馆服务；⑫获取、组织图书及其他图书馆信息和参考资料，并通过州图书馆较为先进的技术手段和科学合理的工作，将其作为其他公共图书馆馆藏的补充，最后通过建立一个馆际互借系统，保证全州居民都可以最大限度地获得这些信息资源；⑬调查研究公共图书馆的需求，依据一定的规章和条例向公共图书馆分配联邦资金。此外，该法还规定了教育部额外的权利和义务：①为图书馆购买图书、地图、版画、绘画和家具设备；②为属于州图书馆的图书及地图编号，并盖上印章，为这些文献资源编制目录；③将需要捆扎的所有图书和地图装订起来；④保存图书馆图书及其他资产的购置、出借记录。[①]

二、图书馆员资格认证制度

根据1992年的一项调查，美国50个州中有31个州通过法律确立了图书馆员资格认证制度。表2.3反映的是部分州将这一制度纳入法制化轨道的年份。

表2.3　美国部分州图书馆员资格认证制度法制化年代

20世纪90年代	内华达州（1992）	田纳西州（1990）	
20世纪80年代	加利福尼亚州（1986）	马里兰州（1986）	纽约州（1981）
20世纪70年代	北达科他州（1979）	密歇根州（1977）	南卡罗来纳州（1976）
	印第安纳州（1974）	华盛顿州（1973）	肯塔基州（1972）
	康涅狄格州（1971）	俄亥俄州（1970）	
20世纪60年代	宾夕法尼亚州（1961）		
20世纪50年代	亚利桑那州（1956）	北卡罗来纳州（1955）	新墨西哥州（1953）
20世纪40年代	阿肯色州（1949）	马萨诸塞州（1948）	新泽西州（1947）
20世纪30年代	田纳西州（1937）	佐治亚州（1937）	弗吉尼亚州（1936）
20世纪20年代	路易斯安那州（1926）	威斯康星州（1921）	

威斯康星州是较早地将图书馆员资格认证制度纳入法制化轨道的州之一。1921年，威斯康星州立法机关颁布了第一部州立公共图书馆员资格认证法，要求所有的公共图书馆员必须通过图书馆、技术、团体学习三方面内容的认证。认证分为三种类型：定期认证（regular certification）、短期认证（provisional certification）和临时认证（temporary certification）。馆员首次取得资格认证后，还需不断进行续认。威斯康星州的续认规则是：一至三级馆员职业资格每5年续认一次，已获得一至三级馆员职业资格认证的馆员必须在5年内完成累计100小

① Alex Ladenson. *American library laws*［M］. Chicago：American Library Association，1983：269—270.

时的课堂继续教育。续认制度实际上是馆员的继续教育制度。[①]

继威斯康星州之后，路易斯安那州于 1926 年也制定了图书馆员资格认证法。法律规定，路易斯安那州成立一个州立图书馆考官董事会（State Board of Library Examiners），董事会由经验丰富、训练有素的三名图书馆员组成，任期 4 年，任职期间没有报酬；州立图书馆考官董事会制定与图书馆员职业资格认证相关的规章制度，例如规定获得图书馆员职业认证者需要达到的条件和要求；董事会每年至少举办一场资格认证考试。[②]

20 世纪 20 年代中期之后，美国有许多州的图书馆法中都增加了与图书馆员资格认证相关的条款，有些州的规定还比较详细，典型的如密歇根州。该州将图书馆工作人员的资格认证分为 7 个等级，具体如下：

• 第一级为 LPPC（Librarian's Permanent Professional Certificate），即图书馆员永久资格证书。这是最高一级的认证，要想获得此证书，图书馆员必须满足以下条件：①在地方评审机构认可的学院或大学获得本科学士学位；②获得硕士学位或具备美国图书馆协会认可的图书馆学校的同等学力；③完成在图书馆工作所需要的基本教育要求，并在某个密歇根州图书馆批准的图书馆中工作满 4 年。

• 第二级为 LPC（Librarian's Professional Certificate），即图书馆员职业资格证书。获得该证书的条件基本与 LPPC 的要求一样，唯一的不同是该证书颁发给那些在图书馆工作未满 4 年的人员，一旦满 4 年即可获得第一级资格认证。

• 第三级为 SPC（Special Professional Certificate），即特殊职业资格证书。该证书颁发给那些非图书馆专业且具有学士学位的人。

• 第四级为 LPCCA（Limited Professional Certificate Class A），即 A 等有限职业资格证书。获得该证书的人应该具备以下条件之一：具有大学本科学历，大学时主修过图书馆这门课程（不少于 24 课时）；具有大学本科学历，并在某所美国图书馆协会认可的图书馆学校中登记在册（指还在这所学校上学）。

• 第五级 LPCCB（Limited Professional Certificate Class B），即 B 等有限职业资格证书。任何非图书馆学专业的本科生都可获得该证书。

• 第六级 LTC（Library Technician's Certificate），即图书馆技术人员证书。该证书颁发给那些学习过两年图书馆技术相关课程的人，所学技术课程必须是密歇根州图书馆批准认可的。

• 第七级 CLE（Certificate of Library Experience），即图书馆经验证书。这也是最初级的图书馆员资格认证，该认证对馆员的要求较低，只需高中毕业并完成密歇根州图书馆认可的初级讲习班的课程即可。这种认证是一种临时性认证，有效期为 3 年，3 年后需重新申请。

为了保证图书馆员资格认证制度的落实，密歇根州图书馆法将州政府对图书馆的资助和图书馆员资格认证相挂钩，要求图书馆必须达到法律规定的要求，否则州政府就不提供资金。接受州政府资助的公共图书馆员的资格证书由州政府有关部门签发。

图书馆员资格认证制度带来了美国公共图书馆从业人员素质的提升。图 2.1 是 1999

---

① Elizabeth Burmaster, Wisconsin Department of Public Instruction. Certification Manual for Wisconsin Public Library Directors[EB/OL]. [2005-04-21]. http://www.dpi.state.wi.us/dltcl/pld/cert.html.

② Alex Ladenson. *American library laws*[M]. Chicago: American Library Association, 1983: 874.

年美国公共图书馆员受教育程度的调查,可以看到,90%以上的从业人员具有硕士以上的教育经历。

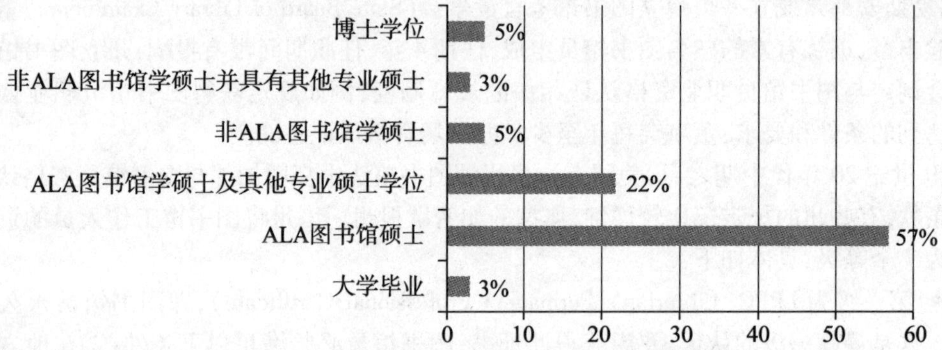

图 2.1　1999 年美国公共图书馆员受教育程度[①]

目前,美国几乎所有州的图书馆法都有关于图书馆员资格认证的规定,但各州实施这一制度的强制程度并不一样。有 25 个州的图书馆员资格认证制度是强制性的,而像缅因州、内布拉斯加州、爱荷华州、南达科他州、佛蒙特州和蒙大拿州等,虽然也建立了图书馆员资格认证制度,但是非强制性的。1999 年美国做过一项公共图书馆员构成结构的调查,结果显示,在强制实行图书馆员资格认证制度的州,具有图书馆专业硕士学位的专业馆员所占比例普遍较高(25 个强制实施资格认证的州,有 17 个排在前 25 位[②]);相反,在不实行强制认证制度的州,专业馆员所占比例普遍偏低(见表 2.4)。图书馆服务的专业性,主要通过专业馆员的业务活动体现出来。图书馆员资格认证制度与专业馆员所占比例的关系,说明了资格认证制度对提升从业人员专业水平的重要性。

表 2.4　具有 ALA 图书馆专业硕士的专业馆员占全职图书馆员的比例[③]

州名	百分比(%)	排名	州名	百分比(%)	排名
夏威夷州	100		堪萨斯州	60.9	
新泽西州	99.5	2	马里兰州	54.5	
佐治亚州	95.5	3	犹他州	53.5	
北卡罗来纳州	94.8	4	威斯康星州	53	
加利福尼亚州	93.6	5	特拉华州	52.5	
华盛顿州	89	6	密苏里州	52.2	
纽约州	87.3	7	新墨西哥州	50.8	

① 李杰,袁芳.美国图书馆馆员的现状[J].情报杂志,2001(4):97—98.

② 这 17 个州分别是佐治亚州、南卡罗来纳州、印第安纳州、德克萨斯州、路易斯安那州、纽约州、华盛顿州、北卡罗来纳州、威斯康星州、马萨诸塞州、俄亥俄州、宾夕法尼亚州、密歇根州、亚利桑那州、新泽西州、弗吉尼亚州、加利福尼亚州。

③ Librarians(FTE)[EB/OL].[2010-03-20].http://www.statemaster.com/graph/edu_pub_lib_ala_lib-libraries-ala-mls-librarians-fte.

续表

州名	百分比(%)	排名	州名	百分比(%)	排名
罗德岛州	86.7		田纳西州	46.3	
弗吉尼亚州	82.9	9	路易斯安那州	45.2	
佛罗里达州	82.3		缅因州	43.2	35
亚利桑那州	77.8	11	阿肯色州	39.8	
南卡罗来纳州	77.5	12	俄克拉荷马州	39.8	
内华达州	76.3	13	新罕布什尔州	39.3	
俄勒冈州	72.8		阿拉巴马州	37	
德克萨斯州	72.6	15	密西西比州	31.8	
康涅狄格州	71.2	16	爱达荷州	29.6	
密歇根州	70.7	17	内布拉斯加州	29.5	42
俄亥俄州	70.6	18	爱荷华州	28	43
科罗拉多州	69.3		西弗吉尼亚州	27.4	
宾夕法尼亚州	68.7	20	南达科他州	26.9	45
印第安纳州	65.3	21	怀俄明州	24.6	
伊利诺伊州	64.7		佛蒙特州	24.3	47
马萨诸塞州	64.3	23	肯塔基州	24.1	
阿拉斯加州	62.7		北达科他州	21.4	
明尼苏达州	61.1		蒙大拿州	20.3	50

三、图书馆经费

有关经费的规定，是美国州公共图书馆法规的重要内容之一。

美国的政府体系大致分为联邦、州和地方政府三级，州政府和地方政府是两个不同的概念，州政府是联邦政府的“成员政府”，而所谓“地方政府”，是指郡、市、乡、镇、学区和专区政府等，由州政府管理。由于州政府对地方政府的设置拥有完全的自主权，因而美国各州地方政府的建制、组织结构、领导体制和任期等没有统一的模式，由各州自行决定。简单地说，郡政府是美国地方政府中最具包容性的单位，89%的美国人口由郡级政府提供服务。就行政建制而言，郡是最大的地方政府建制，也是州以下最普遍、最稳定的地方行政区划，但郡政府只履行行政管理职责，没有制定政策的权利。市政府是由州特许设立的，目的是“给更集中和更稠密的人口提供公共服务”。理论上，州政府的特许状详细列出了市政府的目标和权力，但实际上，市政府在许多方面独立行使职权，并不受州政府支配。美国的镇、乡是州设立的比郡、市规模更小的行政单位，它们独立存在，分别执行各自的职能。并不是每个州都设乡镇，目前美国有21个州保留有镇或乡镇这种行政单位。学区政府是专为管理某一地区(可以横跨不同的郡、市、镇)的公立教育事业而设立的政府机构。每个学区都有一个教育管理委员会，委员或由本学区居民选出，或由市长、市政会议指派。委员会负责制定本学区公立教育的具体方针，任命学监执行，并为本区内的基础教育筹集资金，维持公立学校系统的正常运转。专区政府是为了执行某种专门政府职能而设立的政府机构,如水土保持、垃圾处理、城市供水等。他们拥有自己的征税权,有自己的官员,有一定的管理区域,其组织形式与学区类似。[①]

公共图书馆的经费究竟由地方政府提供还是由州政府提供,在美国曾经有过争议。1945 年肯塔基州议会通过一项法令,提出了建立公共图书馆的四种方式,其中之一是"市每征收 100 美元税金,提供 5 到 15 美分用作建设公共图书馆的经费"。当时,新港公共图书馆(Newport Public Library)和新港市政府质疑此项规定的合法性,向肯塔基最高法院提起诉讼,最后肯塔基州最高法院判决:"公共图书馆是教育机构,兴办教育是政府的职责,承担这种职责的不是地方政府,而是州政府。"[②]目前,美国已不存在诸如此类的有关地方政府与州政府责任归属的争议,建设和维持公共图书馆是联邦、州和地方政府的共同责任和义务的理念已经深入人心,因此,如今美国联邦、州、地方政府都编制有维持公共图书馆服务的预算。

1. 地方性税收

从美国公共图书馆经费来源的构成来看,来自地方政府和州政府的经费占绝大部分,而来自联邦政府的资助所占比重很低。州及地方政府的经费来源就是税收。

美国州图书馆法中对用于维持公共图书馆发展的征税税率一般都有限定。早在 1970 年,Alex Ladenson 在《图书馆法:一些基于总体的考虑》(Library Legislation:Some General Consideration)一文中写道,美国约有四分之三的州图书馆法对用于图书馆目的的最高征税率都作了限制,剩下的州没有规定具体的税率,只是模糊地表示市政权力机关可以图书馆发展的需要征收适当的税。[③] 在另一篇《与公共图书馆组织、管理、财政支撑有关的一般法律》(General Legislation Dealing with the Organization, Management and Financial Support of Public Libraries)的文章中也说道,只有 14 个州没有明确对用于发展图书馆目的的征税额进行限制。[④] 佛蒙特州图书馆法允许征收人均 3 美元的税用于达到图书馆管理委员会所指定的最低图书馆服务标准。有 9 个州的最高税率低于千分之一。另外,州图书馆法对不同类型图书馆所限定的税率也不一样,例如郡和市与乡村公共图书馆相比,通常前者的税率要低于后两者。[⑤] 36 个州图书馆法中只有 5 个州规定的最高税率高于千分之三。

1926 年美国图书馆协会对全国州图书馆法的一份调查显示,当时有 9 个州没有限定征税的最高税率,它们是佐治亚州、路易斯安那州、缅因州、马萨诸塞州、新罕布什尔州、俄勒冈州、德克萨斯州、威斯康星州、怀俄明州,还有一些州对某种类型的图书馆的征税率不加限制,例如加利福尼亚州图书馆法只是要求无法人地位的市和镇应征收足够的税来维持图书馆的日常运行,肯塔基州的二级城市和俄亥俄州的市图书馆也都有相似的规定。有一些州

---

① 李世安.美国州宪法改革与州和地方政治体制发展[M].北京:人民文学出版社,2009:282.

② Carleton B Joeckel. *The Government of the American Public Library*[M]. Chicago:University of Chicago Press,1935:56.

③ Alex Landenson. Library Legislation:Some General Consideration[J]. *Library Trends*,1970(October).

④ Hannis S Smith. General Legislation Dealing with the Organization, Management and Financial Support of Public Libraries.[J/OL]. http://citeseerx. ist. psu. edu/viewdoc/download? doi = 10. 1. 1. 172. 9282&rep = rep1&type = pdf.

⑤ Arthur E Bostwick, C Seymour Thompson. *A Survey of Libraries in the United States*[M]. Chicago:The Association,1926—27:257—258.

税率的多少是由居民通过投票来决定的。[①] 有 7 个州的图书馆法规定了征税的最高税率。科罗拉多州规定超过 10 万人口的城市，为市政图书馆的征税为 0. 25 厘(mill)；印第安纳州规定镇区图书馆税率为 0. 5 厘；肯塔基州规定一级城市为 0. 25 厘，二级城市年征税额不低于 5000 美元；密苏里州规定一级市的公共图书馆年征税额不低于 55 000 美元；内华达州规定第一次征税税率为 0. 005 厘；新罕布什尔州规定税收总额每 30 美元中最多支付 1 美元给乡镇图书馆；等等。[②]

Arthur E. Bostwick 曾经对 1925 年与 1982 年美国部分州的市政图书馆、郡图书馆(county library)的征税税率变化作过一次比较研究，结论是，大多数州的法定最高税率上限均有所提高，但很少有郡、市、乡镇能完全达到上限税率。例如加利福尼亚州郡图书馆法最早规定为图书馆的征税每 100 美元最高不能超过 10 美分，1957 年这一税率提高到每百元不超过 30 美分，但是该州 1961 年度财政报告显示，所有郡图书馆税率的中位值仅为 8 美分，远远低于 30 美分。同年的市政图书馆税率也是如此，从 3 美分到 30 美分不等，中位值是 17 美分。[③]

直到今天，美国州图书馆法中的最高征税税率限定和实际征收税率的脱节，仍然是普遍现象。表 2. 5 是 2009 年和 2010 年犹他州图书馆实际税率与最高限定税率的对比，可以发现，几乎所有的郡或市都没有达到 0. 001 厘的最高征税率。美国学者认为，征税不足，导致了公共图书馆的经费不足。州图书馆法规定的最高征税税率限定和实际税率严重脱节的现象说明，法律中最需要的是明确规定地方权力机关为图书馆征税的最低标准，从而保证公共图书馆有稳定、充足的经费来源，而不是一个虚无缥缈的最高税率限定。

表 2. 5　2009—2010 年犹他州图书馆最高税率与实际税率比较[④]

区域名称	最高税率(厘)	2009 实际税率(厘)	占最高税率百分比	2010 实际税率(厘)	占最高税率百分比
芒特普莱森特	0. 001	0. 000883	88. 30%	0. 001004	100. 40%
洛根	0. 001	0. 000771	77. 10%	0. 000822	82. 20%
盐湖市	0. 001	0. 000760	76. 00%	0. 000791	79. 10%
北洛	0. 001	0. 000682	68. 20%	0. 000746	74. 60%
普罗沃	0. 001	0. 000659	65. 90%	0. 000703	70. 30%
圣胡安郡	0. 001	0. 000602	60. 20%	0. 000646	64. 60%
韦伯郡	0. 001	0. 000601	60. 10%	0. 000597	59. 70%

① Arthur E Bostwick, C Seymour Thompson. *A Survey of Libraries in the United States*[M]. Chicago: The Association, 1926—27: 257—258.

② Arthur E Bostwick, C Seymour Thompson. *A Survey of Libraries in the United States*[M]. Chicago: The Association, 1926—27: 233—342.

③ Edward A Wight. Financial Support of Public Libraries[J/OL]. [2011 - 02 - 20]. https://www. ideals. illinois. edu/bitstream/handle/2142/6080/librarytrendsv11i4c_opt. pdf? sequence = 1.

④ Comparison of Proposed Tax Rates for Public Libraries in Utah 2009—2010. [EB/OL]. [2011 - 03 - 20]. http://library. utah. gov/programs/development/statistics/documents/2010TaxRateComparisons. pdf.

续表

区域名称	最高税率（厘）	2009 实际税率（厘）	占最高税率百分比	2010 实际税率（厘）	占最高税率百分比
布里格姆市	0.001	0.000576	57.60%	0.000595	59.50%
盐湖郡图书馆	0.001	0.000564	56.40%	0.000583	58.30%
金刚砂郡	0.001	0.000401	40.10%	0.000423	42.30%
默里	0.001	0.000395	39.50%	0.000404	40.40%
戴维斯郡图书馆	0.001	0.000348	34.80%	0.000363	36.30%
尤因塔郡	0.001	0.000345	34.50%	0.000361	36.10%
格兰郡	0.001	0.000344	34.40%	0.000349	34.90%
德雷珀郡	0.001	0.000281	28.10%	0.000286	28.60%
高原	0.001	0.000250	25.00%	0.00028	28.00%
华盛顿郡	0.001	0.000239	23.90%	0.000262	26.20%
瓦沙契郡	0.001	0.000188	18.80%	0.00021	21.00%
甘尼森	0.001	0.000187	18.70%	0.000197	19.70%
博克斯埃尔郡图书馆	0.001	0.000150	15.00%	0.000162	16.20%
摩根郡	0.001	0.000150	15.00%	0.000143	14.30%
桑塔金	0.001	0.000127	12.70%	0.000136	13.60%
比弗郡	0.001	0.000105	10.50%	0.000087	8.70%
特里蒙顿	0.001	0.000080	8.00%	0.000081	8.10%
桑皮特郡	0.001	0.000062	6.20%	0.000071	7.10%
铁郡	0.001	0.000059	5.90%	0.000061	6.10%
凯恩郡	0.001	0.000049	4.90%	0.000056	5.60%

2. 州政府援助

在美国，由州政府为公共图书馆提供经费援助从1930年中期就开始了，早期提供援助的州数量不多，援助的力度也不大。如据文献记载，20世纪30年代宾夕法尼亚州图书馆法规定向每个郡图书馆提供2万美元的年度资助，1935年该州获得资助的郡图书馆有5个。到20世纪70年代，全美已经有30个州的图书馆法明确规定州政府有责任为本州内公共图书馆提供经费支持，并且这30个州也都有经费支持的具体项目，其中有10个州每年的资助金额超过了100万。1970年伊利诺伊州和纽约州为每个图书馆提供的资助达到了人均1美元，相当于同期其他所有州总和的五分之二，州政府的经费援助已经成为公共图书馆经费来源的重要渠道之一。①

① Hannis S Smith. General Legislation Dealing with the Organization, Management and Financial Support of Public Libraries. [J/OL]. http://citeseerx. ist. psu. edu/viewdoc/download? doi = 10. 1. 1. 172. 9282&rep = rep1&type = pdf.

根据对美国50个州图书馆法律汇编《美国图书馆法》的内容分析，并结合网络调查研究，发现到目前为止美国有26个州的图书馆法对州政府援助（state aid）有明确规定。这些州的州援助图书馆法案具有某些共性。从宏观上讲，州对图书馆的援助主要有两种方式，一是给图书馆提供经费支持，二是给图书馆提供业务上的指导。接受州援助的地方图书馆通常需要满足一定的条件或标准，但州援助又不是在图书馆间进行平均分配的。一般来说援助分配的标准一是依据图书馆服务的人口，二是依据图书馆服务的面积。当然这样的分配标准是否能保证援助的公平性一直存在争议。

在26个规定了州政府援助内容的州图书馆法中，以伊利诺伊州图书馆法的州援助法案最具代表性。伊利诺伊州援助图书馆法案又被称为伊利诺伊州图书馆系统法（Illinois Library System Act），因为该法案主要是为覆盖全州的图书馆系统提供州政府拨款。该法案共分为16部分。第一部分"声明"，指出州政府有责任提供财政支持以促进公共教育的发展，而公共图书馆是一个重要的教育机构，所以州政府应该为公共图书馆提供财政支持，以促进覆盖全州的公共图书馆网络的建立和发展。第二部分"定义"，对"图书馆系统"的概念作了解释。第三部分"法案的管理"（administration of act），为保证该法案能得到贯彻执行，州图书馆员可以制定相关规章和条例，这些规章条例必须旨在达到以下标准或实现以下目的：①将图书馆服务设施延伸到那些还没有图书馆服务的地区，为本州的每个公民提供图书馆服务；②为受任何教育程度的学生提供图书馆资料；③为本州市民提供数量丰富、类型多样的图书及其他资料，以满足他们对图书馆的需要；④鼓励现有或者新成立的图书馆加入图书馆系统，从而以更合理的成本为更广范围的居民提供图书馆服务；⑤促进地方政府对图书馆的支持力度，同时为地方图书馆提供州政府拨款，以补充地方对图书馆的财政投入。第四部分"建立方式"，阐述了一个图书馆系统建立的方式。第五部分"协作及联合图书馆系统"（cooperative and consolidation library systems），规定建立一个管理委员会来管理"协作及联合图书馆系统"，并规定了管理委员会成员选举产生的方式以及任期等相关事宜。第六部分"超过50 000人口城市的图书馆—管理委员会"。第七部分"管理委员会的权力"，详细列举了图书馆系统管理委员会具有的12项权力。第八部分"州补助金"（state grants），规定州补助金包括六种基金：①年度均衡基金（annual equalization grants）；②建立基金（establishment grants）；③年度人均及地区基金（annual per capita and area grants）；④每年为研究及参考咨询中心提供的基金；⑤为公共图书馆提供的人均基金（per capita grants to public libraries）；⑥为公共图书馆提供的建筑基金（construction grants to public libraries）。该部分对六种基金的补助金额以及分配方式作出了规定，还列举了"获得补助金的条件"：①公共图书馆必须向州图书馆员提供相关的材料，证明其已申请"联邦收益共享基金"（federal revenue sharing funds），并且此申请已得到地方政府认同；②根据州图书馆员提供的图书馆服务数据，证明该公共图书馆达到了伊利诺伊州图书馆协会制定法的图书馆服务标准；③地方政府为该公共图书馆征收的图书馆税率不能低于0.13%。第九部分"申请加入图书馆系统"，规定任何公共图书馆都可以申请加入某一个现有的图书馆系统，当申请得到图书馆系统管理委员会的同意后，该公共图书馆将享有和系统成员一样的权利、义务，同时该公共图书馆董事会还继续保留法律赋予它的所有权力。第十部分"州资助的撤销"，规定州图书馆员有权力随时检查接受州资助的图书馆系统的服务信息，如果州图书馆员发现该图书馆系统不符合其制定的图书馆服务计划，或者没有遵守州图书馆员制定的相关规章条例，图书馆系统获得州资助的权利将被剥夺,直到它所制定的图书馆服务计划重新得到州图书馆员的同意和认可。第十一部分"税收的减少",规定如果图书馆系统中的任何成员馆每年征收的图书馆税低于图书馆系统建立前三年人均支出的平均值,则向该图书馆系统拨付的"年度人均及地区基金"将被裁减25%,直到图书馆重新达到这个平均值。第十二部分是"研究及参考咨询中心",第十三部分是"债务的偿还及清算",第十四部分是"退出图书馆系统",第十五部分为"捐赠",第十六部分为"财产的处理"。[①]

3. 州政府援助的条件

大多数州在为图书馆提供经费援助的时候都要求图书馆必须满足一定的条件,比如达到某种服务标准、图书馆工作人员必须进行职业资格认证、地方政府必须同时提供配套资金等。州政府通过"援助"这一纽带将松散的地方图书馆整合起来,在保证地方图书馆发展的自主性和灵活性的同时,提高图书馆服务的整体效能。

密歇根州图书馆法中确立的州政府援助条件具有代表性。该州依据图书馆的服务人口,将图书馆分为6个等级,每一等级对管理者、从业人员和地方政府的经费保障都提出了明确要求,从而把获得州政府经费援助和地方图书馆自身发展紧密捆绑起来。如表2.6所示。

表2.6　密歇根州图书馆法确立的"州政府援助条件"[②]

图书馆级别	服务人口(人)	每周最少开放时间(小时)	对管理者要求	对图书馆工作人员要求	对地方税率的要求
一级	0—3999	15	七级认证	无要求	0.3厘
二级	4000—6999	20	七级认证	无要求	0.3厘
三级	7000—11 999	30	五级认证	六或七级认证	0.3厘
四级	12 000—25 999	40	二级认证	二、三、四、五级认证之一	0.3厘
五级	26 000—49 999	50	一级认证	二或三级认证	0.3厘
六级	50 000以上	55	一级认证	二或三级认证	0.3厘

密歇根州将图书馆工作人员的认证分为7个等级。等级不同的图书馆对工作人员资格认证的要求也不一样,例如一级图书馆要求图书馆管理者必须获得第七级资格认证证书CLE(Certificate of Library Experience),这是最初级的资格认证;六级图书馆属于较为大型的图书馆,它的服务人数在5万人以上,该类图书馆若想获得州政府的资助其管理者必须持有图书馆员一级资格认证LPPC(Librarian's Permanent Professional Certificate),即图书馆员永久职业资格证书。这是对图书馆管理者的要求。密歇根州资助法案还要求不同等级图书馆每周必须达到最低开放时间,小型图书馆(服务人口在4000人以下)每周向公众开放时间不少于15小时,大型图书馆(服务人口在5万人以上)每周至少开放55小时。另外一个很重要的要求,就是地方政府必须为本地图书馆提供财政支持,具体标准是地方政府为维持图书馆建设和运营的征税税率不能低于0.003厘。按密歇根州资助法案的规定,凡满足以上所有

① Alex Ladenson. *American library laws*[M]. Chicago: American Library Association, 1983: 577—584.

② State Aid to Public Libraries in the United States. [R/OL]. [2011-03-23]. http://mblc.state.ma.us/grants/state_aid/review/sareview_us.doc.

条件的公共图书馆,密歇根州政府依据图书馆服务人口的数量,以人均0.4345美元的标准给予图书馆经费援助。一个服务人口5万人的公共图书馆,每年从州政府获得的经费援助在2.1万美元以上。

四、图书馆系统

20世纪六七十年代,美国公共图书馆事业发展进入了重视图书馆系统建设的阶段。所谓图书馆系统建设,就是开始从法律层面鼓励、规范和引导图书馆间的联合与合作,鼓励和促进跨地区公共图书馆服务系统的建立、维护和运行,在更大范围内促进图书以及其他文献资料的充分利用,扩大图书馆在全州的覆盖面,提高图书馆的服务效率,保证所有居民都可以自由平等地享受图书馆服务。[①] 伊利诺伊州的图书馆系统在当时堪称代表。该系统是一种服务人口不少于15万或服务面积不小于1036平方公里并以税收支持的公共图书馆联合体,组成方式可以是以下任意一种:[②]

- 10个或更多公共图书馆以书面协议的方式形成一个合作图书馆系统(cooperative library systems),在相互合作的基础上提供图书馆服务。
- 10个或更多公共图书馆联合形成的只有一个管理主体的联合图书馆系统。
- 由一个服务城市人口超过50万的单个公共图书馆组成的图书馆系统。

20世纪六七十年代的州图书馆法中出现了一批"图书馆系统法案"。据统计,目前全美22个州的图书馆法中都包含图书馆系统法案(见表2.7)。

表2.7 美国州图书馆法图书馆系统法案制定年代一览[③]

州名	制定年代	法案名称
加利福尼亚州	1963	加利福尼亚图书馆服务法
爱达荷州	1974	地区图书馆系统
伊利诺伊州	1965	伊利诺伊州图书馆系统
爱荷华州	1973	地区图书馆系统
堪萨斯州	1981	图书间合作
缅因州	1973	地区图书馆系统
密歇根州	1971	图书馆网络
明尼苏达州	1979	多类型图书馆系统
密苏里州	1972	联合图书馆地区
密苏里州	1955	市—郡联合图书馆
蒙大拿州	1965	图书馆系统法
新罕布什尔州	1981	全州图书馆发展系统

① *Public Library Legislation: a Comparative Study*. [M/OL]. [2011-03-17]. http://unesdoc.unesco.org/images/0002/000251/025113eo.pdf.

② Alex Ladenson. *American Library Laws*[M]. Chicago: American Library Association, 1983: 577.

③ 该表根据Alex Ladenson所著的*American library laws*一书整理而得。

续表

州名	制定年代	法案名称
新泽西州	1956	图书馆联盟
纽约州	1963	州间图书馆区域
俄亥俄州	1975	城市图书馆系统
俄克拉荷马州	1967	公共图书馆系统
田纳西州	1959	州图书馆系统
德克萨斯州	1969	图书馆系统尤为详细
华盛顿州	1947	郡间农村图书馆地区
威斯康星州	1971	公共图书馆系统

从总体来看,美国的图书馆系统主要有两种类型:一是合作式图书馆系统(cooperative library system),二是联合式图书馆系统(consolidated library system)。区别在于前者的组织形式较为松散,各成员馆通常以签订合同的方式进行合作,形成图书馆系统后各成员馆仍分别保留自己的管理机构,合作大多限于馆际互借服务;后者实际上可以视为一个单一的图书馆系统,它只有一个管理机构,某一公共图书馆一旦加入该系统,其原有的管理机构将不复存在。

州政府援助在图书馆系统建立过程中发挥了积极的促进作用。具体表现是,各州在制定了图书馆系统法案后,为支持法案的贯彻实施,一般会在州图书馆法的"州援助"(state aid)部分增设相应的条款,为图书馆系统的建立提供来自州政府的资金资助。1977 年纽约州将图书馆系统服务地区的资助从人均 0.4 美元提高到了 0.52 美元。1975 年伊利诺伊州将资助图书馆系统的标准从人均 0.5 美元提高到了 1 美元,每平方英里的资助金额从 25 美元提高到了 35 美元。同年,德克萨斯州通过了一条州援助的法律,规定从州政府财政收入中拨付 400 万美元,用于支持 1971 年建立的 5 个地区图书馆系统的发展。加利福尼亚州于 20 世纪 70 年代成立了图书馆系统和服务局(California Library Authority for Systems and Services),负责促进图书馆系统间的资源共享及联合服务,并为满足条件的图书馆系统提供经费资助。20 世纪 70 年代,南达科他州重新修订了州图书馆法,明确规定"在全州建立一个图书馆网络系统,以方便本州的民众获得图书馆资源"。

五、州间图书馆合同

所谓州间图书馆合同,是指不同州公共图书馆之间相互合作的法律规范。州间图书馆合同是美国州图书馆法中普遍具有的内容。据文献记载,在 1970 年,美国有 20 个州制定了州间图书馆合同法,当时新英格兰地区的 6 个州和纽约州共同组成了一个跨州图书馆合作区域,在中西部地区也有印第安纳州、伊利诺伊州等 6 个州形成了这样的合作,远西地区的华盛顿、俄勒冈州、爱达荷州和怀俄明州依据州间图书馆合同法建立起一个连续的协作区域。目前,全美有 34 个州图书馆法中都包含着一个独立的章节:州间图书馆合同(见表 2.8)。

表 2.8 美国各州"州间图书馆合同法"制定年代一览①

州名	法案制定年代	州名	法案制定年代
阿拉巴马州	1973	新罕布什尔州	1963
阿肯色州	1967	新墨西哥州	1953
科罗拉多州	1963	纽约州	1963
康涅狄格州	1967	北卡罗来纳州	1967
佛罗里达州	1972	北达科他州	1965
佐治亚州	1972	俄亥俄州	1976
爱达荷州	1965	俄克拉荷马州	1967
伊利诺伊州	1961	俄勒冈州	1965
路易斯安那州	1968	罗德岛州	1963
印第安纳州	1967	南达科他州	1975
爱荷华州	1978	田纳西州	1971
缅因州	1963	佛蒙特州	1970
马里兰州	1957	弗吉尼亚州	1970
马萨诸塞州	1963	华盛顿州	1965
明尼苏达州	1967	西弗吉尼亚州	1972
密西西比州	1942	威斯康星州	1955
蒙大拿州	1967	怀俄明州	1965

美国各州州间图书馆合同法的内容结构大同小异。以阿拉巴马州州间图书馆合同法(1973 年)为例,共分为 12 章,各章标题如下:

Article Ⅰ. 政策和目的(Policy and Purpose)
Article Ⅱ. 定义(Definition)
Article Ⅲ. 州间图书馆区域(Interstate Library Districts)
Article Ⅳ. 州间图书馆区域,管理委员会(Interstate Library Districts,Governing Board)
Article Ⅴ. 州图书馆管理机构合作(State Library Agency Cooperation)
Article Ⅵ. 图书馆协议(Library Agreement)
Article Ⅶ. 图书馆协议的批准(Approval of Library Agreement)
Article Ⅷ. 其他可适用的法律(Other Laws Applicable)
Article Ⅸ. 拨款及援助(Appropriation and Aid)
Article Ⅹ. 合同管理者(Compact Administrator)
Article Ⅺ. 生效与撤销(Entry into Force and Withdrawal)
Article Ⅻ. 建设和终结(Construction and Severability)②

① 该表根据 Alex Ladenson 所著的 *American library laws* 一书整理而得。

② Alex Ladenson. *American library laws*[M]. Chicago:American Library Association,1983:172—177.

六、图书馆建筑

图书馆馆舍建筑是美国州图书馆法普遍关注的事项。据统计，有28个州图书馆法中包含了与图书馆馆舍建筑及建设用地相关的法律条款。如加利福尼亚州图书馆法规定，任何郡的监事会都可以建设、修缮、装修一个建筑以用作郡公共图书馆之需，所需费用先从“郡一般基金”中拨付，然后郡审计员每年从“郡免费图书馆基金”中转移一部分资金到“郡一般基金”，直到偿清用于图书馆建筑的所有费用。法律规定整个偿还期限不得超过20年。伊利诺伊州图书馆法对图书馆建筑及用地的规定更为详细。该法律根据图书馆的类型将图书馆建设用地分为地区图书馆建设用地、市图书馆建设用地和乡镇图书馆建设用地。以乡镇图书馆建设用地为例，法律规定，当乡镇图书馆管理者想要购买一块土地新建图书馆时，必须先提交公民大会进行投票表决，获得大多数同意后才能借钱买地建馆。借款可以通过发行债券的方式逐年偿还。债券金额不能低于100美元，利息率不能高于每年6%，需在20年内还清。每年需要偿还的债务及利息之和不能超过该镇可征税财产的5%。郡公共图书馆董事会在每年8月份第一个星期二之前需要确定下一年度征收的特殊税的总额，这些税收用于支付所发行债券的本金及利息，直到所有借债被偿清为止。[①]

七、读者隐私权保护

美国50个州图书馆法中都有关于图书馆读者隐私权保护的相关条款，其内容基本相同。以伊利诺伊州为例，该州图书馆法包含一个“图书馆记录保密法案”(Library Records Confidentiality Act)，该法案对“图书馆”、“注册记录”、“流通记录”作了界定，如界定“注册记录”是指读者在借阅图书或其他文献资料时向图书馆提交的任何信息，界定“流通记录”是指能识别出借阅者个人身份的信息。“图书馆记录保密法案”规定注册记录和流通记录属于机密信息，除非依照法院指令，任何人不得将这些信息向公众公开。但是该法案并不禁止图书馆出版发行读者注册情况及借阅流通情况的统计报告，因为这些信息与每个独立借阅者的身份无关，读者的个人信息不会被泄露。亚利桑那州图书馆法列举了读者借阅记录可以被公开的几种情况：①图书馆出于合理运营的需要；②取得读者的书面同意；③收到法院命令要求这么做；④法律要求公开。总体来看，所有州图书馆法中有关读者个人隐私的保护措施与这两个州的规范基本相同。[②]

八、政府信息公开

美国45个州的州图书馆法规定了公共图书馆具有保存政府公共文件及负责政府信息公开的职能。以阿拉斯加州为例，该州图书馆法规定，在州图书馆内设立一个名为“图书馆分布和数据访问中心”(the State Library Distribution and Data Access Center)的机构，该中心可以与联邦、市或者私人数据收集和研究机构合作，促进储存图书馆的建立，为本州政府文件编制索引和目录，以便于本州居民的查阅和使用。每个州政府机构都必须将由公费编辑

① Alex Ladenson. *American Library Laws*[M]. Chicago: American Library Association, 1983: 643—645.

② Confidentiality of Library Records: a Survey of Problems, Policies, and Laws[J/OL]. [2011-02-16]. http://heinonlinebackup.com/hol-cgi-bin/get_pdf.

或出版的数据资料无偿地提供给该中心，保证所有居民能通过该中心获取这些数据资料。对于那些受联邦隐私权法保护或者法律明确规定属于保密性的数据资料，则免于向该中心提交。该中心同时存储市或地区教育部门的出版物，教育部门需要向该中心提供出版物的6份复印件。如果某一项研究是由州政府机构或者市、地区教育部门的工作人员主持的，即使这项研究没有使用州经费，该政府机构也可以要求该工作人员将其研究报告提供给中心。

九、违规罚则

对图书馆活动的违规罚则明列于美国州图书馆法之中。比如，当读者丢失、损毁图书或其他文献资料，抑或所借图书逾期不还时，37个州的图书馆法对此规定了相应罚则。北卡罗来纳州图书馆法规定，任何人借阅图书、期刊或其他资料逾期未归，将被处以50美元以下罚款；在图书馆员通知其图书已过期后的30天内仍未归还者，将被处于30天以下拘役。① 马里兰州的惩罚措施更为严厉，该州图书馆法规定，任何人不得非法携走、扣留、损毁任何图书、地图、图片、雕刻、手稿或其他图书馆财产，违者将被处以250美元以下罚款或3个月以下拘役，情节严重者则罚款与拘役并施。② 伊利诺伊州的规定比较特殊，当接受社会捐赠的图书馆受托人没能完全履行"伊利诺伊州公共图书馆区法案"（the Illinois Public Library District Act）所规定的职责和义务时，将被处以25美元以上100美元以下罚款。③ 田纳西州图书馆法规定，图书馆委员会有权制定并强制执行相应的条例，对那些丢失或破坏图书馆财产的行为实施处罚。④ 弗吉尼亚州图书馆法中有独立的一小节"图书馆财产保护"（Protection of Library Property），对图书馆中的违法行为和处罚措施作出了比较详细的规定。⑤

第三节　美国州公共图书馆法的特点与修订趋势

一、美国州图书馆法特点

1. 允许法

美国州图书馆法的一个突出特点就是法律具有明显的"允许法"（permissive law）特征。不论是关于图书馆的建立、图书馆员资格认证制度，还是法律所要求的征收图书馆税，这些规范都是"允许性的"——法律允许做，但并不强制做。以图书馆建设为例，州图书馆法规定各级政府机构如郡、市、乡镇、学校、社区等，都可以根据本地区的需要建立图书馆，但并不强制必须建立图书馆。各级地方权力机关可以选择建立一个新的图书馆，也可以选择不建；如果建了图书馆，州图书馆委员会每年会为其拨付一定的经费，地方政府也需要征收相应的图书馆税；如果不建图书馆，即使该地区连一个图书馆都没有，法律也不会给予其惩罚。纵观美国各州图书馆法可以发现，对于市政图书馆的建立，州图书馆法无一例外地这样规定："任

① Alex Ladenson. *American Library Laws*[M]. Chicago: American Library Association, 1983: 1403, 1423—1424.

② Alex Ladenson. *American Library Laws*[M]. Chicago: American Library Association, 1983: 951.

③ Alex Ladenson. *American Library Laws*[M]. Chicago: American Library Association, 1983: 600, 616, 629, 639.

④ Alex Ladenson. *American Library Laws*[M]. Chicago: American Library Association, 1983: 1691.

⑤ Alex Ladenson. *American Library Laws*[M]. Chicago: American Library Association, 1983: 1787, 1810—1811.

何乡镇、城市、自治城镇(borough)、防火区(fire district)或者合并的校区(incorporated school district)根据相关条例可以(may)建立一个公共图书馆",在美国法律中,may 通常是允许法最典型的表达方式,强制法(mandatory law)通常使用 shall 一词。允许法的特点在征收"图书馆税"时表现得尤为明显。州图书馆法一般都规定了一个征收"图书馆税"的最高限额(tax levy cap),地方政府只能在允许的范围内征税,至于税率的多少一般是由地方选民投票决定。有些州规定了地方政府征收"图书馆税"不能低于某个标准,但如果地方政府连这个最低标准都没有达到,法律也并没有什么处罚措施。"允许法"这一特点,决定了美国州图书馆法的强制性、规制力是很有限的。

2. 和教育法关系密切

美国的州图书馆法和教育法关系十分密切,这是有其历史渊源的。长期以来,公共图书馆被认为是教育机构,社会教育职能是其最重要的职能之一。在美国 50 个州的州法典中,有 11 个州的图书馆法隶属于教育法,是教育法的一部分。这一点在联邦图书馆法中表现得更为明显,《中小学教育法》和《高等教育法》中很重要一部分内容就是关于学校图书馆,两部教育法几乎可以称得上是两部学校图书馆法,昭示了图书馆法和教育法的天然联系。

3. 法律、规范、标准相互配合

美国州图书馆法的强制性、规制力是有限的,但州图书馆委员会(State Library Agency)依法制定了配套的具有"准法律"性质的条例、规范、标准乃至政策,他们和法律相辅相成,一定程度上有效弥补了法律的"允许法"特性。在美国,州政府调控图书馆事业发展的有效手段是"州政府援助"的分配。州图书馆法授权州图书馆委员会负责州政府援助经费在全州范围内的分配,地方图书馆要想获得这笔资金,必须遵守州图书馆委员会制定的规章制度,达到其制定的图书馆服务标准,从而使州图书馆委员会依法制定的规范、标准、政策等具有了规制力和影响力,最终是强化了法律的权威性。

二、美国州图书馆法的修订趋势

美国州图书馆法处于不断的修订完善过程中。对 20 世纪初与 21 世纪初美国州图书馆法的内容进行比较可以发现,美国州图书馆法修订演变体现出的总体趋势是:图书馆运营管理类规定在走向细化,与经费有关的规定越来越弹性化,有关馆际合作方面的规范不断得到强化。

1. 运营管理类规定走向细化

亚利桑那州 1913 年的图书馆法就对图书馆的管理者作出规定:市权力部门任命 5 名市民作为市图书馆的托管人,5 人任期相同。[①] 当时的规定仅此而已。1982 年亚利桑那州的图书馆法对同一问题的规定就详细得多。法律规定在居民人口数量少于 3000 的市或镇,任命 6 名图书馆理事;如果人口超过 3000 人,则任命 9 名理事。理事的任期为 3 年,从其任职当年的 7 月 1 号开始到 3 年后同一日期终止。对于市或镇图书馆的第一届理事,以抽签的方式将其分为三组,第一组任期一年,第二组任期 2 年,第三组任期 3 年。[②] 再比如,1913 年的

---

① William Howard Brett. *Abstract of Laws Relating to Libraries in Force in* 1915 *in the States and Territories of the United States*[M]. [Cleveland]:Priv. print. [The Lezius Printing Company],1916:6.

② Alex Ladenson. *American Library Laws*[M]. Chicago:American Library Association,1983:236

加州图书馆法规定,市图书馆委员会每年应向市立法机构提交一份报告,同时将该年度报告的副本提交给位于萨克拉门托市(Sacramento)的州图书馆。1977 年的加州图书馆法仍保留着这一条款,但具体规定走向了细密:规定图书馆委员会每年应于 8 月 31 日之前向市权力机构提交报告,于 5 月 30 日之前向州图书馆员提交一份同样的报告。这些报告应该包含州图书馆员认为必需的图书馆统计数据以及其他信息。州图书馆员应向各图书馆委员会或者图书馆管理者提供建议和指导,以保证全州范围内各图书馆之间的横向比较。①

州图书馆法中运营管理类规定走向细化的另一个标志,是州图书馆法中与程序相关的条款更加具体和详细,强化了法律的可执行性。以加州图书馆法中有关建立一个公共图书馆的程序为例,法律对提出申请、发放通知、投票开放时间、选举的进行、选举结果的公布、图书馆区域的建立、选举及会议备忘录等各个程序环节都作了具体规定,尤其是在涉及人数及时间点上的规定更为严格。例如在提出建立公共图书馆申请阶段,如果有 50 个以上的纳税人提出了申请,当地的监事会(board of supervisors)必须在 10 日内做出答复,亦即决定当地全民投票表决的时间、地点。关于投票的时间、地点信息,需要在本地区 3 个最公开的区域张贴,同时要在当地出版发行的日报或周报上进行刊登,刊登的时间不少于 15 天,并且至少每周刊登一次。区域人口数量不同,投票的时间长短也不一样:人口高于 10 000 人的区域,投票时间从早上 8 点到晚上 7 点;少于 10 000 人的区域,投票开始时间不得早于下午 1 点,开放总时间不少于 6 小时。全民投票结束后,要在 5 日内将投票结果报告递交给当地的监事会。如果有三分之二的选民同意该申请,就必须建立相应的公共图书馆;反之,若三分之一以上的选民反对此申请,该申请将被驳回,同时一年内不允许再提交同样的申请。② 规定细化到如此程度,这就是美国州图书馆法的特点。

2. 经费投入类规定弹性增强

美国州图书馆法涉及经费投入的规定,总体上看是弹性逐渐加大,规制力逐渐减弱。比如,1913 年的加州图书馆法规定,郡图书馆员的工资根据其所在郡面积的大小,从每年 500 美元到 2400 美元不等。③ 1977 年的加州图书馆法不再在法律中具体规定图书馆员工资的具体金额,而是规定郡图书馆员和该郡其他政府工作人员一样,在相同的时间以相同的方式获得工资报酬。④ 1911 年马里兰州图书馆法规定,州图书馆员的工资为每年 1500 美元;1915 年特拉华州图书馆法规定,州图书馆员年工资为 1200 美元;1907 年新泽西州图书馆法规定,州图书馆员工资为每年 3000 美元;等等。⑤ 到今天,美国州图书馆法中再没有任何一部对图书馆员的工资作具体的规定了。

有关图书馆税率的规定,目前的美国州图书馆法较之早期也是弹性大为增强。20 世纪初的美国州图书馆法普遍对图书馆最高税率作了比较严格的规定,据统计,截止到 1925 年底,有 40 个州的州图书馆法对此作了规定。如今,美国州图书馆法对图书馆税率的限定已

---

① Alex Ladenson. *American Library Laws*[M]. Chicago:American Library Association,1983:316.

② Alex Ladenson. *American Library Laws*[M]. Chicago:American Library Association,1983:331—335.

③ William Howard Brett. *Abstract of Laws Relating to Libraries in Force in* 1915 *in the States and Territories of the United States*[M]. [Cleveland]:Priv. print. [The Lezius Printing Company],1916:14.

④ Alex Ladenson. *American Library Laws*[M]. Chicago:American Library Association,1983:304.

⑤ William Howard Brett. *Abstract of Laws Relating to Libraries in Force in* 1915 *in the States and Territories of the United States*[M]. [Cleveland]:Priv. print. [The Lezius Printing Company],1916:113,123,183.

大为松动，有 9 个州的图书馆法取消了对图书馆最高税率的限定。

1902 年康涅狄格州图书馆法规定，州图书馆每年的购书费不得超过 1000 美元；1914 年印第安纳州图书馆法规定，郡长应每年为该郡图书馆拨款不少于 20 美元不高于 75 美元，专项用于购买图书、地图、图表等资料；1914 年马萨诸塞州图书馆法对州图书馆经费的使用范围有明确规定：4000 美元用于支付馆员工资，10 000 美元用于购置图书，文书及其他服务 11 010 美元，杂费（包括年度报告）2500 美元。州图书馆法中对经费作如此细致的规定，在今天难以见到。今天通常的做法是，无论是通过征收图书馆税还是政府部门拨款获得的图书馆经费，都被归集于“图书馆基金”（library fund），专门用于图书馆建设和运营，图书馆委员会或图书馆员对这些经费的使用拥有更大的自由裁量权。[①]

3. 馆际合作类规范不断强化

20 世纪 60 年代之后，美国州图书馆法在内容上的一个变化，是有关地区图书馆、联合图书馆、图书馆网络、图书馆系统的条款明显增多，这反映了美国公共图书馆建设由 20 世纪初期的“单打独斗，各自为政”走向“互惠互利，共建共享”时代的现实。20 世纪初，美国 50 个州图书馆法中只有 9 个含有关于“学校社区图书馆”（school district libraries）的法律条款，见不到一般性的关于区域图书馆（district libraries）的规定。到 1942 年，包含“区域或地区图书馆”（regional and district libraries）法案的州图书馆法的数量增加到了 32 个。目前，地方图书馆的建立及合作方式更加多样化，在州图书馆法中出现的主题词遍及区域图书馆（district libraries）、地区图书馆（regional libraries）、图书馆系统（library systems）、合并图书馆（incorporated libraries）、联合图书馆（association libraries）、综合公共图书馆系统（consolidated public library systems）、联合图书馆地区（consolidated library districts）、联合公共图书馆系统（Federated public library systems）、图书馆网络（library networks）、市—郡图书馆（city - county libraries）和多类型图书馆系统（multitype library systems）等，这都反映了美国州图书馆法既顺应又引领公共图书馆联合合作、共建共享发展趋势的现实。

① William Howard Brett. *Abstract of Laws Relating to Libraries in Force in* 1915 *in the States and Territories of the United States*[M]. [Cleveland]: Priv. print. [The Lezius Printing Company], 1916: 37, 77, 99.

第三章　英国公共图书馆法

第一节　英国公共图书馆管理体制与法律规范体系

一、英国公共图书馆管理体制

英国的公共图书馆事业起步于19世纪中叶，以1850年通过的公共图书馆法案为标志。在此之后，免费向全体社会成员开放的公共图书馆在英国逐渐普及。经过150多年的发展，目前英国公共图书馆形成了政府宏观管理与行业协会自治管理相结合的管理体制。

英国的国会、中央政府以及地方政府分别承担了促进公共图书馆事业发展的不同责任，英国国会负责立法。自1850年以来，英国已经对图书馆法进行了若干次修订，为公共图书馆事业的发展提供了法律保障。根据图书馆法的规定，英国各地的地方政府是公共图书馆的兴办主体，地方政府利用地方财政收入，承担设置和运营本地公共图书馆的职责。文化、媒体和体育国务大臣则承担全局性的宏观管理与监督责任，通过制定政策、建立公共机构、调查地方政策等方式履行职责，不涉及公共图书的具体运营事务。

在行业管理层面，主要由非政府的公共机构与图书馆行业协会分别履行相关的职能。英国的博物馆、图书馆和档案委员会（MLA）作为非政府部门的公共机构，[①]承担制定行业标准、支持专门项目、加强行业培训与交流合作等职能。英国图书情报专业人员注册协会（CILIP）不仅制定各类标准，同时还鼓励成员实施标准，分享经验，促进图书馆服务的发展。CILIP的前身之一是成立于1877年的英国图书馆协会。上述两个机构当然也存在一定的差异。MLA是公共机构，与政府保持密切合作，有着浓厚的政府色彩，而CILIP是从业者协会，不具有政府背景。另外，从工作重点上看，二者也有不同。MLA主要针对公共图书馆事业的业务，而CILIP则主要针对公共图书馆的工作人员。两个机构以不同的性质、不同的工作重点、不同的工作方式共同对英国公共图书馆事业产生影响。

二、英国公共图书馆法律规范体系

英国公共图书馆法律规范体系的形成经历了漫长的过程，贯穿于整个英国公共图书馆的发展历史。自英国公共图书馆事业开始相关立法活动以来，法律法规、政策制度等文件日益增多，同时也根据时代的发展变化不断进行修正完善。目前，英国公共图书馆的法律规范体系主要由以下三部分组成。[②]

一是《公共图书馆与博物馆法》。这是整个法律规范体系的基础。该法作为纲领性文件，为英国公共图书馆事业的发展提供了基本依据和保障。所谓基本依据和保障主要体现

---

① MLA已于2012年10月撤销，其功能已由英国艺术委员会代替，详见第四节有关介绍。

② 本章所说的各类法律、规范和政策文件主要适用于英格兰和威尔士地区，一般不包括苏格兰和北爱尔兰地区。

在:确保了作为服务体系基础的设施体系的形成——遍布英国各地的公共图书馆网络;确立了英国公共图书馆服务的基本原则——平等、免费。

二是以《公共图书馆服务标准》与《未来发展框架》为代表的政府规章政策。这是整个法律规范体系的主体。政府的规章政策以《公共图书馆与博物馆法》为依据,细化"全面而有效"的服务理念。目前最新版本的《公共图书馆服务标准》共10个指标,从不同的角度覆盖了公共图书馆服务。《未来发展框架》则从前瞻性的角度对图书馆服务进行了阐释,是公共图书馆发展的战略计划。

三是MLA和CILIP等行业组织制定的行业性规范文件。这是整个法律规范体系的补充。比如MLA的《新版图书馆绩效管理框架》提出了图书馆绩效的5个指标,对社区满意度和图书馆利用状况进行了细化。《图书馆与信息专业人员伦理规范与实务实则》则是CILIP对图书馆馆员职业伦理的最新阐述。

英国公共图书馆法律规范体系的形成是一个不断发展和充实的过程,正是在150多年间"修修补补"的过程中,英国的公共图书馆法律规范体系不断走向完善。如果把英国公共图书馆法律规范体系比喻为一棵大树,那么,《公共图书馆与博物馆法》是树根,《公共图书馆服务标准》与《未来发展框架》是树干,而《新版图书馆绩效管理框架》与《图书馆与信息专业人员伦理规范与实务守则》等就是枝叶。树根、躯干和枝叶共同彰显了这棵大树在文化沃土中的茁壮成长与丰硕果实。

第二节　英国《公共图书馆与博物馆法》(1964)

一、三份"报告"推动立法进程

英国公共图书馆事业的产生和发展,与英国的政治、经济、社会发展有着密不可分的联系。从根本上说,公共图书馆的产生离不开社会的需求。工业革命后的1851年,英国城市人口急剧增长,已经占到总人口的52%。[①] 一方面,社会中下阶层对知识和教育的要求不断高涨;另一方面,社会化大生产也需要大量掌握一定知识和技术的工人。在这两方面因素的综合作用之下,英国的公共图书馆应运而生。近现代公共图书馆的重要特征之一就是"由法律规定的相对稳定性",[②]英国的公共图书馆立法正是开创这一局面的先声之作。

在英国公共图书馆事业的发展历程中,有3份报告对英国公共图书馆的立法活动起到了举足轻重的、直接的促进作用。

一是选择委员会报告。当年,英国国会为了讨论是否要在国内建立公共图书馆,专门成立了一个"选择委员会",由国会议员尤瓦特和布拉泽顿主持。当时担任大英博物馆助理的爱德华兹所写的《欧洲和美国主要公共图书馆的数据统计》一文引起了尤瓦特的重视,爱德华兹也由此成为了该委员会的重要证人,参与了后来报告的撰写。选择委员会报告提出了两个建议:一是希望政府拿出经费支持公共图书馆;二是希望对1845年的博物馆法进行修

① 高德步.英国的工业革命与工业化[M].北京:中国人民大学出版社,2009:201.

② 杨威理.西方图书馆史[M].北京:商务印书馆,1988:193.

订,使地方税收能够应用到公共图书馆的建设上来。[①] 经过辩论,英国国会于 1850 年通过了公共图书馆法案,基本上接受了报告提出的建议。因此可以说,选择委员会报告是英国 1850 年公共图书馆法的最初蓝本。

二是麦克考文报告。该报告的正式题目为《大不列颠公共图书馆系统》,于 1942 年出版。[②] 麦克考文是英国著名的图书馆学家,他较早地呼吁英国政府从全国的高度来统筹领导公共图书馆事业,其主要观点在该报告中得到了充分体现。该报告通过对英国全国公共图书馆的系统调查,指出了当时英国公共图书馆事业存在的若干弊病,例如各地的公共图书馆凌乱破碎,各自为政,不少图书馆服务的人口很少,甚至服务人口在 5000 人以下的图书馆就有 58 个。这样一来,这些图书馆不仅本身弱小,难以提供有效的服务,而且不利于形成全国一体的公共图书馆网络。在回顾英国公共图书馆建设已取得的成就的时候,他将之归功于 1850 年以来英国公共图书馆的立法工作。该报告还对英国公共图书馆未来的发展提出了建议:加强公共图书馆的重组整合,构建全国性的图书馆网络,加大中央的扶持以及培训的力度。[③] 这一报告的结论为后来的罗伯茨委员会报告及 1964 年法案所继承。

三是罗伯茨委员会报告。罗伯茨委员会成立于 1958 年,由当时的英国图书馆协会会长罗伯茨爵士担任主席,主要任务是研究分析当时英国的公共图书馆发展情况。在当时,公共图书馆体系已经覆盖了整个英国,如何进一步发展公共图书馆,成为了这份报告关注的议题。报告指出,公共图书馆要提供"全面的服务",要有充足的图书资源,要有多种多样的活动,要有专业的馆员。为了实现这一目标,报告提出要在当时主管公共图书馆的教育部之下设立相应的监管部门,督促地方政府实现有效的图书馆服务。这份报告将图书馆服务提到了重要位置,同时也强调了从全局来考虑公共图书馆服务的问题,继承了麦克考文报告的主要精神。从最终作用来说,这份报告的内容成为了 1964 年英国公共图书馆法案的重要基础性内容,使得英国公共图书馆事业走向了更加注重服务的新时代。

表 3.1　影响英国公共图书馆发展的三份报告

年代	报告名称	委托单位	影响
1849	选择委员会报告	英国下议院	1850 年公共图书馆法的最初蓝本
1942	麦克考文报告	英国图书馆协会	反映二次大战期间英国公共图书馆现状,规划战后英国公共图书馆发展蓝图
1959	罗伯茨报告	英国教育部	奠定 1964 年公共图书馆与博物馆法案的基础

上述三份报告在英国公共图书馆的立法史上有着重要的地位。一方面它们对于法案的出台或者修订起到了直接的推动作用,部分内容甚至直接为法案所接受;另一方面,它们也反映了英国公共图书馆事业的发展轨迹:从诞生、成长到成熟的过程。这其中也可以看到英国图书馆人的重要作用,比如爱德华兹、麦克考文,以及英国图书馆协会,体现了图书馆人推

① Public Libraries Act 1850[EB/OL].[2012 - 10 - 23]. http://en.wikipedia.org/wiki/Public_Libraries_Act_1850.

② Mccolvin Lionel R. *Public Library System of Great Britain*[M]. London:The Library Association,1942.

③ Black Alistair. National Planning for Public Library Service:the Work and Ideas of Lionel McColvin[J]. *Library Trends*,2004,52(4):907.

动事业发展的自觉性——积极主动地参与到公共图书馆的立法活动中去，从全局的角度思考公共图书馆事业的发展。除了专业人士之外，一些政治家也不遗余力地推动着立法工作的进程，比如尤瓦特在促成1850年法案通过之后，还促成了1855年法案的修订，降低了设置图书馆的地方人口限制，提高了税率等。

当然，我们也不应当忘记以安德鲁·卡耐基[①]为代表的社会人士对于英国公共图书馆事业的关注。卡耐基一生共为英美等诸国的3500余所公共图书馆捐款，仅1900—1912年间，卡耐基就出资200万英镑赞助了英国的公共图书馆事业。此外，卡耐基基金会还推动了1919年英国公共图书馆法的修订。1915年，牛津大学亚当斯教授在卡耐基基金会的委托下，调查了公共图书馆的状况，发表了《亚当斯报告》，建议加强农村图书馆的建设。卡耐基基金会为此建设了试验性的农村公共图书馆。到1919年，英国国会正式通过了公共图书馆法的修正案，撤销了以前关于地方图书馆经费的税率限制，为农村图书馆的发展开辟了道路。

二、《公共图书馆与博物馆法》(1964)的主要内容

1. 法律内容框架

自1850年以来，英国的图书馆法屡经制定和修改，目前的《公共图书馆与博物馆法》(Public Libraries and Museums Act)于1964年制定，并在此后进行了多次修订。《公共图书馆与博物馆法》的第一部分为"公共图书馆服务"，共11条，其中第6条已被撤销。每一条法律条文基本由正文、注释和修正补充三部分文字组成，内容框架涉及公共图书馆的管理体制、服务和收费等重大问题(见表3.2)。

表3.2 《公共图书馆与博物馆法》的内容框架

款项	内容
1、2、10	关于中央政府的管理职能
3、4、5、11	关于公共图书馆的合作与合并
7、8	关于公共图书馆的服务和收费限制
9	关于公共图书馆的捐赠和补助

该法律的主体是前三部分，这些条款确认了政府管理公共图书馆的职能、馆际合作的地位、免费服务的原则和收费的限制。可以说，《公共图书馆与博物馆法》关于图书馆服务方面的内容是提纲挈领性的，在原则性条文的指导下，公共图书馆服务的标准细则由其他法规文件和政策规范来充实和细化，以确保法律的宗旨能够完整实现。

2. 公共图书馆网络建设

(1)管理机构及职能

根据法律第1条的规定，英国公共图书馆的相关事宜由国务大臣管理。国务大臣即英国文化、媒体和体育部部长。国务大臣的职责是"监督和促进英格兰和威尔士地区地方公共

① 安德鲁·卡耐基(1835—1919)，出生于苏格兰，后成为美国经济界的"钢铁大王"，生前热心慈善事业，曾在美、英、加、澳等国家捐建大量图书馆。

图书馆服务水平的提高，以及确保依据本法确认的图书馆当局正常履行其相关职能”。[①] 除了管理和协调工作之外，国务大臣还拥有对未达到国家标准的公共图书馆的制裁权，这在第10条有明确规定。地方政府可以根据本法案制定本地区关于公共图书馆的规章制度，但不得与公共图书馆法相抵触，且需经过国务大臣的批准。

根据法律第2条的规定，英国文化、媒体和体育部成立国家顾问委员会，主要职责是为国务大臣提供战略性咨询意见。该委员会最近一次会议召开于2009年10月。会议的具体情况和该委员会向国务大臣提出的建议都发布在政府的网站上。国家顾问委员会建议国务大臣加大对于公共图书馆的资金扶持力度，同时加强对于公共图书馆的领导力度。[②]

法律中所称的“图书馆当局”，即英国各地的地方政府。根据CILIP网站上的数据，英国有4540家公共图书馆。[③] 这一数据来源于英国拉夫堡大学2003年关于图书馆、博物馆等文化设施的调研报告。根据英国文化、媒体和体育部网站2010年的数据，英格兰地区3066家固定图书馆和428家流动图书馆，分属于151个“图书馆当局”，[④]其具体分布如表3.3所示。

表3.3　英格兰地区公共图书馆当局分布[⑤]

地区	数量	地区	数量	地区	数量
东北地区	12	东部地区	10	西南地区	14
约克郡与亨伯	15	伦敦	33	西密德兰	14
东密德兰	9	东南地区	19	西北地区	21

(2)馆际合作

法律规定，为了促进馆际合作，可以依法成立图书馆地区合作理事会(区别于各个图书馆各自的理事会)。图书馆地区合作理事会应包括本地区的所有图书馆当局。对于地区合作理事会，国务大臣同样拥有管理职责——“为提高公共图书馆服务效率或促进其发展，国务大臣可要求根据本条成立的图书馆理事会加入、执行相关安排(与其他图书馆理事会及相关职能组织有关的安排)”。[⑥]法律确认了图书馆地区合作理事会的合法地位及其职责，表明政府鼓励图书馆之间的合作。

(3)合并与解散

法律第5条规定，“在两个或者两个以上图书馆当局同意的情况下，国务大臣可以下令

①⑥the Parliament of the United Kingdom. Public Libraries and Museums Act 1964[EB/OL].[2012－10－15]. http://www.opsi.gov.uk/RevisedStatutes/Acts/ukpga/1964/cukpga_19640075_en_1.

② Department for Culture, Media and Sport. Advisory Council on Libraries[EB/OL].[2012－10－15]. http://www.dcms.gov.uk/images/publications/Advice_to_Minister_from_ACL.pdf.

③ CILIP. How Many Libraries are There in the UK[EB/OL].[2012－10－15]. http://www.cilip.org.uk/membership/enquiry-service/top-enquiries/pages/numberoflibraries.aspx.

④ Department for Culture, Media and Sport. Libraries[EB/OL].[2012－10－15]. http://www.culture.gov.uk/what_we_do/libraries/default.aspx.

⑤ Sheila Harden. UK Public Libraries[EB/OL].[2012－10－15]. http://dspace.dial.pipex.com/town/square/ac940/weblibs.html.

成立联合委员会。从其开始行使职能时起,由联合委员会取代单个的图书馆当局"。[①] 该条文为图书馆之间的重组整合提供了法律依据。与之对应的,联合委员会解散时的具体情况也由本条款作了规定。法律第11条就合并与解散过程中图书馆人员及财物的变动作了补充规定。

3. 服务原则

(1)平等

法律第7条开宗明义写道"每个图书馆应当为有需要的人提供全面而有效的服务",[②]这就明确定位了图书馆的职责——图书馆要向用户提供"全面而有效"的服务。为了保证公共图书馆服务的平等性,该法律从两个方面对服务提出了要求:一是保证服务覆盖全体居民。比如残障人士,2000年的一项调查显示,93%的英国公共图书馆允许视障者带导盲犬进馆,93%的图书馆为行动不便的人提供上门服务。[③] 最近两年,由于金融危机的影响,英国不少地方的公共图书馆读者数量增长迅速,比如威斯敏斯特市的调查报告显示,从2008年11月至2009年1月,共有将近64万读者使用了辖区内的12座公共图书馆,较前一年度上升了10%以上。[④] 二是保证图书馆拥有足以支撑公平服务的馆藏资源。馆藏资源对于图书馆服务的重要性显而易见。该条中涉及馆藏的规定,要求图书馆"通过保持充足的馆藏、与其他图书馆当局的协议以及其他适宜的方法,确保用于借阅或参考的书籍、照片、缩微胶卷和其他资料,在数量、范围和质量等方面满足任何成年人和儿童的一般的和特殊的要求"。[⑤]

除了上述要求之外,法律还要求公共图书馆通过主动向用户提供服务和建议、加强馆际合作来提升服务的质量。

(2)免费

法律确立了公共图书馆服务免费为常态、收费是例外的原则。法律第8条规定,一般情况下"使用图书馆提供的设施时,图书馆当局不应收费"。从规定的内容来看,免费事项成立的条件集中在两方面:第一,在"图书馆空间内"。法律明确了"图书馆空间内"的含义,一是向公众提供服务的设施空间,二是向公众提供服务的移动空间如汽车图书馆。第二,借阅图书馆内的各类资料。根据规定,在图书馆开馆时间内,不管是否需要借助设备才能阅读,读者都可以免费借阅图书馆的各类资料。为了获取图书馆服务而进行的检索和查阅等活动也是免费的。

三、《公共图书馆与博物馆法》(1964)的实施效果

1. 统计数据对比

首先做短期对比。英国《公共图书馆与博物馆法》实施前的1961年和实施后的1969年相比,公共图书馆总经费增长了1.8倍,图书购置费增长了1.7倍,藏书量增长了57%,借阅册数增长了64%(见表3.4),成就是显而易见的。

①②⑤the Parliament of the United Kingdom. Public Libraries and Museums Act 1964[EB/OL].[2012-10-15]. http://www.opsi.gov.uk/RevisedStatutes/Acts/ukpga/1964/cukpga_19640075_en_1.

③ 于良芝. 英国公共图书馆为何能吸引六成人口[N]. 中国文化报,2008-04-27.

④ Westminster City Council. City of Westminster Archives Centre.[2012-10-15]. http://www.westminster.gov.uk/services/libraries/archives/.

表 3.4 1964 年公共图书馆法实施前后情况对比[①]

	1961 年	1968—1969 年
图书馆总经费(英镑)	16 000 000	45 000 000
图书购置费(英镑)	3 870 000	10 402 000
藏书量(册)	60 000 000	94 000 000
雇用人员(人)	13 292	18 700
借阅册数(每千人)	304	500

如果把时间放长远一些,对比该法案通过前后 30 年左右的统计数据,可以看到该法案对于英国公共图书馆事业发展起到了巨大的推动作用。就馆藏量来看,1997 年比 1939 年增长了 4 倍有余,与 1975 年相比也高出了 7% 左右,如表 3.5、3.6 所示。不过,相比于该法案实施前期的效果来看,从 20 世纪八九十年代开始,英国公共图书馆的发展逐步趋于稳定,呈现出波动中缓慢增长的态势,用英国人自己的话来说,该法案"对于 21 世纪的公共图书馆网络体系仍然有效"。[②]

表 3.5 英国 20 世纪初期公共图书馆发展情况[③]

年份	人口	馆藏册数	流通量	借阅人数	支出	
					总数	人均支出
城市地区					单位:英镑	
*1911	22 559 427	9 419 829	48 828 831		727 308	0.8
*1921	23 987 903	10 670 570	54 416 322	1 985 123	1 130 789	1.0
*1924	24 168 702	12 330 915	73 729 094	2 500 961	1 189 500	1.0
*1932	25 878 261	16 604 071	136 231 833	4 320 731	1 703 276	1.4
*1935	26 636 654	18 433 775	142 874 790	4 514 770	1 910 269	1.5
1935	30 136 153	21 342 122	160 617 694	5 083 369	2 159 871	1.5
*1939	26 849 176	21 618 565	170 108 003	5 354 202	2 339 488	1.9
1939	30 334 473	24 804 277	187 882 252	6 056 903	2 626 408	1.9
农村地区					单位:英镑	
1924	7 212 657	597 254	3 093 668		23 018	0.075
1932	16 068 440	3 757 746	33 722 871	1 535 480	236 155	0.3
1935	16 017 150	5 433 772	47 364 648	2 058 732	280 785	0.4

① 顾力仁.英国公共图书馆法——英格兰和威尔斯地区[J].教育资料科学月刊,1979(4):32.

② House of Commons Culture, Media and Sport Committee. Public Libraries.[R]. London, 2005:7.

③ Mccolvin Lionel R. *Public Library System of Great Britain*[M]. London:The Library Association, 1942:10.

续表

年份	人口	馆藏册数	流通量	借阅人数	支出	
					总数	人均支出
农村地区					单位:英镑	
1939	15 351 959	7 744 662	59 453 073	2 880 024	551 552	0.8
全国					单位:英镑	
1935	46 153 303	26 775 894	207 982 342	7 142 101	2 440 656	1.1
1939	46 686 432	32 548 939	247 335 325	8 936 927	3 177 960	1.450

注:带＊号的年份表示该行数据仅包括英格兰和威尔士地区,其他则是英国全国数据。

表 3.6 英国 20 世纪 70 年代中期至 90 年代末公共图书馆发展情况①

年份	运营单位	服务点(个)	馆藏册数(千册)	注册用户(千人)	流通量(千册次)	费用(千英镑)	馆员费用百分比%	馆员(人)	服务人口百分比%
1975		13 596	122 824		589 286	161 417	52	26 487	100
1980	160	16 244	131 388		637 367	309 373	54	27 624	100
1985	166	18 561	140 538	33 077	645 000				100
1991	167	5256	134 122	33 430	605 856	744 715	49	28 027	100
1992	167	5204	133 023	33 631	592 645	778 155	49	27 823	100
1993	167	5191	131 657	33 734	583 268	797 089	50	27 320	100
1994	167	5167	129 612	33 865	568 905	774 117	53	27 372	100
1995	167	5113	131 033	33 981	551 444	782 417	54	27 024	100
1996	167	5168	130 634	34 410	538 230	790 503	55	26 518	100
1997	167	5183	131 680	33 630	573 391			26 843	100

2. 关于公共图书馆网络

英国《公共图书馆与博物馆法》对于公共图书馆网络建设的影响,主要表现在以下两个方面。

一是改变了公共图书馆受制于地方教育委员会的情况,②中央政府直接管理和协调全国的公共图书馆事业。自 1850 之后,英国公共图书馆的管理体制几经变化。1919 年,公共图书馆法的修正案将公共图书馆管理权授予各地议会所属的教育委员会。这一隶属关系在一定程度上造成了全国公共图书馆各自为政的局面。罗伯茨报告建议改变这一状况,由中央政府直接出面管理,并得到《公共图书馆与博物馆法》的确认,从而实现了公共图书馆事业在中央政府统一领导下的发展。

二是将公共图书馆的馆际合作机构合法化。③ 在英国,馆际合作真正开始实施是在 1916

① UNESCO. *UNESCO Statistical Yearbook* 1999[M]. Paris:UNESCO Publishing & Bernan Press:IV—52.

② 陈敏珍. 英国公共图书馆概述[J]. 台北市立图书馆馆讯,1990,7(3):36.

③ 简耀东. 美英日公共图书馆法概述[J]. 台北市立图书馆馆讯,1990,7(3):29.

年“学生中央图书馆”设立后。该馆成立的目的就是协助公共图书馆满足成人教育班学生的阅览需求。1927 年起，“学生中央图书馆”将服务对象扩大至全国各级在校学生，1930 年该馆更名为国家中央图书馆，并于二战期间重建馆舍，将服务范围推广至英国所有公民。20 世纪 20 年代，英国许多公共图书馆在不同地区基于平等互惠原则订定合作计划，之后逐步形成了 10 个全国性的地方图书馆合作系统。1964 年法案对地区图书馆理事会这一馆际合作组织作出了确认，从而使得馆际合作有了法律依据。1973 年大英图书馆成立之后，将国家中央图书馆和国家科技出借图书馆合并入馆，并于 1985 年改名为文献供应中心。① 于是，英国就形成了以集中制为主，以分散制为辅的馆际合作制度，②进一步促进了英国公共图书馆网络体系的发展。

3. 关于服务原则

《公共图书馆与博物馆法》之所以要设置关于服务原则的条款，主要是由于在这之前“缺乏全国统一标准”。③ 加之当时缺乏全国统一的监督管理机构，故而虽然当时公共图书馆已经覆盖全国的大部分地区，但是服务水平却不甚理想。服务原则的确定为以后关于公共图书馆服务的规范性文件的出台奠定了基础。《公共图书馆与博物馆法》在确立服务原则的过程中，着重解决了两个方面的问题。

一是服务原则尽量反映现实。公共图书馆的服务原则，是由公共图书馆的本质属性决定的，是其本质属性的反映。对于平等、免费等业已存在并被人广泛接受的原则，该法认同并采纳了它们，将之法律化，使公共图书馆服务行为有法可循，有法可依。

二是服务原则操作具体化。《公共图书馆与博物馆法》第 8 条详细列举了必须免费服务的事项和经过允许可以收费的事项。有了规定，就有了行为的准绳。此后，随着其他各类符合该法规定的条例规章的制定，公共图书馆如何免费服务社会的问题得到了较好解决。该法在处理公共图书馆收费问题上持谨慎态度。法律授权相关人员或机构，如国务大臣、各地议会，负责与图书馆收费相关的各类规章和条例的制定，这就厘清了各部门之间的关系，禁止其他部门随意制定与收费相关的规定。同时，制定收费规则应当遵循公开的原则，要采用法令的形式向社会公布，使公众能够了解收费的具体情况。这就要求公共图书馆收费须履行法定程序，避免了收费的随意性。

4. 关于免费和收费的争论

1964 年的《公共图书馆与博物馆法》确立了公共图书馆免费服务的原则，同时也留下了收费的空间。20 世纪 70 年代，公共图书馆服务应当免费还是收费服务的话题在英国又引起了激烈的争论。《公共图书馆服务收费》(Charging for Public Library Services)一文详细地记录了这一争论的具体情况。④ 文章指出，“很明显，公共图书馆不可能避免某些收费服务项目”，这是因为公共图书馆存在着资金制约。对于这一情况，英国政府在其发表的绿皮书上也指出，公共图书馆的所有服务都免费是不现实的。

从服务项目上来看，当时英国的公共图书馆对于借阅、一般参考咨询等服务是不收费

① 陈敏珍. 英国公共图书馆概述[J]. 台北市立图书馆馆讯，1990，7(3)：41.

② 张勤朴. 英国图书馆的馆际互借制度[J]. 江苏图书馆学报，1999(3)：48.

③ 顾力仁. 英国公共图书馆法——英格兰和威尔斯地区[J]. 教育资料科学月刊，1979(4)：29.

④ Cartmill Deborah. Charging for Public Library Services[J]. *Library Management*，1992(6)：25—41.

的，而对于租借影像资料等服务则是收费的，还有一项收费项目是逾期还书。根据1988年英国图书馆协会的一项调查，英格兰地区89%的公共图书馆在出借录音带时向读者收费，出借光盘时收费的比例则为100%。文章列举了当时收费服务的金额范围：录音带每次从25到50便士不等，光盘每次从20—75便士不等。

从服务对象上来看，1964年英国公共图书馆法规定图书馆可以向非本社区的人收费，但是英国图书馆协会的调查发现，在英格兰和威尔士地区，仅有5家公共图书馆采取了这一做法。调查认为，如果政府的政策导致相邻的图书馆当局采取不同的收费办法，那么很有可能各地图书馆都会不再对"外人"（即本社区以外的人）提供免费服务。

从争论观点来看，作者认为这一争论本质上是由两种不同观念的冲突引起的，即不受阻碍地获取信息的观念和将信息看作商品的观念之间的冲突。这一争论一定程度上反映了当时英国公共图书馆在信息技术等新事物的冲击之下，在经费和服务方面所产生的问题与困扰。

文章最后总结认为，在外部环境不断变化的情况之下，公共图书馆收费的局面还会继续存在下去。公共图书馆要正确对待收费服务，不能将收费服务当成是"获取资金"的方式。从最近几年的情况来看，英国公共图书馆的收费情况还是存在的，但是服务收费占收入的比例并不是很大，专门捐赠及其他杂项的比重在逐步增加，如表3.7所示。这表明，英国公共图书馆还是遵循着1964年公共图书馆法的精神，提供着免费的基本服务。

表3.7　英国每千人公共图书馆收入变化情况[①]　（单位：英镑）

收入项目	1994—1995年	1999—2000年	2003—2004年	2004—2005年	1995—2005年的增长百分比（%）
罚款和收费	304	343	328	316	4
影像资料租借费	189	307	420	446	136
出租	49	51	67	63	29
专门捐赠	31	60	803	366	1094
社会收入杂项	316	273	388	409	99
合作收入杂项		163	266	219	
总计	970	1292	2339	1874	93

第三节　英国公共图书馆规章政策

一、《公共图书馆服务标准》

1. 主要内容

20世纪90年代以来，随着信息技术和互联网的出现，英国公共图书馆的发展出现了一些令人担忧的变化：服务成本在迅速攀升，而服务效益却一路下滑。比如，员工工资增长了

① Loughborough University. LISU Annual Library Statistics 2006［EB/OL］.［2012－10－15］. http://www.lboro.ac.uk/departments/ls/lisu/downloads/als05-s2-p9-113.pdf.

43%，图书资料费却下降了17%，图书流通量持续走低，2003年时，总量已经跌至1975年时的水平，如表3.8和图3.1所示。拉夫堡大学的一份调查报告提出了3个问题：[①]为什么10年内图书的流通量日益萎缩，图书馆能否改变这一状况？图书馆如何在存在众多竞争者的时代下吸引儿童的兴趣？电子资源的领域是否还在增长，这一状况是否会损害到传统的参考和借阅服务？这些现象说明，英国公共图书馆发展面临着严峻的挑战，公共图书馆必须要考虑如何在信息社会继续发挥其应有的功能。

表3.8　1995—2005年间英国每千人公共图书馆费用变化[②]　（单位：英镑）

支出项目	1994—1995年	1999—2000年	2003—2004年	2004—2005年	1995—2005年的增长百分比%
馆员	7059	7854	9579	10063	43
馆舍	1559	1654	1924	1954	25
图书和册子	1914	1478	1610	1587	-17
报纸期刊	118	115	122	121	3
声音资料	136	162	227	226	67
影像资料	63	91	141	160	153
其他资料	61	107	129	161	65
图书装订	93	63	41	35	-63
供应和服务	840	822	994	959	14
流动车辆费用	217	243	287	288	33
电脑费用	354	483	815	780	121
中央建设费	843	1161	1794	1838	118
第三方费用	—	106	164	147	—
总计	13 258	14 321	17 827	18 323	38

2004年，英国文化、媒体和体育部颁布了《未来发展框架》。这是英国公共图书馆事业的战略发展规划。为了使公共图书馆的发展指标与之相适应，英国政府着手对1999年制定的《公共图书馆标准》进行修改，形成了《公共图书馆服务标准》。

目前，最新版本的《公共图书馆服务标准》为2008年版，其内容分为导言和指标两部分。导言介绍了标准的目的、制定与修订过程等内容。制定该标准的目的是“帮助制定明确且广为接受的公共图书馆提供‘全面而有效的服务’的法定职责的定义，同时首次制定监测公共图书馆绩效的框架”。[③] 该标准的具体指标几经修订已经有了许多变动，最新版本关注的是“图书馆如何满足社区居民的需求”。在这一点上，英国政府认为各地的公共图书馆才是了

①②Loughborough University. LISU Annual Library Statistics 2006[EB/OL][2012-10-15]. http://www.lboro.ac.uk/departments/ls/lisu/downloads/als05-s2-p9-113.pdf.

③ Department for Culture, Media and Sport. Public Library Service Standards[S]. London, 2008:3.

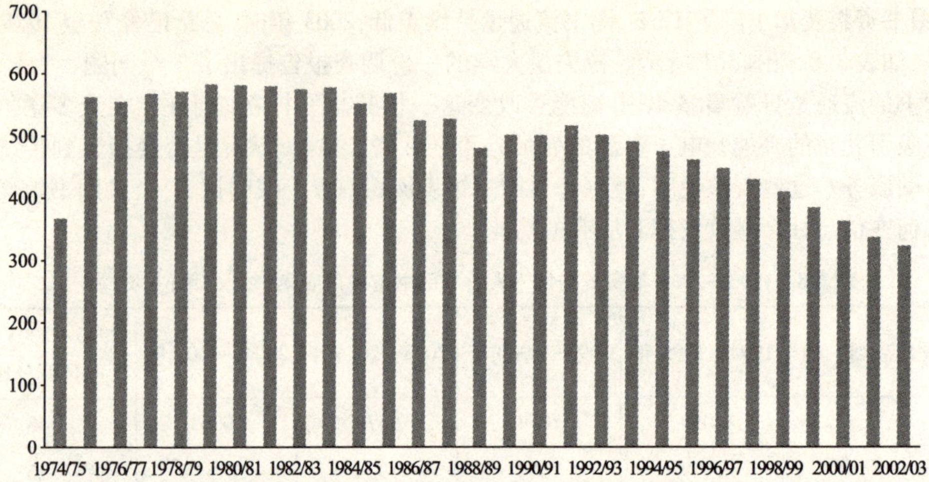

图 3.1　英格兰和威尔士地区图书流通量变化[①]（单位：百万册）

解本社区居民实际服务需求的最佳人选，故此，虽然该标准的指标发生了一些变化，但是各地可以根据本地实际情况决定是否继续留用原有的指标。指标体系是该标准的核心，共 10 个指标，是公共图书馆服务的具体体现，其主要内容如下。[②]

PLSS1——特定图书馆一定距离内的家庭覆盖率，如表 3.9 所示。

表 3.9　PLSS1 指标

类型	百分比%		
	1 英里	2 英里	人口稀少地区 2 英里
内伦敦	100		
外伦敦	99		
大都会区	95	100	
自治区	88	100	72
郡治区		85	72

注：人口稀少地区是指人口密度为最稠密地区 10% 的地区。

PLSS2——所有图书馆每千人每年累计预定开放时间：128 小时。计算方法是图书馆全年开放时间数（小时）/人口数（千人）。人口一般指当地居民，伦敦地区则包括访问者。

PLSS3——图书馆互联网电子信息资源的提供率：100%。服务网点每周开放时间须超过 10 小时，且电脑能上网。

PLSS4——每万人拥有的链接到互联网和图书馆目录的电子工作站的个数：6。电脑必须要同时能够上网和查询图书馆目录。电子工作站指能够进行联机书目查询并能上网的电脑终端。

① House of Commons Culture, Media and Sport Committee. Public Libraries[R]. London, 2005:17.

② Department for Culture, Media and Sport. Public Library Service Standards[S]. London, 2008:4—10.

PLSS5——预约图书的获取时间。目标是7天内50%用户能获取图书,15天内为70%,30天内为85%。

PLSS6——每千人访问图书馆的次数。内伦敦区:7650人次,外伦敦区:8600人次,大都会区:6000人次,自治区:6300人次,郡治区:6600人次。在该指标中,参与图书馆活动的就是访问图书馆的人员。图书馆活动包括:借书、参考咨询、使用电脑设备、通过图书馆服务获取信息、参加推广教育课程、参加图书馆举办的会议、参加图书馆举办的展览演讲等活动和参与在图书馆举办的非图书馆活动。

PLSS7——16岁及其以上的用户对于图书馆服务评价的满意度百分比。该指标分为很好、好、普通、差、很差,需要94%的用户认为图书馆服务好或很好。

PLSS8——16岁以下的用户对于图书馆服务评价的满意度百分比。该指标分为好、普通和差,需要77%的用户认为图书馆服务好。

PLSS9——每千人每年度新增馆藏数量:每千人216种。馆藏指的是图书、音像材料、电子出版物,但不含报纸、期刊。

PLSS10——流通馆藏流通年限:6.7年。相当于每年替换15%的流通馆藏。流通馆藏指的是开架可被借出的馆藏,不包括特藏。

以上就是英国2008年版《公共图书馆服务标准》的具体内容。10个指标可以分为以下几类:

- 图书馆布局——PLSS1;
- 图书馆开放时间——PLSS2;
- 电子资源——PLSS3、PLSS4;
- 借阅服务——PLSS5;
- 充分利用服务——PLSS6;
- 用户满意度——PLSS7、PLSS8;
- 馆藏——PLSS9、PLSS10。

以上7个方面,包括了图书馆服务的主体内容,对图书馆空间时间布局、图书馆馆藏资源、图书馆服务满意度等层面进行了细化。这样较为具体而详细的指标体系能够满足公共图书馆提高服务能力的要求,促进公共图书馆事业的发展,推动全社会对于公共图书馆的有效利用。

2. 总体特点

《公共图书馆服务标准》较为全面地对公共图书馆服务进行了规范,主要有以下特点。

(1)重数据、重统计。该标准的10个指标均由或多或少的具体统计项目组成,每个项目均需要相关的数值来支撑。从数据的类型来看,不仅有具体数字,也有百分比数。具体数字直接体现了项目的状况,百分比数则用于满意度、提供率等较难直接用数字体现的项目,通过百分比数,将比较的结果展示出来。标准中涉及的数据,大都是通过统计获取的。比如,PLSS6提供了如何测定访问次数的方法,一是在入口处以电子方式记录,一是开展用户调查。又如,PLSS7和PLSS8的数据需要较为详细的用户调查,得到的结果可以用于提高图书馆内部管理水平。

(2)以用户为中心。最能体现这一特点的是PLSS7和PLSS8这两个指标。直接将用户满意度作为服务标准的组成部分,表明了图书馆服务的好坏离不开用户的评判,也表明了图书馆服务的目的——用户的认可。从另一个角度看,10个指标基本都涉及用户,特别是通过每千人、每万人等指标,将图书馆服务和用户紧密结合在一起。这些指标表明居民对于图书馆服务的占有率对应着图书馆服务的普及程度,图书馆服务的最终目的是为用户提供更好的服务。

(3)以服务为重点。《公共图书馆与博物馆法》明确规定公共图书馆的职责是向社会提供全面而有效的服务。作为服务标准,自然以服务作为内容重点。在图书馆提供的众多服务中,借阅服务是基本的项目,因此,PLSS5 专门对图书馆预约时间作了规范。除此之外,为了帮助用户充分利用图书馆的服务,标准专门制定了 PLSS6。PLSS6 的内容表明,图书馆为用户提供了各式各样的活动,图书馆应当采用适当的方式来帮助用户更好地利用图书馆。

3. 实施效果

《公共图书馆服务标准》实施之后,文化、媒体和体育部每一年都会在其网站上公布上一年度的执行情况,报告的数据均由 CIPFA 提供。[①] 每份报告都根据指标体系,详细列举各地公共图书馆的实现数值,在此基础上,再按照"大伦敦区、大都会区、自治区和郡治区"分别统计其各自的平均数值,并列出各地区的指标达标情况。据此,可以大体了解《公共图书馆服务标准》的实施效果。图 3.2 是 2005—2008 年各地区实施《公共图书馆服务指标》的达标情况对比。

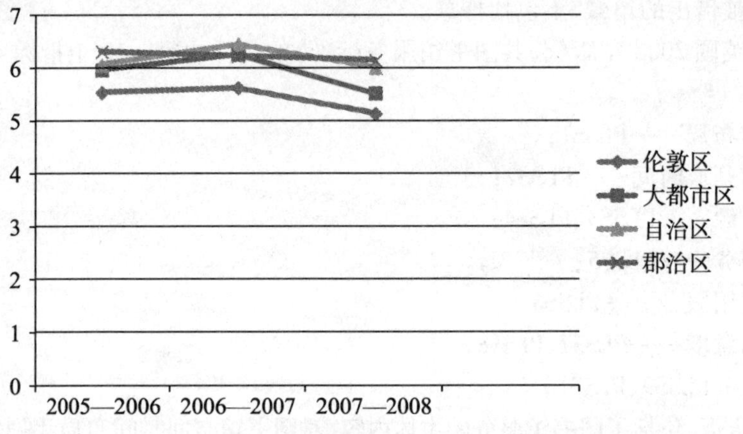

图 3.2 2005—2008 英格兰各地区实施《公共图书馆服务标准》达标情况[②]

从 3 年的变化情况来看,值得关注的一点是 2007—2008 年度相较上一年度达标情况出现了倒退。由于报告仅是将各地数据进行了总结和上报,并未将具体原因附在其中,同时英国政府也没有作具体说明,所以这是一个很值得讨论的话题。到底是什么原因导致了这一情况的出现? 笔者认为可能和前段时间的金融危机导致英国地方政府财政出现问题有关系。英国一些地方出现的关停部分公共图书馆分馆的现象,文化、媒体和体育部对这一情况表示了关注。该部认为,如果不是仅仅出于财政的考虑,"(关闭部分分馆)的行为并不违反 1964 年的法案",[③]某些时候关掉一些分馆可以更好地实现整个地区的服务质量的提高,文

① CIPFA 即英国特许公共财务和会计师协会,成立于 1885 年,CIPFA 将其会员定位为政府及非营利机构的财务及会计专家。

② CIPFA. Public Library Service Standards Results 2005—2006,2006—2007,2007—2008[R].

③ Department for Culture,Media and Sport. Framework for the Future. Public Libraries[EB/OL].[2012-10-15]. http://www.culture.gov.uk/what_we_do/libraries/3416.aspx.

化、媒体和体育部认为这是地方政府职权内的事项。

二、《未来发展框架》

1. 主要内容

《未来发展框架》是英国政府于 2003 年出台的一部有关公共图书馆发展的国家战略计划。该计划的出台，受到了“公共图书馆地位阐述”和英国审计署的《提升图书馆服务》的直接影响。

“公共图书馆地位阐述”开始于 2002 年，它是公共图书馆执行中央政府规章政策情况的评估框架。其评估大类分为自身愿景、对《未来发展框架》的反馈、对《公共图书馆标准》的反馈和资源 4 个部分。每个部分都有分指标，共计 12 项。每项指标分为差、一般、好和很好 4 个等级，每个等级都有具体的要求。①

英国审计署的《提升图书馆服务》报告出台于 2002 年。该报告指出了公共图书馆面临的挑战——由于书店和因特网等对手的存在，公共图书馆的用户在缓慢地流失。为此，公共图书馆和政府都需要积极应对，以确保公共图书馆在英国社会中不可替代的位置。报告提出，公共图书馆要做到——“提供人们需要的图书和信息服务；最大限度地延长开放时间，利用好公用设施，让人们能在家中利用互联网获取图书馆服务；参考书店的做法，提供令人轻松愉悦的服务；关注非用户群体”。② 中央政府要通过制定相关的规范来确保公共图书馆服务的提升，地方政府也应当评估公共图书馆面临的挑战，积极采取应对措施。

公共图书馆面临的挑战让大家看到了制定高层次发展战略计划的重要性，2003 年的《未来发展框架》正是在这种背景下出台的。

《未来发展框架》从公共图书馆的地位、现代职责、图书阅读和学习以及其他方面入手，提出了公共图书馆在未来一段时间内的发展战略。具体地说，该文件阐述了以下四方面的问题。③

(1)公共图书馆的地位

在公共图书馆的地位这一部分，文件对现状进行了剖析。文件指出，公共图书馆是社区居民发表意见的空间，有着众多的馆藏资源，提供一系列的服务。同时，馆员也是宝贵的财富。随着社会的发展，公共图书馆应当在知识、技能和信息的获取上发挥关键作用，关注弱势群体的权益。文件认为，由于英格兰地区的 3500 多家公共图书馆是由众多图书馆当局运作，支离破碎的体制使得国家政策很难实施，因而丧失了创新的机会，甚至不利于公共图书馆获得资金支持，更不用谈图书馆之间的互相借鉴了。此外，在招聘和稳定馆员方面，公共图书馆也面临着激烈的竞争。由于各自为政，中央政府的政策并未得到全面的落实。这种局面不仅不利于单个图书馆的发展，更不利于图书馆事业的发展。要想将图书馆的优势发挥出来，就必须打破各自为政的“割据”状态，实施统一的标准，共享成功的经验，发挥整体效能。

---

① Institute of Public Finance. Public Library Position Statements 2003 Report on the Assessment of the Statements[R]. London,2003:22—27.

② the Audit Commission. Building Better Library Services[R]. London,2000:12.

③ Department for Culture,Media and Sport. Framework for the Future[R]. London,2003:6—10.

(2)公共图书馆的职责

在现代职责这一部分,《未来发展框架》对公共图书馆的职责进行了阐述。文件提出,公共图书馆要确立现代职责的观念,为此,必须将自己的目的与社区居民进行交流,不断调整更新。总的看来,公共图书馆的现代职责是:促进阅读和非正式学习,获取数字技术和服务(包括电子政府),解决社会排斥现象,建立社区认同感和发展公民权利。公共图书馆的现代职责通过以下4个方面体现出来:第一,改进更新——建立在图书馆提升阅读、非正式学习和独立的核心技能的基础上;第二,公共价值——公共图书馆服务关注诸如扫盲、学前教育等方面;第三,独特之处——公共图书馆服务强调合作的重要性,即公共图书馆与其他公共部门和私营单位通力合作;第四,国家方案的地区灵活性——公共图书馆强调国家方案在形成服务体系中的重要性,同时努力使国家方案在执行过程中适应各地的不同情况。

(3)图书、阅读和学习

在这一部分,《未来发展框架》对公共图书馆服务进行了阐述,指出公共图书馆在提高社会的阅读能力、学习能力方面起着重要的作用。对于图书资源,文件提及了馆藏的使用状况,指出图书馆的图书资源并未能很好地满足用户的需求,特别是年轻人的需求。对于阅读能力,文件指出了其重要性,即使是在网络时代,众多网页也都是文本形式的,可以说阅读能力是进行文化和社会活动的先决条件。对于学习能力,文件认为它是和阅读能力紧密联系的,公共图书馆应当将两者结合起来考虑。由于公共图书馆能够提供网络式的服务,所以是社会教育的良好载体。其社会教育可以分为学前教育、学龄儿童教育、学生教育和成人扫盲教育等方面。公共图书馆进行社会教育,需要与社会各界的合作,比如和各类学校、政府部门的合作,等等。

(4)其他

在其他部分,《未来发展框架》从电子资源、社区等方面进行了阐述。在电子资源方面,“人民的网络”计划的实施,[①]使得人们能在公共图书馆方便地上网,使用电子政府服务。在社区方面,公共图书馆提供了公共空间,是邻里之间的连接点。此外,公共图书馆应当“开发”潜在用户,将不曾使用图书馆服务的人员吸引到图书馆来。总之,公共图书馆应当是社区的组成部分,其服务和社区居民密不可分。

《未来发展框架》最后提出了对于公共图书馆服务的希望。首先,希望服务的理念得到全社会的认同,特别是各级政府,应当对公共图书馆服务理念形成清晰的认识。其次,希望公共图书馆和各界(比如政府、商界)通力合作,真正地服务好社会。最后,希望能够为公共图书馆规划、实施服务提供帮助。

2. 意义及效果

《未来发展框架》“是第一部公共图书馆的国家战略计划”。[②] 从这个意义上说,它的出台表明了政府和公共图书馆都在积极应对各种挑战,希望通过自身的努力来确保公共图书馆在未来社会中发挥更大的作用。

---

① People's Network 是英国政府发起的一项全民工程,由英国的公共图书馆联合为公众提供服务,并承诺为每个人提供使用计算机和上网的机会,始于1998年。

② Department for Culture, Media and Sport. Report to Parliament on Public Library Matters[R]. London, 2004:8.

正视公共图书馆的现状。英国公共图书馆的现状正如英国审计署《提升图书馆服务》报告中的描述——“在人们心目中,公共图书馆一直占据着重要的位置。但是它们正在渐渐失去在人们生活中的位置”,①套用狄更斯的名言——“这是一个最好的时代,也是一个最坏的时代”。不可否认,公共图书馆自产生到现在发挥着重要的作用,但是,时代发展到今天,公共图书馆服务的可选择性大大增强,特别是在互联网时代,能够代替公共图书馆服务的活动和产品日益增多。统计表明,虽然人们对于图书和信息服务的需求很大,但是到公共图书馆接受服务的人数、图书馆的外借量出现了大幅度的下降。

以提升服务来应对挑战。《未来发展框架》指明了公共图书馆的现状,更指明了公共图书馆要靠自身的努力来提升服务的重要性。公共图书馆必须积极发掘社区居民的真正需求,发挥在社会教育、终身学习等方面无可替代的作用,使公共图书馆能继续在人们的生活中占有重要位置。

《未来发展框架》实施以后,各地的公共图书馆都“坚定地承诺”了对该战略计划的支持。为此,报告称《未来发展框架》的“目标和时间安排彻底解决了有关制约和挑战的分析,在此基础上,公共图书馆服务可以得到提升”。② 一项统计显示,2003 年英国各地公共图书馆服务达到一般和良好水平的,占到总数的 91%,服务质量总体上还是令人满意的。

三、《新版公共图书馆绩效管理框架》

2007 年,在英国政府绩效管理的影响下,英国文化、传媒和体育部联合 MLA 对《公共图书馆服务标准》在实施过程中出现的问题进行了探讨和总结,出台了《新版图书馆绩效管理框架》,目的是了解公共图书馆服务状况,进而促进图书馆服务水平提升。但该文件并不是强制性的,作用只是为各地图书馆改进服务提供建议和相关信息。

图书馆绩效指标可以分为社区满意度和图书馆利用状况两个方面。社区满意度指的是当地居民对图书馆服务满意的比率,图书馆利用状况指的是居民每千人中参加图书馆活动的人数。《新版图书馆绩效管理框架》的图书馆绩效核心指标分为如下 5 个方面。③

(1)获取。这一指标针对用户获取服务。具体项目见表 3.10。

表 3.10 《新版图书馆绩效管理框架》的“获取”指标项目

距离图书馆半英里的人口百分比,或者距离流动图书馆网点四分之一英里的人口百分比
每个服务点的覆盖人口
总计每千人预定开放时间
认为图书馆开放时间很好或者好的用户百分比,未满 16 岁的用户认为图书馆开放时间好的百分比
网上可获取的图书馆服务的百分比
每万人拥有的链接到互联网和图书馆目录的电子工作站的个数
经常使用图书馆的当地居民的百分比,未满 16 岁的用户经常使用图书馆的百分比

① the Audit Commission. Building Better Library Services[R]. London,2000:11.

② Institute of Public Finance. Public Library Position Statements 2003 Report on the Assessment of the Statements[R]. London,2003:11.

③ MLA. A New Libraries Performance Management Framework[R]. London,2007:23—35.

(2)资源。这一指标可以分为馆藏、馆员和建筑3个部分。

(3)质量。主要对外借图书的适宜度、资源的质量、IT的质量、建筑的质量、服务的质量和用户体验等方面进行考核。具体项目见表3.11。

表3.11 《新版图书馆绩效管理框架》的“质量”指标项目

外借图书的出借率
认为图书挑选较好和充足的用户百分比
认为资源和服务很好或者好的用户百分比,未满16岁的用户认为资源和服务好的百分比
认为电脑设备很好或者好的用户百分比,未满16岁的用户认为电脑好的百分比
认为图书馆建筑设计和布局,或者其他服务点提供了良好环境的用户百分比
认为馆员的态度很好或者好的用户百分比,未满16岁的用户认为馆员的态度好的百分比
在查询时寻求帮助,认为馆员的帮助很好或者好的用户百分比
认为图书馆很好或者好的用户百分比,未满16岁的用户认为图书馆好的百分比

(4)效率。这一指标包括:通过图书馆满足需求的用户百分比;未满16岁的用户通过图书馆满足需求的百分比;平均每天解决用户要求的数量;每千人的净支出;每项图书馆活动的净支出;馆藏的净支出。

(5)服务范围。这一部分没有制定指标,因为目前并未就图书馆的服务范围达成共识。从实际情况来看,图书馆的服务已经不仅仅局限在馆内,而是进入了社区。同时,图书馆也在和越来越多的组织机构合作,在合作中,可能会产生新的服务类型。因此文件认为,要衡量图书馆的服务范围,就要全面考虑与图书馆相关的各类信息。

四、CILIP的伦理与实务规范

CILIP最早可以追溯到1877年成立的LA,①是英国图情专业人员协会。2002年,LA和英国情报科学工作者协会成立了CILIP。CILIP协会宗旨的第一条是制定、维护、监测和修改与创建、管理、开发和分享信息和知识资源有关的优秀标准,第三条是保证协会成员能够实现和保持与信息服务相关的各个方面的专业标准。② 从中可以看出,该协会和行业标准有着密切的联系,不仅制定各类标准,同时还鼓励成员实施标准,分享经验,促进信息服务——包括图书馆服务的发展。

图书馆提供的服务要通过馆员来实现,因此,馆员在服务中扮演很关键的角色,CILIP为此制定了与馆员相关的规范文件——《图书馆与信息专业人员伦理规范与实务守则》。③ 该文件对图书馆馆员工作的责任和注意点进行了阐述,内容分为两个单元,伦理规范和实务守则。

① the Library Association的简称,成立于1877年,是当时英国图书馆界的专业组织。

② CILIP. Mission Statement—What We Stand for[EB/OL].[2012-10-15]. http://www.cilip.org.uk/about-us/mission-goals/pages/default.aspx.

③ CILIP. Introduction to Ethical Principles and Code of Professional Practice[EB/OL].[2012-10-15]. http://www.cilip.org.uk/get-involved/policy/ethics/pages/introduction.aspx.

第一部分伦理规范的主要内容是：[①]

(1)关心专业事务中的公益事业，包括尊重社会多样性，促进平等和人权；

(2)关注专业的良好声誉；

(3)致力于保护和提高社会对于信息、观点和作品的获取；

(4)通过现有的资源提供最佳的服务；

(5)关注实际和潜在用户的需求与雇主合理要求之间的平衡；

(6)公平对待所有用户；

(7)在获取、评估信息和用户调解时，要注意公正，避免偏见；

(8)尊重和保护用户的隐私；

(9)关注所有形式的信息遗产的保护和维护；

(10)尊重和理解信息产品的完整性以及创作者的努力；

(11)致力于维护和改进个人的专业知识、技能和能力；

(12)尊重其他人的技能和能力，包括专业人员和用户，雇主和同事。

这12条规定实际上是提出了图书馆馆员伦理规范的原则。与原则相呼应的是第二部分——实务守则。实务守则从实际工作出发，对图书馆馆员的责任进行了解析，界定了馆员的个人责任、对于信息和用户的责任、对于同事和单位的责任、对于社会的责任，以及作为图书馆职员的责任。[②]

第一，个人责任：

(1)努力实现个人专业知识和能力的最高水平；

(2)维持自己专业知识的提高，确保其他馆员的参与。

第二，对于信息和用户的责任：

(1)确保用户了解服务的范围和职责；

(2)尽可能地明确和公开提供信息的过程以及过程的标准和步骤；

(3)提供服务时，避免偏见和不适当的价值判断；

(4)保证用户信息的保密性，用户信息包括查询信息、服务信息以及其他与用户个人情况或者业务相关的信息；

(5)公平地对待用户的信息需求，优先解决紧迫的、重要的需求事项；

(6)及时、公正地处理用户投诉，在处理过程中与用户保持联系；

(7)确保信息系统和服务的有效性，使其能够在现有资源范围内满足用户需求；

(8)确保向适当的用户提供适当的服务；

(9)捍卫用户的合法权利，保护作者和分销商的知识产权；

(10)尊重信息源的完整性，酌情标注引用来源；

(11)适当关注未来社会的信息需求。

第三，对于同事和单位的责任：

---

① CILIP. Ethical Principles[EB/OL]. [2012－10－15]. http://www.cilip.org.uk/sitecollectiondocuments/PDFs/policyadvocacy/Ethicalprinciplesforlibraryandinformationprofessionals.pdf.

② CILIP. Code of Professional Practice[EB/OL]. [2012－10－15]. http://www.cilip.org.uk/sitecollectiondocuments/PDFs/policyadvocacy/CodeofProfessionalPracticeforLibraryandInformationProfessionals.pdf.

(1)在同事和社会中积极推动专业发展;
(2)尊重和理解其他同事和专业人士,承认他人的想法、贡献和工作;
(3)以专业方式对待同事,而不是恶意地诋毁或批评他人的工作;
(4)对于非专业人士要予以专业指导,尊重他人的合法权益;
(5)鼓励自上而下管理任务的同事,帮助他们维持和提高专业水准;
(6)除授权外,不随意代表 CILIP 发表观点或言论;
(7)向适当的机构反映严重违反本规则的行为;
(8)在工作中不得给专业带来不良声誉。

第四,对于社会的责任:
(1)关注社会公共利益,包括一般群体和特定的弱势群体;
(2)促进社会全体成员公平地获取社会公共领域的各类信息;
(3)努力实现用户信息、公共利益和职业责任之间的平衡;
(4)促进本规定理念的理解、传播和遵守。

第五,作为图书馆职员的责任:
(1)了解自己工作的单位并通过自己的专业技能实现管理者合法的目的;
(2)避免从事不道德的工作,同时要提醒上司注意他的决定、行为或举动是否符合职业或法律规范。

第四节　2010 年以来英国公共图书馆的政策与实践

一、新政府的政策纲领

2010 年,英国大选落幕,保守党领袖卡梅伦入主唐宁街 10 号,成立了保守党的联合政府。新政府上台之后,不少政策制度都发生了变化,公共图书馆的政策也不例外。从两年多的情况来看,英国新一届中央政府的公共图书馆政策突出了"小政府"的特点,即主张减少政府对于公共图书馆事业的干预,不介入具体的事务。近期英国文化部长关于公共图书馆的三次演讲,集中体现了本届政府有关公共图书馆政策的要义。在公共图书馆的发展实践方面,撤销 MLA、应对闭馆等,是实践层面的重要事项。面对变化,CILIP 为首的英国图书馆界开展了多种形式的活动,与社会共同与削减公共图书馆经费、关闭公共图书馆的行为抗争。

1. 2010 年——大社会计划①

2010 年 7 月 1 日,英国召开了一个名为"重塑公共图书馆服务"的会议。会上,英国文化部长维兹发表了题为《重塑合作关系,应对 2010 年的挑战》演讲。维兹在演讲中首先强调了公共图书馆在数字时代的重要性,英国文化部及他本人对于英国公共图书馆事业的支持,希望全社会都能够站出来捍卫图书馆事业。接着他论述了图书馆的职能、作为合作者的图书馆、"大社会"计划、公共图书馆的现代化历程、财政赤字时期文化部的领导工作、数字化等问题。

---

① Ed Vaizey. Re-modelling Partnerships to Meet the Challenges of 2010[EB/OL][2012 - 10 - 22]. http://www.culture.gov.uk/news/ministers_speeches/7223.aspx.

在这篇演讲中,维兹重点讨论的是财政赤字时期文化部的领导工作。他明确了今后一段时间英国公共图书馆事业发展的两个目标:一是有效的领导,二是提升图书馆的数字化水平。针对如何建立有效的领导,维兹提出了以下几点:首先是关闭图书馆咨询委员会。该委员会是根据英国公共图书馆法设立的,维兹认为,在当前形势下,这一机构并不重要。其次是提出了一项支持地方政府合作提供公共图书馆服务的项目。维兹认为,目前全英格兰和威尔士管理公共图书馆事业的图书馆局数量过多。他希望各地的图书馆当局能够采取联盟等方式,将数量由目前的151家减少到100家。

维兹这篇演讲是英国新政府上台之后关于公共图书馆事业发展的一篇重要文件,它明确了今后一段时期的重点工作和目标,特别是对英国公共图书馆体系如何应对财政危机作出了具体安排,反映了在经济危机的状况下,英国中央政府开始了新一轮的公共图书馆体系变革计划。

2. 2011年——闭馆与MLA[①]

在2011年6月1日召开的伦敦中央地区图书馆会议上,维兹又发表了一篇与公共图书馆事业相关的演讲。在这次演讲中,维兹从英国各地公共图书馆事业的创新做法谈起。他说,他乐见伦敦地区若干地方政府联合起来提供公共图书馆服务,这一举动不仅避免了21家公共图书馆的关闭,也节省了不少开支。他认为英国各地公共图书馆的种种创新之举,让已有的用户能够更多元地使用图书馆,也能够进一步吸引非读者走进图书馆享受服务。

维兹在演讲中回应了文化部如何应对各地公共图书馆闭馆风潮的问题。他说,他上任之后的第一个计划和第一个演讲都是关于图书馆的,这表明他高度重视图书馆事业。对于一直没有介入各地公共图书馆闭馆风潮一事,他作了如下解释:首先是情况并没有恶性发展。由于各地居民自发的保护图书馆运动,不少地方政府都收回了要关闭图书馆的命令。其次是他认为对话更为有效。政府官员已经和不少地方政府和反对闭馆的人士进行了建设性的对话。当然,他还是强调公共图书馆是由地方政府设置和运营的,作为中央政府的文化部并不承担设置和运营的责任。

谈到英国公共图书馆事业今后如何发展,维兹提到作为非政府公共机构的英国博物馆、图书馆和档案委员会(MLA)将被撤销,其职能将由英格兰艺术委员会执行。这是英国公共图书馆近几年的一项重大变动,图书馆因此也可以得到艺术委员会的艺术基金和数字创新基金的支持,开展一系列相关的活动。维兹最后总结道,虽然现实具有挑战性,但是英国的公共图书馆事业还是在不断成长。他希望继续与地方政府、慈善机构和利益相关者合作,共同推进英国公共图书馆事业的发展。

维兹的这篇演讲表明,经过一年多的时间,保守党政府对于英国公共图书馆事业已经有了更加明确的发展规划。不过面对经济危机的影响,财政经费问题成了最大的问题,维兹显然无法采取强有力的措施制止地方政府的闭馆决定和行为。

① Ed Vaizey. Central London Conference of Libraries[EB/OL]. [2012 - 10 - 22]. http://www.culture.gov.uk/news/ministers_speeches/8242.aspx.

3. 2012 年——艺术委员会和政府间合作[①]

在 2012 年 6 月 28 日召开的"图书馆服务的未来"会议上,维兹从艺术委员会、数字时代的图书馆、图书馆与政府的合作、志愿者与社区图书馆、基金支持、闭馆风波等方面阐述了政府的观点和作为。

关于艺术委员会,根据新政府的安排,2011 年 10 月,英格兰艺术委员会取代了 MLA,成为英国公共图书馆的行业组织。维兹认为,由艺术委员会管理公共图书馆,一方面能让图书馆与艺术委员会下属的相关机构——比如图书信托基金、阅读协会等更好地合作,另一方面也能够得到艺术委员会的基金资助。英国政府和艺术委员会已经设立了一项 50 万英镑的资金,用以支持各地图书馆的创新活动,同时还将在未来两年内提供 600 万英镑的资金,用于支持各项图书馆开展的文化艺术活动。

关于图书馆与政府关系,维兹在演讲中提及以下几点:一是中央政府将根据 CIPFA 的报告,通过各种合适的方法提高地方政府管理公共图书馆的效率。二是文化部将和教育部合作,举办针对学生的图书馆培训活动,以提高图书馆使用率。三是维兹认为英国地方政府关闭公共图书馆的情况并没有媒体报道的那么严重。公共图书馆是一项地方政府提供的服务,中央政府要求地方政府在关闭图书馆之前必须对本地区的图书馆服务进行全面评估。维兹肯定了民间捍卫图书馆运动的效果,但表示中央政府不会轻易对地方政府关闭图书馆的行为进行调查。

二、金融危机下的公共图书馆实践

1. 撤销 MLA

2010 年 11 月 23 日,英国文化部长维兹宣布英国博物馆和图书馆行业管理机构的非政府机构——博物馆、图书馆和档案委员会(MLA)将在 2011 年 7 月被撤销,其职能并入艺术委员会,成立负责博物馆和图书馆的两个相关部门。根据最新的安排,撤销与合并在 2011 年 10 月 1 日开始实施。对于这一举措,官方的说法是在经济困难时期,设立有着共同目标的多个组织是没有意义的。事实是英国公共图书馆事业的行业管理机构由 MLA 变为艺术委员会。

艺术委员会在 2011 年 9 月发表了一份名为《文化、知识与理解:每个人的伟大博物馆与图书馆》的文件,全面阐述了该机构对于博物馆和图书馆未来 5 年的战略规划。文件提出了要让更多人来到图书馆,要为少儿和成人提供多种服务,要让馆员更加专业等目标。在这之后,艺术委员会开展了一系列活动,比如研究由社区出资和管理的图书馆如何运转,资助图书馆与艺术组织开展活动等。面对英国公共图书馆的现状,艺术委员会表示,虽然他们并不承担公共图书馆的运营费用,但是会通过与地方政府的合作和投资来保证公共图书馆服务。[②]

对于这一变化,CILIP 指出,撤销 MLA 和专家顾问委员会意味着英国文化部从此缺失了

---

① Ed Vaizey. Speech to the Future of Library Services Conference[EB/OL]. [2012 - 10 - 22]. http://www. culture. gov. uk/news/ministers_speeches/7222. aspx.

② Arts Council England. Supporting Libraries[EB/OL]. [2012 - 10 - 23]. http://www. artscouncil. org. uk/what-we-do/supporting-libraries/.

获取专家意见的机会。从目前的情况来说，这一举动尚未产生实质性的严重后果，不过从长远看，存在着这样的问题：首先是图书馆的专业性得不到保证，虽然艺术委员会一直从事艺术相关的领域，但是毕竟与公共图书馆行业存在不小的差异，如何将公共图书馆办好，是一个全新的课题；其次，艺术委员会秉承新政府的执政理念，并不主动介入公共图书馆的具体事务，这在一定程度上让公共图书馆失去了后盾；第三，撤销 MLA，将其功能并入艺术委员会，会造成公共图书馆从属于艺术的印象，也间接地影响到了公共图书馆的地位。CILIP 认为，到底这一变化会带来何种影响，还需要进一步的观察和思考。

2. 应对闭馆

根据英国公共图书馆法的规定，如果地方政府不履行其职责，文化部长有权就此展开调查。早在工党政府执政末期，有些地方已经有了关闭图书馆的举动。2009 年 1 月，威勒尔地方政府考虑关闭当地一半的公共图书馆，文化部长安迪·伯恩汉犹豫是否要介入此事，当时在野的现任文化部长维兹说："如果安迪·伯恩汉不打算介入诸如威勒尔的地方当局大幅度削减图书馆的行为，很明显他忽略了作为部长的职责。"[①]在各方压力之下，文化部委托第三方对这一事件进行了调查，这是 1991 年以来英国中央政府进行的第一次相关调查。

2010 年 11 月，1000 多名文化界人士联名写了一封公开信给已经担任文化部长的维兹，要求其不要忽略自己的职责，希望他能根据 1964 年法案的精神对地方政府关闭公共图书馆的行为采取行动，阻止地方议会削减经费支持造成文化的破坏。[②]而此时的维兹则回答说，必须在具体分析的基础上思考地方当局的计划是否违反 1964 年法案的精神，同时文化部在做决定前必须要考虑相关事实和地方当局的实际情况。他把地方政府的举措解释为地方政府在财政危机的情况下，不得不"改革"图书馆服务来保证其继续运营。也就是说，英国中央政府实际上并未采取任何具体行动来制止各地政府关闭公共图书馆的浪潮。

从目前的实际情况来看，英国文化部面对地方政府关闭公共图书馆的行为采取的举措，主要就是给相关地方当局寄送法律文件，涉及的地方政府有格洛斯特、萨默塞特、怀特岛、刘易舍姆、布伦特、唐卡斯特和博尔顿等。这些法律文件的主要内容，是将文化部接收到的相关投诉告知地方政府，并且告知地方政府如果行为的确违法，文化部将启动调查。迄今为止，英国文化部并未对任何一个地方政府开展调查。可以说，这样的态度比起工党政府，有所倒退。

3. "拯救我们的图书馆"

面对政党轮替产生的巨大变动，英国公共图书馆界采取的应对措施就是采用"人民战争"的方式，呼吁和调动社会各界关注公共图书馆的困境和发展。CILIP 发布了一系列声明，策划并开展了一系列活动，承担起了行业领导者的作用。

2011 年 2 月 5 日，CILIP 举行了名为"拯救我们的图书馆日"活动，希望借此来引起社会对于公共图书馆困境的关注。在这一天，CILIP 发表了《CILIP 关于英格兰公共图书馆服务地位的声明》，强调了公共图书馆服务对于英国的重要性，希望读者站出来支持图书馆。声明向英国文化部提出了如下呼吁：整理和公布英国各地关闭公共图书馆的情况；介入地方政府关闭公共图书馆的违法行为；为社区图书馆提供最佳的指南方案；保证艺术委员会能够审

①②Open Letter Against Library Closures[EB/OL]. [2012-10-27]. http://alangibbons.net/2010/12/open-letter-against-library-closures-2/.

查地方政府关于公共图书馆的计划。2011 年 5 月,儿童文学家艾伦·吉本斯关于设立“国家图书馆日”的提议被 CILIP 等 15 家团体接受,确定 2012 年 2 月 4 日举行首届活动。这一天,英国各地共举行了超过 200 项相关活动。①

CILIP 组织的一系列活动显示出了效果。2011 年 2 月 28 日,文化部长维兹声明,不会用志愿者代替图书馆的专业人士来运营图书馆,同时也不会废除 1964 年《公共图书馆与博物馆法》中关于提供“全面而有效”的图书馆服务的条文。② 2011 年 11 月,英国国会下院的文化、媒体和体育特别委员会开展了一项关于图书馆服务的调查,共收到 132 项意见,主要内容包括图书馆服务的现代化方式、关闭图书馆对于地方社区的影响等。③ CILIP 组织的各种支持图书馆活动的最大成效,是让人们看到了英国社会上存在着很多关心、支持和热爱图书馆的人士。

面对政策、财政、行业管理等重大变化,英国公共图书馆界没有退缩,他们高举公共图书馆法案的旗帜,通过 CILIP 的运作,联合相关团体,争取社会大众的支持,向政府发出了强有力的呼声,取得了不小成果。当然,面对政治和经济的漩涡,英国公共图书馆要走出这场旷日持久的风暴灾难,还有漫长的路程。

---

① CILIP. Save Our Libraries Day[EB/OL]. [2012 - 10 - 23]. http://www.cilip.org.uk/get-involved/advocacy/public-libraries/Pages/savelibrariesday.aspx.

② CILIP. Minister Confirms Vital Role of Professional Library Staff[EB/OL]. [2012 - 10 - 23]. http://www.cilip.org.uk/news-media/pages/news110301.aspx.

③ the Parliament of the United Kingdom. Library Closures[EB/OL]. [2012 - 10 - 23]. http://www.parliament.uk/business/committees/committees-a-z/commons-select/culture-media-and-sport-committee/inquiries/parliament-2010/library-closures/.

第四章　加拿大公共图书馆法

第一节　加拿大公共图书馆法律体系

一、各级政府在图书馆事业中的责任

目前,加拿大实行三级政府制度:联邦政府、省/地区政府和市政府。严格说来,市政府是省/地区政府的组成部分和分支,市政府的权力源于省/地区政府的授权,因此,也可以说加拿大的政府层级是联邦和省/地区政府两级。省和地区的区别在于,加拿大的10个省是根据宪法所设,而位于地广人稀寒冷地带的3个北方地区是根据联邦法律所设。联邦政府是中央政府,地区政府与省政府平行,但地区政府享有的的自治权少于省政府。

加拿大宪法《英属北美法案》(British North America Act)规定,加拿大是联邦议会制国家。宪法对联邦和省各自的管辖权和立法权进行了划分。联邦政府的职责主要包括国防、外交、各省之间的贸易、移民事务、金融货币制度等;省政府负责教育、财产与公民权利、司法审判、医院系统、自然资源、社会保障、保健和市政机构等方面的地方性事务。宪法特别指出,教育事业是各省的专属权限。[①]因而隶属于教育和省内市政公共设施领域的图书馆事业就是各省政府的职责,联邦政府极少参与地方的图书馆事业。这一点从加拿大图书馆事业长期以来的经费投入就可见一斑。图书馆事业的拨款大部分来自省政府及其下设的市级政府,联邦政府的财政投入仅限于对国家图书馆的支持。根据1997年度加拿大文化事业统计资料,联邦政府对加拿大图书馆的事业投入只占全国图书馆总投入的2%,省/地区政府占总投入的35%,市级政府占总投入的63%。省、市级政府相加,对图书馆事业的投入占到了全国总投入的98%(见表4.1)。可见,地方政府是推动加拿大图书馆事业发展的根本力量。

表4.1　加拿大各级政府对图书馆和文化事业的投入(1997)[②](单位:千加元)

政府级别	图书馆投入	文化事业总投入	图书馆投入占全国图书馆总投入的份额%	图书馆投入占文化事业总投入的份额%
联邦政府	31 763	2 668 189	2	1
省/地区政府	664 735	1 716 017	35	39
市政府	1 182 045	1 480 069	63	80
总计	1 878 543	5 864 275	100	32

注:文化事业总投入包括对图书馆、博物馆、档案馆、历史和自然公园、艺术教育、图书期刊出版、表演艺术、视觉艺术和工艺、电影音像、广播、多元文化活动等的投入。

① British North America Act[EB/OL].[2011-02-03].http://www.canlii.org/en/index.php.

② Statistics Canada Surveys of Government Expenditures on Culture[EB/OL].[2011-02-01].http://www.statcan.gc.ca/.

二、省/地区图书馆法及其配套规章

1. 省/地区图书馆法

发展图书馆事业是省/地区政府的责任，因此，省/地区图书馆法是加拿大图书馆法律体系的主体。早在1851年，安大略省就通过了《1851议案》(1851 Act)，旨在促进“工人学会”图书馆的发展(an Act for the incorporation and better management of Library Associations and Mechanics Institutes)，这是加拿大最早的图书馆法。[①] 1882年通过的《免费图书馆法》(Free Libraries Act)，是加拿大最早的公共图书馆法。[②]19世纪中期以后，加拿大地方政府为了发展图书馆事业，纷纷仿效安大略省，开始为本省/地区的图书馆事业专门立法。

各省图书馆专门立法的基础是省宪法。图书馆专门立法的类型，根据各省的实际有所不同。一般来说，省/地区议会制定一部图书馆法或者公共图书馆法，用来规范各级各类图书馆的活动，在本省/地区起图书馆“基本法”的作用。也有些省份为专门类型的图书馆立法，如新布伦瑞克省、曼尼托巴省和不列颠哥伦比亚省为法律图书馆专门立法。目前，加拿大省/地区议会颁布的图书馆专门法有18部，包括4部《图书馆法》(Library Act)、8部《公共图书馆法》(Public Library Act)、3部《法律图书馆法》(Legislative Library Act)，以及3部其他类型的图书馆法。[③] 除魁北克省以外，加拿大各省/地区至少都有一部图书馆专门法来保障本省/地区图书馆事业的发展(见表4.2)。

表4.2 加拿大各省/地区的图书馆专门法统计[④]

省/地区	图书馆法名称	首次立法时间
不列颠哥伦比亚省	《图书馆法》(Library Act)	1891年
	《法律图书馆法》(Legislative Library Act)	1996年
阿尔贝塔省	《图书馆法》(Library Act)	1907年
萨斯喀彻温省	《公共图书馆法》(Public Library Act)	1906年
	《图书馆合作法》(Libraries Co-operation Act)	1996年
曼尼托巴省	《公共图书馆法》(Public Library Act)	1899年
	《法律图书馆法》(Legislative Library Act)	1987年
安大略省	《公共图书馆法》(Public Library Act)	1882年
新不伦瑞克省	《公共图书馆法》(Public Library Act)	1929年
	《公共图书馆基金法》(Public Library Foundation Act)	1997年
	《法律图书馆法》(Legislative Library Act)	1976年
爱德华王子岛	《公共图书馆法》(Public Library Act)	1935年
新斯科舍省	《图书馆法》(Library Act)	1937年
	《图书馆协会学会法》(Library Associations and Institutes Act)	1989年

①②1851 Act. Libraries Today[EB/OL]. [2011-04-12]. http://www.uoguelph.ca/~lbruce/new.shtml.

③④加拿大法律信息机构[EB/OL]. [2011-01-23]. http://www.canlii.org/en/index.php.

续表

省/地区	图书馆法名称	首次立法时间
纽芬兰及拉布拉多省	《公共图书馆法》(Public Library Act)	1935 年
育空地区	《公共图书馆法》(Public Library Act)	1987 年
西北地区	《公共图书馆法》(Public Library Act)	1966 年
努纳武特地区	《图书馆法》(Library Act)	1988 年
魁北克省	无	——
共计	18 部	

2. 图书馆法配套规章

图书馆专门法规定了图书馆运营的基本原则，而一系列具有法律约束力的配套规章则对专门法进行了细化和补充。图书馆专门法的配套规章是加拿大图书馆法律体系的重要组成部分。从形式上看，图书馆专门法的配套规章主要分为两类：一类是联邦议会或者省议会委任负责该法的行政管理部门制定的图书馆专门法实施细则；另一类是行政管理部门为了实施图书馆专门法而制定的一系列行政规章。根据加拿大法律信息数据库统计，图书馆专门法配套规章的总数约 320 多件，远远高于专门法的数量。[①]

(1)图书馆专门法实施细则

一般来说，大部分省/地区相关的行政机关都以图书馆法为基础制定了实施细则，内容涉及图书馆的经费、图书资料、馆员待遇、设备设施、管理机构等方面。依据加拿大法律信息数据库的统计，目前加拿大图书馆专门法的实施细则共有 10 件(见表 4.3)。[②]

表 4.3　加拿大各省/地区的图书馆实施细则统计[③]

省/地区政府	图书馆法实施细则名称
不列颠哥伦比亚省	《图书馆资料细则》(Library Materials Regulation)
	《图书馆委员会协议细则》(Library Board Agreements Regulation)
阿尔贝塔省	《图书馆细则》(Library Regulation)
萨斯喀彻温省	《公共图书馆细则》(Public Library Regulation)
	《图书馆合作酬劳金细则》(Libraries Co-operation Honoraria Regulations)
安大略省	《公共图书馆拨款细则》(Grants for Public Libraries Regulation)
曼尼托巴省	《公共图书馆拨款分配细则》(Public Libraries Allocation of Grants Regulations)
新斯科舍省	《图书馆法资金细则》(Libraries Act Funding Regulations)
育空地区	《图书馆法细则》(Library Regulation)
西北地区	《公共图书馆指令》(Public Library Designation Order)
共计	10 件

① 加拿大法律信息机构[EB/OL].[2011－01－23].http://www.canlii.org/eliisaon＝nt&jurisdiction＝nu&legislation＝consolidatedRegulation&caselaw＝none&boardTribunal＝none.

②③加拿大法律信息机构[EB/OL].[2011－01－23].http://www.canlii.org/en/index.php.

图书馆专门法具有相对稳定性，实施细则相对灵活，可以在较短时间内就通过行政机关发布，修改程序也较法律简单。加拿大学者罗丝·韦恩斯坦（Rose Vainstein）认为，细则是专门法的具体实施，是法律本身赋予的权力，当环境发生变化时，细则可以在允许的范围内不断调整，而保持专门法的整体框架不变。①

（2）图书馆行政管理规章

行政性规章是行政机关“遵照省立法机关的授权，发布与省法一致并阐释省法的法律附则”。② 行政管理规章被称为“准法律”。在加拿大，为了实施图书馆法的规定而制定的一系列行政管理规章，对图书馆活动有较大的影响。主要有两类：一是政府机关针对图书馆事业发展中的特定问题依法制定的规章，如图书馆征税、图书馆用地、图书馆建筑、图书馆防火等。不列颠哥伦比亚省《税率限制规章》(2009)（Tax Rate Limits Regulation）明确规定了全省各区域为维持图书馆运营的征税税率；③安大略省《建筑标准》(1992)（Building Code）规定了图书馆贮藏室的防火标准，④均属此类。二是行政机构的图书馆理事会制定的关于图书馆运营、服务的具体规范，如图书馆借阅规则、图书馆隐私政策、图书馆因特网使用政策等。

3.《国家图书馆法》

在省/地区图书馆立法实践一个多世纪之后，加拿大联邦议会于1952年颁布了第一部联邦层面的图书馆专门法——《国家图书馆法》（National Library Act）。此后该法律几经修订，于2004年更名为《国家图书档案馆法》（Library and Archives of Canada Act）。这是截至目前加拿大唯一一部联邦层面的图书馆专门法，其内容仅针对加拿大国家图书馆，不涉及其他各级各类图书馆。

1952年的《国家图书馆法》除了为国家图书馆的建立和运营提供法律依据外，还重新确立了加拿大的呈缴本制度，加拿大国家图书馆成为全面收集和保存加拿大出版物呈缴本的法定机构。1969年，联邦议会颁布修订的《国家图书馆法》，规定国家图书馆成为法定的版本图书馆和全国书目中心，在业务上组织协调全国各类型、各机构的图书馆，为全国各级各类图书馆协作提供支持，从而确立了国家图书馆作为全国“图书馆的图书馆”的地位。2004年，加拿大联邦议会再次对《国家图书馆法》进行修订，将《国家图书馆法》和《国家档案馆法》合并，通过了《国家图书档案馆法》（Library and Archives of Canada Act）。随着《国家图书档案馆法》的出台，国家图书馆和国家档案馆合二为一，称为加拿大国家图书档案馆（Library and Archives of Canada，简称LAC）。LAC是目前世界上唯一一个将图书馆与档案馆合二为一的国家级机构，创造了一种新型的知识机构。馆长威尔逊（Lan E. Wilson）认为，这样的转变是技术推动的结果。因特网迅速发展，数字资源不断增加，传统的非出版物和出版物的定

① Rose Vainstein. *Public Libraries in British Columbia: a Survey with Recommendation* 1966[M]. Halifax, Nova Scotia: Dalhousie University Libraries, 1981: 24.

② Gall Gerald L. *Canada's Legal System*[M]. Toronto: Carswell, 1977: 24.

③ Tax Rate Limits Regulation. BC Reg. 149/84[EB/OL]. [2011-04-23]. http://www.canlii.org/eliisa/highlight.do? text = library + tax&language = en&searchTitle = Advanced + Search&path = /en/bc/laws/regu/bc-reg-149-84/latest/bc-reg-149-84.html.

④ Building Code. Ontario Regulation350/06[EB/OL]. [2011-04-20]. http://www.canlii.org/eliisa/highlight.do? text = library + building&language = en&searchTitle = Advanced + Search&path = /en/on/laws/regu/o-reg-350-06/latest/o-reg-350-06.html.

义已显得无足轻重,LAC 的宗旨是让所有的加拿大人无论身在何地都能很好地利用到馆藏资源,实现信息的一站式存取。[①]

4. 图书馆相关法规

和任何国家的图书馆法律体系一样,加拿大图书馆法律体系中图书馆专门法的数量并不多,共计 19 部,而与图书馆相关的法律——图书馆相关法的数量就有很多了。在加拿大法律信息数据库以关键词“图书馆”(Library)进行全文检索,得到的法律有 264 件,[②]内容涉及图书馆事业的方方面面。

各省/地区颁布的教育类法律中,就包含有大量的有关中小学图书馆的法律规范。如安大略省《教育法》(Education Act)(1997)规定,教育部长的职责之一是提供学生使用的教科书、图书馆图书、参考书和其他学习资料。[③] 努尔纳特地区《教育法》(Education Act)(2008)规定,教育当局应该提供图书馆和其他教学资源。[④] 有关高等教育的法律中有大量的关于高校图书馆的法律规范。比如不列颠哥伦比亚省《大学法》(University Act)(1996)规定,学校委员会的职责之一是建立和维护公共演讲厅、图书馆、实验室等教学设施。[⑤] 其他诸如《版权法》(Copyright Act)、《信息自由和隐私保护法》(Freedom of Information and Protection of Privacy Act)、《统计法》(Statistics Act)、《档案法》(Archives Act)等法律中,都有涉及图书馆活动的相关规定,为图书馆的建设、运营和管理提供了法律规范。

第二节　加拿大公共图书馆法的主要内容

加拿大公共图书馆已成为加拿大人生活中不可或缺的一部分。根据 2000 年加拿大人口统计,加拿大现有人口 3075 万,分布在全国 10 省三地区共 997 万平方公里的土地上。[⑥]根据 2000 年加拿大公共图书馆统计,全国公共图书馆的访问量为 82 707 477 人次,是总人数的 2.7 倍,平均每人一年到公共图书馆将近 3 次。[⑦] 全国约有 3153 个公共图书馆服务点(包括分馆和流动图书馆),而遍布全国的麦当劳餐厅才 1100 个,公共图书馆的数量几乎是麦当劳数量的 3 倍。和参加其他的活动比如游泳、曲棍球、棒球、高尔夫等比起来,加拿大人

① Library and Archives Canada. About Us[EB/OL]. [2011 -04 -20]. http://www.collectionscanada.gc.ca/about-us/index-e.html.

② 加拿大法律信息机构. [EB/OL]. [2011 -03 -23]. http://www.canlii.org/.

③ Education Act 1997. Ont [EB/OL]. [2011 - 03 - 21]. http://www.canlii.org/en/on/laws/stat/rso-1990-c-e2/86019/rso-1990-c-e2.html#history.

④ Consolidation of Education Act 2008. Nu [EB/OL]. [2011 - 03 - 21]. http://www.canlii.org/eliisa/highlight.do? text = library + school&language = en&searchTitle = Advanced + Search&path = /en/nu/laws/stat/snu-2008-c-15/latest/snu-2008-c-15.html.

⑤ University Act 1996. British Columbia[EB/OL]. [2011 -03 -20]. http://www.canlii.org/eliisa/highlight.do? text = librarian&language = en&searchTitle = Advanced + Search&path = /en/bc/laws/stat/rsbc-1996-c-468/latest/rsbc-1996-c-468.html.

⑥ Statistics Canada[EB/OL]. [2011 -02 -03]. http://www.statcan.gc.ca/.

⑦ 加拿大图书馆协会. 公共图书馆统计[EB/OL]. [2011 -02 -01]. http://www.cla.ca/divisions/capl/advocacy/quotes.htm.

更乐意去公共图书馆。除了家庭、学校和办公室以外，公共图书馆是加拿大人首选的上网场所。[①] 加拿大发达的公共图书馆事业及公众对公共图书馆的高度认可，与公共图书馆法强有力的保障有着密切联系。

加拿大公共图书馆法以地方立法为主。省/地区各自制定规范本地公共图书馆事业的专门法律。纵观各省/地区的公共图书馆法，可以发现内容与条款不尽相同，但又有着明显的相似之处。以下以各省/地区公共图书馆法为研究范本，从公共图书馆设置主体、公共图书馆经费、图书馆系统和公共图书馆服务 4 个方面解析加拿大的公共图书法。

一、公共图书馆的设置主体

联合国教科文组织/国际图联《公共图书馆宣言》指出，“建设公共图书馆是地方政府和国家的责任，国家和地方政府必须为公共图书馆提供专门的立法支持及财政资助”。[②] 加拿大各省的公共图书馆法案，首先就对公共图书馆的设置主体作了明确规定：在大多数省的公共图书馆法律中，市级（市、城镇、乡、自治区）政府被规定为公共图书馆最主要的设置主体，省级政府是公共图书馆的支持性设置主体。只有少数省/地区把省政府作为最主要的设置主体。明确了公共图书馆设置主体，实际上就是确认了各级政府在公共图书馆建设与发展中的法定权利、责任与义务。

1. 市级政府：公共图书馆最重要的设置主体

加拿大各省的公共图书馆法一般规定市级政府（市、城镇、乡村）可以依法设置公共图书馆。如萨克斯彻温省《公共图书馆法》（1996）条款 12（1）规定，除了北部地方政府，市级政府可依法设置公共图书馆。[③] 安大略省《公共图书馆法》（1990）条款 3（1）规定，市级政府可依法设置公共图书馆。[④] 阿尔贝塔省《图书馆法》（2000）条款 3（1）规定，市级政府可依法成立市立图书馆理事会。[⑤]

各省公共图书馆法除规定设置主体是市级政府外，对公共图书馆的设置程序也有明确规定。一般来说，是否设置公共图书馆，由当地居民投票表决；当赞同设置的人数达到法律规定人数时，则向当地政府提出设置申请，当地管理委员依法设置公共图书馆。设置程序充分体现了民主性。

市级政府作为设置主体，拥有管理公共图书馆的权力。其管理权力的实现则是通过公共图书馆理事会。公共图书馆理事会是公共图书馆的决策机构，负责图书馆的发展战略、政策制定、财务指导，并定期检查图书馆的政策和方案。公共图书馆理事会成员由地方管理委员会指定，包括地方政府官员、图书馆专业人员和志愿者等。公共图书馆馆长对公共图书馆

---

① 加拿大图书馆协会. 公共图书馆统计[EB/OL]. [2011-02-01]. http://www.cla.ca/divisions/capl/advocacy/quotes.htm.

② IFLA/UNESCO. Public Library Manifesto[EB/OL]. [2010-03-01]. http://www.ifla.org/VII/s8/unesco/eng.htm.

③ Statutes of Saskaschewan. The Public Library Act 1996[EB/OL]. [2011-01-26]. http://www.canlii.org/en/nu/laws/stat/rsnwt-nu-1988-c-l-7/latest/rsnwt-nu-1988-c-l-7.html.

④ Ontario. The Public Library Act 1990[EB/OL]. [2011-01-26]. http://www.canlii.org/en/nu/laws/stat/rsnwt-nu-1988-c-l-7/latest/rsnwt-nu-1988-c-l-7.html.

⑤ Alberta. Libraries Act 2000[EB/OL]. [2011-01-26]. http://www.canlii.org.

理事会负责，一般情况下，在理事会里担任秘书的职务。馆长负责执行理事会决策和公共图书馆的日常管理。目前，加拿大全国只有努尔纳特地区和魁北克省尚未建立公共图书馆理事会制度，公共图书馆仍由地方政府直接管理。

市级政府作为设置主体，承担着为公共图书馆提供经费、设施设备等必需资源的责任。根据省公共图书馆法的授权，地方政府可向当地居民征收图书馆税或者发行图书馆债券，为公共图书馆筹集资金。市级政府的经费投入是加拿大公共图书馆经费的主要来源。一个多世纪以来，加拿大的市级政府都被认为是促进加拿大公共图书馆发展的根本动力。[①]

2. 省/地区政府：公共图书馆的支持性设置主体

从理论上说，发展公共图书馆事业是地方政府的责任。地方政府自然包括省/地区一级政府。但是，在加拿大，相对于市级政府，省/地区一级政府在发展公共图书馆事业方面所承担的责任不那么直接。或者说，设置公共图书馆的地域范围，一般不以省/地区为基本单元。因此，省/地区一级政府在发展公共图书馆事业中更多地承担制定法律政策、实施宏观管理、补助经费预算等方面的责任，这就是所谓"支持性设置主体"的含义。

加拿大省/地区公共图书馆法规定，在省/地区政府内设置省级公共图书馆管理机构，负责全省/地区的公共图书馆宏观管理和协调，诸如制定公共图书馆标准和公共图书馆发展规划，提供统计资料，管理拨款，建设图书馆系统等。因各省的行政结构有所不同，省级公共图书馆管理机构也不尽相同，大部分隶属于省/地区的文化部或教育部（见表4.4）。

表4.4　加拿大公共图书馆的省级管理机构和经费来源[②]

省份	省级管理机构	公共图书馆经费来源
不列颠哥伦比亚省	教育部公共图书馆服务处（Public Library Services Branch of the BC Ministry of Education）	市级政府拨款为主 省政府拨款为辅
阿尔贝塔省	图书馆、社区和志愿者服务分部（Libraries, Community, and Voluntary Services Sector of Alberta Community Development）	
萨斯喀彻温省	省立图书馆学习部（Saskatchewan Department of Learning of the Provincial Library）	
安大略省	文化部项目和服务处（Programs and Services Branch, Ministry of Culture）	
曼尼托巴省	文化、遗产、旅游部公共图书馆服务处（Public Libraries Services Branch, Department of Culture, Heritage and Tourism）	
新不伦瑞克省	继续教育部公共图书馆服务处（Public Libraries Services, Department of Post-secondary Education, Training, and Labor）	70%省政府拨款 30%市级政府拨款
新斯科舍省	教育部（Department of Education）	省政府和市级政府按比例拨款

① Lois M Bewley. *Public Library Legislation in Canada: a Review and Evaluation*[M]. Halifax, Nova Scotia: Dalhousie University Libraries, 1981:20.

② Virginia Wilson. Public Libraries in Canada: an Overview[EB/OL]. [2011－03－01] http://ecommons.usask.ca/handle/10388/334.

续表

省份	省级管理机构	公共图书馆经费来源
爱德华王子岛	文化部文化、遗产、图书馆分处(Ministry of Cultural Affairs, Division of Culture, Heritage, and Libraries)	省政府拨款为主 市级政府拨款为辅
纽芬兰及拉布拉多省	省信息和图书馆资源委员会(Provincial Information and Library Resources Board)	
育空地区	社区服务部社区发展处图书馆单元(Public Libraries Unit, Community Development Branch of the Department of Community Services)	
西北地区	教育部公共图书馆服务处(Public Libraries Services, a Unit of Education)	
努尔纳特地区	文化遗产部公共图书馆服务处(Public Library Services, Division of Culture and Heritage)	

加拿大的省/地区政府一般是公共图书馆法的制定主体,并负责公共图书馆法的贯彻落实,保证法律的有效实施。省/地区管理机构拥有对不履行法律义务的地方政府督查、处分的权力。如不列颠哥伦比亚省和阿尔贝塔省公共图书馆法规定,如果市级政府没有依法履行公共图书馆义务,省政府有权扣留该市全部或部分公共图书馆拨款。[①]

省/地区政府也承担着为公共图书馆提供经费的责任,但就全国公共图书馆经费投入比例来看,一般来说,来自省/地区政府的经费数量不多,是辅助性的。只有个别省和北方地区,省政府的经费投入是公共图书馆经费的主要来源,比如爱德华王子岛省和3个地区政府。

二、公共图书馆的经费

在加拿大各省/地区的公共图书馆法里,有关公共图书馆的经费规定都是关键性条款。以下是一个比较典型的有关经费规定的法律条款。

> 萨斯克彻温省《公共图书馆法》(1996)条款22(2):市级政府在地方委员会的同意下,应该为公共图书馆征税,发展公共图书馆事业。(3)按照此法案征收的图书馆税,应以当地的税收为基础。(6)图书馆税的征收以《市政法》(Municipal Act)的相关规定为依据。
>
> 条款43(1):参与区域图书馆系统的地方政府应每年为图书馆系统拨款。(2)图书馆系统委员会决定每个参与馆所属政府的拨款数目。
>
> 条款44(1):地方政府可为图书馆系统向当地居民征收图书馆特税。(2)图书馆特税应在地方税收基础之上,依照《征税法》(Tax Enforcement Act)相关规定实施。
>
> 条款64:在相关法律许可下,部长可为在萨斯克彻温省内或省外的任何人、机构、组织、协会、委员会或者公共图书馆拨款,如果他们的目的是建立或者维持公共图书馆服务。[②]

---

① British Columbia. Library Act 1996[EB/OL].[2011-01-26]. http://www.canlii.org/en/bc/laws/stat/rsbc-1996-c-264/latest/rsbc-1996-c-264.html.

② Statutes of Saskaschewan. The Public Library Act 1996[EB/OL].[2011-01-26]. http://www.canlii.org/en/nu/laws/stat/rsnwt-nu-1988-c-l-7/latest/rsnwt-nu-1988-c-l-7.html.

尽管不同省/地区公共图书馆法中关于公共图书馆经费的规定详略程度不同,但总的来说,一般具备以下 3 个特征:①明确提出政府应该为公共图书馆发展提供经费支持,不管是地方政府还是省政府都负有此义务。②明确公共图书馆经费来源于地方税收,地方政府可在相关法的授权下征收图书馆税或发行图书馆债券。③政府分层次征税拨款。在加拿大,公共图书馆包括市立图书馆和图书馆系统,与此相对应,政府对公共图书馆的拨款至少区分为两个层次,依据不同的标准分别予以投入。

在实践层面,加拿大各省/地区的公共图书馆经费来源主要有三种模式:①以市级政府的经费投入为主,省政府的经费投入为辅,省政府的经费只占非常小的比例。阿尔贝塔省、安大略省、不列颠哥伦比亚省等大部分省的公共图书馆都属于这一模式。②市级政府和省政府按比例投入经费,两者投入比例差距不大。比如新布伦瑞克省和新斯科舍省属于这种模式。③以省/地区政府的投入为主,市级政府的投入只占非常小的比例。北部 3 个地区、爱德华王子岛省和纽芬兰拉布拉多省公共图书馆主要依靠省/地区政府的财政支持。一般来说,实行这种模式的地区,限于那些人口太少、依靠地方税收无力支撑公共图书馆事业发展的地区,如加拿大地广人稀的北方地区。

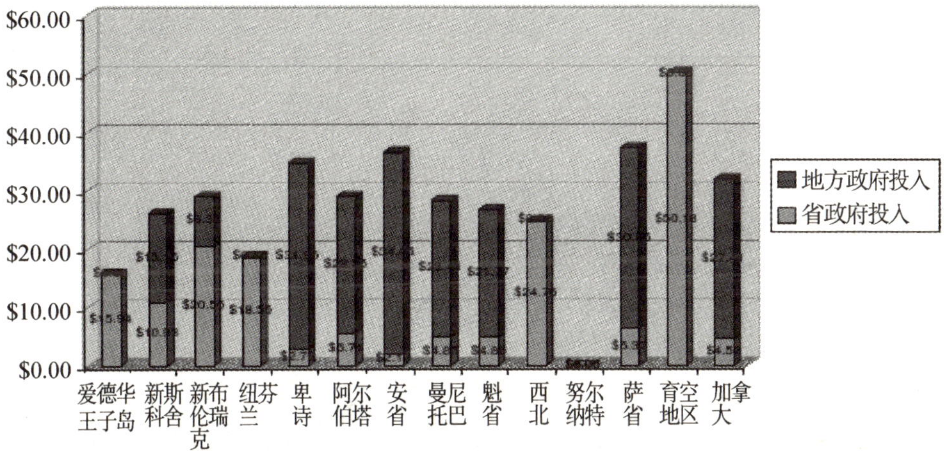

图 4.1　2003 年加拿大各省/地区公共图书馆人均经费构成[①]

虽说加拿大各地公共图书馆的经费来源有不同的模式,但就全国而言,主要经费来源是市级政府的投入,省/地区政府的投入是辅助性的。加拿大城市图书馆委员会提供的数据显示,2005 至 2009 年这 5 年期间,市级政府的经费投入都占到了 80% 以上,而且呈逐年递增趋势,2009 年市级政府投入比例已占经费总投入的 87.6%,而省政府的经费投入最高只占到了 8% 左右,且呈逐年下降趋势(见表 4.5)。[②]

① Winnipeg M B. Library Review Committee. Reaching Our Vision: Providing High Quality, Sustainable Public Library Services for all Manitobans[R]. Manitoba Culture, Heritage, Tourism and Sport, 2006:3.

② Public Library Statistics. A Project of Urban Library Council Report 2005—2009[EB/OL]. [2011-04-24]. http://www.mississauga.ca/portal/residents/librarystatistics.

表 4.5　加拿大全国公共图书馆经费投入构成(2005—2009)[①]

年份	总经费（千加元）	市级政府投入比例	省政府投入比例	联邦政府投入比例	其他资金来源
2005 年	785 013	80.5%	8.1%	0.6%	10.8%
2006 年	799 873	84.3%	8.0%	0.5%	7.2%
2007 年	810 939	85.8%	8.3%	0.4%	5.5%
2008 年	806 892	84.4%	6.4%	0.3%	8.9%
2009 年	796 272	87.6%	6.4%	0.3%	5.7%
五年平均增长率	0.2%	1.4%	-0.3%	-0.06%	-1.0%

三、公共图书馆系统

现代公共图书馆的特征之一就是建立覆盖全社会的公共图书馆服务体系。加拿大至1995 年已有 940 万人依靠图书馆系统利用公共图书馆服务，每个省/地区都建立了自己的公共图书馆系统（见图 4.2）。[②]

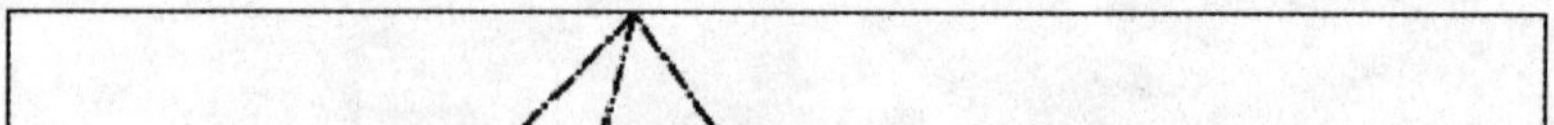

图 4.2　加拿大各省/地区图书馆系统数量(1995)[③]

① Public Library Statistics. A Project of Urban Library Council Report 2005—2009[EB/OL].[2011-04-24]. http://www.mississauga.ca/portal/residents/librarystatistics.

②③Ann Curry, Suzanne Green, Jessica O'Neill. Regional Libraries Across Canada: a Kaleidoscope of Services and Governance Structures[R]. County and Regional Library Systems Interest Group of Canadian Library Association, 2003.

加拿大的公共图书馆法在建立、引导、发展图书馆系统上发挥了重要作用。分析各省/地区公共图书馆法中有关图书馆系统(或称“区域图书馆”、“地区图书馆”、“郡县图书馆”等)的规定,可以发现这些规定共同关注的主要是三大问题:图书馆系统服务区域、图书馆系统服务项目和图书馆系统管理机构。

第一,图书馆系统服务区域。当一个服务于当地居民的公共图书馆加入到图书馆系统中,它的服务区域就会发生改变。随着公共图书馆服务区域的扩大,服务人口增多,公共图书馆的服务成本随之增加,负责当地公共图书馆的各辖区政府之间的关系也变得复杂起来。要理清多辖区图书馆系统中各辖区政府的责任,就必须确认图书馆系统的服务区域。这在加拿大省/地区公共图书馆法中成为共识。如纽芬兰拉布拉多省《公共图书馆法》(1990)条款 17 规定,省图书馆委员会应该划分出每个区域图书馆的服务区域。[1] 新布伦瑞克省《公共图书馆法》(1997)条款 10 规定,省继续教育部部长应该把全省划分为至多 8 个图书馆服务区域。[2] 萨斯克彻温省《公共图书馆法》(1996)条款 4(1)规定,部长应以政府令形式规定各地方图书馆、区域图书馆和北方图书馆系统的服务区域。[3]

在加拿大,图书馆系统的服务区域是由省级主管部门确定的。因为从全省范围着眼划分图书馆系统的服务区域,可以更好地把握各图书馆之间的合作,更合理地配置图书馆资源,避免盲目建设造成资源浪费。一般来说,省/地区公共图书馆法对图书馆系统的服务区域作出原则性划分,依法制定的实施细则再将原则具体化。比如阿尔贝塔省的《图书馆法实施细则》(1998)条款 34 规定,按照《图书馆法》14 条规定,阿尔贝塔省的图书馆系统服务区域划分 7 个,7 个图书馆系统负责各区域的公共图书馆服务。[4]

第二,图书馆系统服务项目。图书馆系统提供的服务包括两个方面,一方面是面向读者的服务,另一方面是面向成员馆的服务。面向读者的服务项目主要包括馆际互借服务、参考咨询服务和流动图书车服务等。面向成员馆的服务包括集中采购、人员培训等。一般来说,各省/地区公共图书馆法中对图书馆系统的服务项目都要作出规范。

第三,图书馆系统管理机构。图书馆系统的管理机构与单个公共图书馆一样,也是图书馆理事会。各省/地区公共图书馆法规定了图书馆系统理事会的人员构成、权利与义务、组织方式等基本事项。

图书馆系统理事会的权力与图书馆系统的组织类型有着密切的关系。目前,加拿大的图书馆系统有三种组织类型:集中型、分散型和混合型。[5] 集中型(Centralized)是由总馆集中

---

① Statutes of Newfoundland and Labrador. The Public Library Act 1990[EB/OL]. [2011 - 03 - 12]. http://www.canlii.org/en/nl/laws/stat/rsnl-1990-c-p-40/latest/rsnl-1990-c-p-40.html.

② Statutes of New Brunswick. The Public Library Act 1990[EB/OL]. [2011 - 03 - 12]. http://www.canlii.org/en/nb/laws/stat/rsnb-1973-c-n-7.01/latest/rsnb-1973-c-n-7.01.html.

③ Statutes of Saskaschewan. The Public Library Act 1996[EB/OL]. [2011 - 01 - 26]. http://www.canlii.org/en/nu/laws/stat/rsnwt-nu-1988-c-l-7/latest/rsnwt-nu-1988-c-l-7.html.

④ Canadian Legal Information Institute. Libraries Regulation 1998[EB/OL]. [2011 - 04 - 12]. http://www.canlii.org/en/ab/laws/regu/alta-reg-141-1998/latest/alta-reg-141-1998.html.

⑤ Ann Curry, Suzanne Green, Jessica O'Neill. Regional Libraries Across Canada: a Kaleidoscope of Services and Governance Structures[R]. County and Regional Library Systems Interest Group of Canadian Library Association, 2003.

管理所有成员馆的合作方式，总馆负责管理各成员图书馆的大部分行政事务和业务工作，比如员工的聘用和培训，资金申请和分配，图书采购加工，图书馆联合目录等。分散型图书馆系统是各成员馆在经费和管理上保持相对独立，系统总部只负责提供非常少的政策支持和业务协助。混合型图书馆系统，总馆和成员馆几乎平分责任。加拿大学者安·卡里的研究指出，加拿大图书馆系统44%属于集中型，12%属于分散型，44%属于混合型。[①] 不同组织类型的图书馆系统理事会承担着不同的责任。集中型图书馆系统的理事会控制了各成员馆大部分事务，而分散型图书馆系统的理事会对成员馆的控制力就小得多，成员馆在加入图书馆系统后，自身的图书馆理事会仍然保持独立性，负责自身的经费和管理。

四、公共图书馆基本服务免费制

早在1882年，加拿大就颁布了一部《免费图书馆法》，公共图书馆基本服务免费制由此确立。一百多年来，加拿大公共图书馆服务恪守着这一原则，这一原则也实现了法律化。如今，在加拿大各省/地区公共图书馆法中，普遍包含有免费提供基本服务的规定。以下就是一个比较典型的法律条款。

> 阿尔贝塔省《图书馆法》条款36(3)：因下列服务项目向读者收费的规定是无效的：(a)出入公共图书馆建筑；(b)使用图书馆内的任何资源；(c)借阅图书馆资源，图书馆出借的任何形式的资源；(d)通过馆际互借获取资源；(e)向馆员咨询；(f)获取基本的信息服务。

在加拿大，公共图书馆非基本服务收费也是比较普遍的现象。同样是在阿尔贝塔省，从20世纪80年代至今，省内大部分公共图书馆都按年度向成年人读者收取公共图书馆借阅卡(public library card)费用。1999年的一项统计显示，该省85.9%的公共图书馆向成年人读者收取了费用，65.6%的公共图书馆的借阅卡年费在10加元以上(见表4.6)。[②]在魁北克省，也有近半数的公共图书馆向读者收取图书馆借阅卡费用。[③]

表4.6 阿尔贝塔省公共图书馆借阅卡收费情况(1999)[④]

公共图书馆借阅卡年费	公共图书馆所占比例
没有任何费用	14.1%
小于5加元	20.3%
5加元至10加元之间	29.5%
超过10加元	36.1%

① Ann Curry, Suzanne Green, Jessica O'Neill. Regional Libraries Across Canada: a Kaleidoscope of Services and Governance Structures[R]. County and Regional Library Systems Interest Group of Canadian Library Association, 2003.

②③Jason Hammond. Cash Cow: User Fees in Alberta Public Libraries[J]. *Library and Information Practice and Research*, 2007(2):1—14.

④ Alberta Municipal Affairs. Libraries Act[EB/OL]. [2011-04-21]. http://www.municipalaffairs.gov.ab.ca/pls_index.htm.

非基本服务可以收费，在加拿大的公共图书馆法中也有明确规定。以下是安大略省《公共图书馆法》(1990)条款23的规定：

> (1)图书馆理事会不应对利用馆内资料的服务收取费用。(2)每个理事会应允许公众按规定保留和借阅图书馆资料或者是利用知识信息服务。(3)理事会也可以为下列几种情况收取费用：(a)不是(1)(2)所包含的服务项目；(b)图书馆建筑的利用不出于利用公共图书馆的目的；(c)非本地或服务区域内的居民。[①]

在加拿大，如何界定基本服务和非基本服务也一直是图书馆界乃至全社会争论的话题。在服务实践中，各省/地区公共图书馆的收费项目也不尽相同。理论上的争论和实践中的不尽相同，直到今天仍在继续。

第三节　典型案例：安大略省的公共图书馆立法

在加拿大，安大略省的公共图书馆立法历史悠久。1882年，安大略省颁布了《免费图书馆法》(Free Library Act)，这是加拿大第一部公共图书馆法，仅比世界上第一部全国性公共图书馆法——英国《公共图书馆法》晚32年，比世界上第一部地区性公共图书馆法——美国波士顿《公共图书馆法》晚34年。百余年来，安大略省公共图书馆法制建设在加拿大发挥着引领潮流、体现趋势、典型示范的作用。

一、安大略省《免费图书馆法》(1882年)

加拿大是英属殖民地中第一个建立图书馆的地区，早在1779年魁北克就建立了英属殖民地第一个包含了2000册图书的捐赠图书馆。[②] 早期加拿大一些地区的英军驻扎地也设有图书馆，英军离开时，把图书留给了当地居民。如1846—1848年驻扎红河地区英军的留赠图书，就成了后来的红河图书馆；1862年皇家工程队留给不列颠哥伦比亚的图书，成了新威斯敏斯特公共图书馆的初始馆藏。[③] 19世纪中期，加拿大"工人学会"(Mechanics' Institutes)图书馆大量出现，与此同时，英国、美国开始了公共图书馆的立法进程，加拿大的有识之士特别是议员和教育家开始关注和研究英美的公共图书馆立法，并提出了加拿大的公共图书馆议案。早期公共图书馆议案的主要内容都源于英国1850年的公共图书馆法，如组建图书馆理事会、征收半便士的图书馆税、免费图书馆服务等。1851年，安大略和魁北克通过了

---

① Statutes of Ontario. The Public Library Act, 1990[EB/OL]. [2011-03-01]. http://www.canlii.org/en/on/laws/stat/rso-1990-c-p44/latest/rso-1990-c-p44.html.

② 加拿大图书馆史[EB/OL]. [2011-01-23]. http://faculty.marianopolis.edu/c.belanger/quebechistory/encyclopedia/LibrariesinCanada-CanadianLibraries-Canadianhistory.htm.

③ Bruce Lorne. *Free Books for All: the Public Library Movement in Ontario, 1850—1930*[M]. Toronto: Dundurn Press, 1994: 30.

《1851 议案》,这是加拿大第一个旨在促进"工人学会"图书馆发展的专门议案。[①] 1866 年,加拿大著名律师亚历山大·莫里斯(Alexander Morris)提出"1866 议案",主要内容是:获得三分之二居民同意,超过 5000 人的市或者镇应建立公共图书馆;由 9 人组成图书馆理事会管理图书馆业务,其中 6 人由纳税人选出,3 人由图书或资金的捐赠人指定;图书馆理事会有权为图书馆征税,征税额不超过半便士(cent);理事会为图书馆管理制定政策,图书馆向公众免费开放。[②] "1866 议案"最终未能通过议会审议,但为后来安大略省公共图书馆立法提供了丰富的经验。1881 年,安大略省的《免费图书馆法》草案经议员提交议会后成为议案。1882 年 3 月 10 日,议案通过议会审议成为最终法律。1883 年,安大略省的多伦多市和圭尔夫市出台了免费图书馆法细则,建立了免费图书馆。

《免费图书馆法》共 12 条,内容涉及免费图书馆的设置、管理、运营和服务。表 4.7 反映的是法案主要内容。

表 4.7　安大略省《免费图书馆法》主要内容[③]

英文	中文
the Free Libraries Act, 1882 (Title)	免费图书馆法 1882(法律名称)
establishment of free libraries	建立免费图书馆
appointment of Board of Management	任命管理理事会
duties of Board	管理理事会职责
Board may make by-laws respecting use of library	管理理事会制定图书馆使用规则
Board to make yearly estimates	管理理事会的年度报告
Board to keep regular accounts	管理理事会的常规审计
special rate for library purposes	征收图书馆特税
admission to be free	图书馆免费服务声明
Mechanics' Institutes may transfer property to corporation of municipality for the purposes of this Act	为了本法案的实施,工人学会可向免费图书馆转移财产
Act to be incorporated with Municipal and Assessment Acts	《免费图书馆法》与《城市法》和《修订法》保持一致
forms	格式

总体上看,《免费图书馆法》主要涉及 4 个方面的内容:①免费图书馆的设置主体及设置程序;②免费图书馆的管理机构;③免费图书馆的经费来源;④免费图书馆服务。

今天看这部 100 多年前的法律,最值得称道的是它的"免费服务声明":"所有依法建立

① Libraries Today. 1851 Act [EB/OL]. [2011 - 03 - 26]. http://www.uoguelph.ca/~lbruce/onthistories.shtml.

② Libraries Today. 1866 Bill [EB/OL]. [2011 - 03 - 26]. http://www.uoguelph.ca/~lbruce/onthistories.shtml.

③ 免费图书馆法 1882 年 [EB/OL]. [2011 - 03 - 04]. http://www.uoguelph.ca/~lbruce/documents/1882OntarioAct.

的免费图书馆的阅览室、展览室，都要向公众免费开放。”[①]加拿大公共图书馆法从产生之日起，就把免费服务的理念固化在了法律中。

在安大略省，最早将《免费图书馆法》运用到实践中的城市是多伦多市和圭尔夫市。1883 年初，在“免费图书馆之父”——约翰·哈勒姆(John Hallam)的带领下，多伦多市率先进行了建立免费图书馆的投票活动。最终，2500 人投票同意在多伦多市建立免费图书馆。多伦多市政府随即出台了免费图书馆法细则，依法建立起了免费图书馆。同年，圭尔夫市也通过了建立免费图书馆的决议。随后 5 年里，希姆科、布兰德福特、圣·汤姆斯、柏林市政府陆续通过了免费图书馆法细则，建立了免费图书馆。[②]

1895 年，安大略省议会对《免费图书馆法》进行了修订。修订的内容，首先是将“免费图书馆”的名称改为“公共图书馆”，把免费图书馆、工人学会图书馆都纳入了公共图书馆的范畴。其次，对公共图书馆的设置程序进行了调整。即使没有足够的选民投票，只要地方政府认为有必要，就可以建立公共图书馆。最后，法案对政府资金投入方式作了调整。在维持公共图书馆征税的同时，增加了政府的直接补贴，如政府每年给市图书馆补贴 200 加元，给城镇图书馆补贴 150 加元，给其他图书馆补贴 100 加元。[③]

1920 年，安大略省《公共图书馆法》进行了一次重要修订，主要是改革了公共图书馆的征税政策。1882 年《免费图书馆法》规定，政府在当地税收基础上统一征收 0.5 密尔的图书馆税，1920 年法律修订，改为依据服务人口来决定当地公共图书馆的征税税率：低于 10 万人口的城市，征收的图书馆税不得低于 1 密尔；人口数量大的城市如渥太华、汉米尔顿、多伦多等，征收的图书馆税不得低于 0.5 密尔。摒弃整齐划一的征税方式，改之以当地服务人口为基础、以不同税率征税，这是公共图书馆经费保障机制的重大进步，直到今天，加拿大政府仍将服务人口作为公共图书馆经费投入的重要依据之一，可见其影响之深远。

安大略省的公共图书馆立法在促进公共图书馆事业发展上产生了明显的效果。随着投入的增加，公共图书馆服务能力提升，服务效益改善，安大略省公共图书馆的发展在 20 世纪早期就达到了加拿大的领先水平，如表 4.8、4.9、4.10 和 4.11 所示。

表 4.8　1883 和 1892 年安大略省公共图书馆主要指标[④]

项目	1883 年	1892 年	上升比率(%)
图书馆和工人学会图书馆	93 所	233 所	150.5
读者	13 672 人	75 425 人	451.6
阅览室	59 个	143 个	142.3

① 免费图书馆法 1882 年[EB/OL].[2011 - 03 - 04]. http://www.uoguelph.ca/ ~ lbruce/documents/1882OntarioAct.

② Bruce Lorne. *Free Books for All: the Public Library Movement in Ontario, 1850—1930*[M]. Toronto: Dundurn Press, 1994: 75.

③ Bruce Lorne. *Free Books for All: the Public Library Movement in Ontario, 1850—1930*[M]. Toronto: Dundurn Press, 1994: 70.

④ Bruce Lorne. *Free Books for All: the Public Library Movement in Ontario, 1850—1930*[M]. Toronto: Dundurn Press, 1994: 104.

续表

项目	1883 年	1892 年	上升比率(%)
报刊种类	1540 种	8949 种	481.1
馆藏册数	154 093 册	468 383 册	203.9
流通人次	251 920 人次	1 333 304 人次	429.2

表 4.9 1895—1920 年安大略省公共图书馆经费、资源与服务①

年份	省政府拨款(加元)	公共图书馆经费(加元)	馆藏数量(册)	流通人数(人次)
1895	7541	97 983	254 091	1 216 407
1905	11 693	151 504	684 539	1 807 122
十年增长率	55%	54.6%	169.4%	48.5%
1915	22 129	521 125	1 215 525	4 436 995
十年增长率	89.2%	243.9%	77.5%	145.5%
1920	27 686	738 010	1 537 517	6 316 340
五年增长率	25.1%	41.6%	26.4%	42.3%

表 4.10 1920—1940 年安大略省公共图书馆经费状况②

年份	省政府拨款(加元)	公共图书馆经费(加元)	服务人口(人)	人均经费(加元)
1920	27 686	580 052	1 479 052	0.39
1930	39 079	1 555 026	1 847 493	0.84
十年增长率	41.1%	168%	24.9%	115.3%
1940	29 474	1 283 526	2 057 359	0.62
十年增长率	-24.5%	-17.4%	11.3%	-0.26%

表 4.11 1931 年加拿大公共图书馆发展水平③

	图书馆数量(所)	馆藏册数(册)	流通人次(人次)	借阅人数(人)	购买图书经费(加元)
安大略省	468	3 192 075	15 137 418	7 615 92	285 955
全国	637	4 750 891	22 126 340	1 100 923	421 142
安大略省所占比例	73.4%	67.1%	68.4%	69.1%	67.8%

① Bruce Lorne. *Free Books for All: the Public Library Movement in Ontario, 1850—1930* [M]. Toronto: Dundurn Press, 1994: 110.

② Bruce Lorne. *Free Books for All: the Public Library Movement in Ontario, 1850—1930* [M]. Toronto: Dundurn Press, 1994: 104.

③ Bruce Peel. Librarianship in Canada Before 1952 [J]. *Archivaria*, 1982(15): 82.

二、安大略省《公共图书馆法》(1966 年)

1927 年,不列颠哥伦比亚公共图书馆委员会主持了一项针对全省公共图书馆服务的调研。调研报告的主要结论是,加拿大公共图书馆服务必须向广大农村地区延伸,为分布于偏远地区的居民提供阅读资料。[①] 调研报告之后,不列颠哥伦比亚省于 1930 年成立了弗雷泽山谷(Fraser Valley)区域图书馆示范点,整合区域内的所有图书馆开展联合服务,提高图书馆服务覆盖农村的能力。卡耐基捐款 10 万加元,支持这一全新的为期 5 年的公共图书馆服务项目。1933 年,爱德华王子岛也在卡耐基基金的帮助下开展了为期 3 年的覆盖全岛的区域公共图书馆服务试验。这两个项目都证明了图书馆系统在地广人稀区域推行的可行性。此后,其他省份纷纷开展区域性尝试,如安大略省兰布顿县的公共图书馆馆际合作,至 1947 年已有 12 个合作馆;纽芬兰岛拉布拉多省、萨斯克彻温省、新斯科舍省在局部地区实施的图书馆系统服务模式。[②] 1965 年,圣・约翰(St. John)发表的《安大略省公共图书馆报告》指出,安大略省很多地区的公共图书馆服务仍然是落后的,某些图书馆一年的总经费低于 200 加元。报告建议应通过建立图书馆系统,加强公共图书馆服务。在这样的背景下,制定一部适应新形势要求的《公共图书馆法》在安大略省提上了日程。

1966 年,安大略省通过了一部全新的《公共图书馆法》。该法律的内容主要包括四部分:(1)公共图书馆服务;(2)安大略省公共图书馆委员会,规范省级公共图书馆管理机构;(3)区域图书馆服务;(4)郡县图书馆服务(见表 4. 12)。

表 4. 12　安大略省《公共图书馆法》(1966)主要内容[③]

法案部分	内容提要	法案原文
公共图书馆服务	设置主体	条款 3　(1)自治市议会和改建制地区管理会可以依法建立公共图书馆; (3)每个公共图书馆必须在公共图书馆理事会管理下运行。
	管理机构	条款 4　理事会成员必须是 21 岁以上的加拿大公民,居住在自治市内,并且不是委任方成员。
		条款 5　超过 10 000 人的地区,公共图书馆理事会成员应包括市长或地方行政长官,其中 3 人由地方议会任命,3 人由公立学校理事会任命,2 人由私立学校理事会任命(如果有私立学校的话)。
		条款 6　不足 10 000 人的地区,公共图书馆理事会成员应包括当地市长或者地方行政长官,以及 4 名由当地议会每年指定的人员。
		条款 7　(1)两个或两个以上的地方政府委员会可为建立联合公共图书馆达成合作协议。

① Eric C Bow. A Brief History of Public Libraries[EB/OL].[2010 - 12 - 10]. http://bclta. invokemedia. com/assets/A_Brief_History_of_Public_Libraries. pdf.

② Mary E Donaldson. Regional Libraries in Canada[EB/OL].[2010 - 02 - 24]. http://www. ideals. illinois. edu/bitstream/handle/2142/6192/librarytrendsv13i3h_opt. pdf? sequence = 1.

③ F M Gardner. *Public Library Legislation: a Comparative Study*[M]. New York: Unipub. Inc, 1971: 123—127.

续表

法案部分	内容提要	法案原文
		条款 17　每个公共图书馆理事会应该:(a)与别的理事会合作,提供广泛高效的图书馆服务;(f)管理一个主要的图书馆;(h)管理一定数量的分馆、阅览室、移动图书服务点、图书贮存点、美术馆、博物馆等其他与图书馆相关的必要设施。
		条款 18　每个公共图书馆理事会应任命至少 1 名取得图书馆学专业职称的图书馆员,或者取得图书馆服务职称的馆员。图书馆馆长是理事会的执行官。
	人员待遇	条款 19/20　理事会是一个自治机构,为公共图书馆理事会服务的工作人员,待遇应与当地政府工作人员一致。
	图书馆经费与设施	条款 25　市级或郡县地方政府可为公共图书馆理事会拨款、划拨土地和图书馆建筑。
	图书馆服务	条款 27　所有公共图书馆理事会管理下的公共图书馆,都应免费向公众开放。公共图书馆理事会可能会向非本地居民利用公共图书馆收取费用。
		条款 28　公众可自由获取公共图书馆的图书资源,利用咨询服务,但是除此之外的额外服务,图书馆理事会酌情收费。
省图书馆服务	省政府的职责	条款 30　省内阁可为公共图书馆的人员任命和经费分配等相关事务依法制定规章。
		条款 31　如果图书馆理事会没有按照公共图书馆法和规章运行,省政府部长有扣留全部或部分政府拨款的权力。
	省府管理机构	条款 33　(1) 安大略省公共图书馆委员会成员中,9 人由部长指定,其余来自各区域图书馆系统指定人选。
		条款 35　省公共图书馆委员会向部长提出发展馆际合作的建议。
区域图书馆服务	建立区域图书馆	条款 37　5 个或 5 个以上的公共图书馆理事会向部长提出建立区域图书馆的请求,其中一个公共图书馆理事会管辖区域人口必须超过 15 000 人,部长可建立区域图书馆,可决定区域图书馆的服务范围。 条款 38　一个区域图书馆系统的服务人口至少在 10 万人以上,至少包括两个未建制区域或郡县。
	区域公共图书馆管理机构	条款 39　每个区域图书馆系统都必须在区域图书馆理事会下运作,区域图书馆理事会是一个合作组织。
郡图书馆服务	建立郡图书馆系统	条款 47(1) 如果 75% 的郡内自治市要求建立郡图书馆系统,郡议会可依法建立郡图书馆系统。 (2) 如果超过郡内一半的自治市、而且总人口超过 25 000 请求建立郡图书馆系统,郡议会可依法建立郡图书馆系统。 (5) 当一个郡图书馆系统建立起来时,之前建立的公共图书馆理事会和合作理事会自动解除,财产和债务都归于新成立的郡公共图书馆理事会,除非法律另有规定。
经费		条款 52(1)和(2)　政府应为公共图书馆服务征税。如果税率不够维持公共图书馆服务,政府应以租借或发行债券的方式提供支持。

在加拿大，业界认为安大略省1966年《公共图书馆法》是加拿大公共图书馆立法史上的重要转折，奠定了加拿大现代公共图书馆法的基石，体现了加拿大公共图书馆事业发展的新趋势。法律最突出的特点体现在如下两个方面。

首先，确立"公共图书馆系统"体制，引领公共图书馆服务向农村延伸。在安大略省，公共图书馆大都建在城市，长期以来只有城市居民能享受公共图书馆服务，农村地区是被公共图书馆遗漏的角落。虽然政府采取了一些措施为偏远农村居民提供公共图书馆服务，比如流动图书馆、为农村居民邮寄图书、利用公立小学提供图书服务点等，但就广阔的农村地区来说，公共图书馆资源明显匮乏。1966年《公共图书馆法》出台，促使农村地区的公共图书馆服务状况迅速改观。其中最突出的变化，就是法律确立了区域图书馆系统的体制，实现了由一个政府建设一个图书馆到多个政府建设一个图书馆群的转变，通过图书馆之间的合作，提升服务能力，扩大覆盖范围。安大略省1966年《公共图书馆法》标志着加拿大公共图书馆的发展进入了全面建设服务体系的阶段，公共图书馆服务开始大规模由城市向农村延伸。

其次，规范公共图书馆管理机构，完善公共图书馆法人治理结构。在安大略省1966年的《公共图书馆法》中，有关公共图书馆管理机构——公共图书馆理事会的规定最为详尽、具体。法律确立了公共图书馆设置主体和管理主体分离——亦即"管办分离"的原则，确立了公共图书馆理事会建设和运行的民主化、专业化机制，一个比较完善的公共图书馆现代法人治理结构通过法律固定了下来，对此后整个加拿大公共图书馆的发展产生了深远影响。

《公共图书馆法》(1966)出台之后，安大略省区域性公共图书馆系统迅速推广开来。建立公共图书馆系统，就意味着原来独立图书馆的理事会应依法合并，带来的直接结果，就是公共图书馆理事会数量的减少。1970年，安大略省的公共图书馆理事会数量从1965年的500个降至300个左右。[①]

法律的颁布，促进了公共图书馆的经费投入、馆藏资源、服务人口的显著增长。表4.13的数据反映了安大略省1966—1976十年间经费、资源、服务的增长情况。

表4.13　1966—1976安大略省公共图书馆发展状况[②]

年份	馆藏册数(册)	总经费(加元)	人均经费(加元)	服务人口(人)	安大略省总人口(人)	服务覆盖率(%)
1966年	9 667 286	21 028 293	3.24	5 594 996	6 496 035	86
1976年	18 570 645	93 097 756	11.26	8 158 831	8 265 057	99
增长率(%)	92	343	248	46	27	15

公共图书馆系统建设使得公共图书馆服务从城市延伸至农村，法律颁布10年后，99%的安大略省人都能享受到公共图书馆服务，实现了公共图书馆服务的全覆盖。

① Eric C Bow. A Brief History of Ontario Public Library[EB/OL]. [2011－03－21]. http://thebows99krug. wordpress. com/.../a-brief-history-of-ontario-public-lbraries.

② F M Gardner. *Public Library Legislation: a Comparative Study*[M]. New York: Unipub. Inc, 1971:128.

第五章　澳大利亚州公共图书馆法

第一节　澳大利亚州公共图书馆管理体制与法律体系

一、澳大利亚州公共图书馆管理体制

澳大利亚的政治体制属于混合模式。作为一个君主立宪制国家，澳大利亚以英王作为其虚位国家元首，总督是英王在当地的代表，实行议会内阁制，由议会众议院中占多数的党派执政。同时，又借鉴了美国的联邦制，成立了联邦制国家，实行联邦与州分权。全国分为新南威尔士、昆士兰、南澳大利亚、塔斯马尼亚、维多利亚、西澳大利亚6个州，首都地区和北领地两个领土区，此外还有诺福克岛等一些零散的海外领地。各州都设有议会、政府、州总督和州总理。

澳大利亚实行联邦、州/领土区、地市三级政府体制。澳大利亚的公共图书馆设置与其政府层级相同，也分为3个级别，即国立图书馆、州立图书馆及市（郡、县）立图书馆。联邦层面的国家图书馆是一个由联邦政府资助的独立的图书馆，它并没有任何指导与管理全国公共图书馆以及公共图书馆事业的职能。澳大利亚各州和领土区具有较大的自治权，公共图书馆的最高管理层级在州/领土区，具有各州/领土区高度自治的特点。

澳大利亚的每个州都建有州立图书馆，在整个澳大利亚的公共图书馆服务体系中起着统领各州公共图书馆事业的重要作用。有些州立图书馆不仅是文献收藏服务机构，而且还负责分配州政府拨付的财政经费；有些州立图书馆则负责使用州政府的财政拨款向全州的公共图书馆提供免费、一站式的图书馆配套服务，“图书馆的图书馆”作用明显。自20世纪30年代末以后，澳大利亚各州都相继建立了由州政府任命的图书馆管理当局，称为图书馆理事会（英文名称有所不同，如Library Board、Libraries Board或Library Council等），统一管理本州的图书馆事业，并向州内所属部门的部长汇报。

从总体上看，澳大利亚的州和领土区公共图书馆的管理体制可以分为3种类型：一是由州政府为责任主体，统筹分配全州公共图书馆服务；二是由州以下地方政府为责任主体，各自负责其辖区内的公共图书馆服务；三是由州政府和州以下地方政府联合作为责任主体，合作管理和提供公共图书馆服务。

1. 州政府为责任主体的管理体制

（1）首都地区（ACT）

澳大利亚首都地区的行政体制采取的是单一制管理，首都政府同时承担着州和地方政府的职能。“领土区与市政服务部”下设的“社区服务和信息司”负责管理首都地区的公共图书馆事业。首都地区图书馆（Libraries ACT）是首都地区提供公共图书馆服务的总机构，负责向社区和政府提供图书馆服务，同时还联合首都政府和议会图书馆、首都遗产图书馆向社会提供特别信息服务。

首都地区运行两种类型的图书馆：独立建制公共图书馆和移动图书馆。其中移动图书

馆为居住在乡村的退休人员、养老院和偏远地区提供图书馆服务。堪培拉地区公共图书馆还为行动不便的公民提供上门服务。此外，首都地区图书馆还负责监察各个公共图书馆的管理，包括图书馆的资金管理、馆藏建设、绩效评估、服务标准、政策制定以及向政府提供信息咨询等。①

(2)北领地(NT)

澳大利亚北领地的辖区内有17个地方政府，包括12个郡和5个自治市。该领土区公共图书馆管理采用一种中心管理模式——北领地公共图书馆服务体系(PLNT)。该体系包括33个公共图书馆，从拥有4家分馆、服务人口达7.38万的达尔文(Darwin)城市议会图书馆，到佩皮梅纳提(Peppimenarti)服务人口仅有200人的小社区图书馆，差异较大。北领地政府通过隶属于北领地地方政府、住房和体育部(Northern Territory Department of Local Government, Housing and Sport)下的北领地图书馆(North Territory Library)，提供直接或间接的经费资助，支持领土区内的所有公共图书馆。北领地图书馆提供服务与支持的范围，也包括一些小且偏远的土著居民社区。此外，北领地图书馆还联合艾丽斯斯普林斯(Alice Springs)图书馆向部分初等学校和学院图书馆提供一些中心支持服务，为居住在很小或偏远的社区居民提供乡村借阅服务。②除了为领地居民提供一系列直接的图书馆服务外，北领地图书馆也向公共图书馆和其从业人员提供图书馆专业技术支持。这些服务和支持获得了北领地政府拨付给自治市和社区政府委员会的年度运营经费，2007年的拨款数额达到了332.5万澳元。北领地图书馆通过中心馆服务体系向各个公共图书馆提供服务，包括提供运行经费以支持各个公共图书馆的核心业务，如集中采购、编目、资源建设等；购买可直接上架的纸质资源和电子资源；管理共享资源；提供专业咨询；提供与技术服务、参考服务、政策事件等相关的服务支持；提供从业人员培训等。③

(3)塔斯马尼亚州(TAS)

塔斯马尼亚州位于澳大利亚南部，是澳大利亚最小的州，也是澳大利亚唯一的岛州。塔斯马尼亚州的公共图书馆事业由其州教育部(Tasmanian State Government's Department of Education)管理，建立了一个集图书馆、档案和历史、成人教育、在线获取为一体的服务网络——LINC Tasmania。该州通过7个城市LINCs、39个分馆(包括7个社区图书馆)和5个参考与专业图书馆向全州的居民提供公共图书馆服务。各个公共图书馆可与塔斯马尼亚自动图书馆和信息系统(TALIS)连接，该系统为全州范围内的图书馆提供自动编目和电子信息服务。同时，该州8个高级中学、170个学校图书馆、13个高等技术学院图书馆、7个社区图书馆和3个机构图书馆也都与TALIS连接。在该图书馆网络中还整合了志愿者快递员系统，向行动不便或有特殊需要的读者提供上门服务。④

①②④NSLA. Australia Public Libraries Statistical Report 2009—2010[EB/OL]. [2012-02-25]. http://www.nsla.org.au/sites/default/files/publications/NSLA.Statistics-Australian.Public.Libraries.Statistics_2009-10.pdf.

③ Walter Turnbull. Review of Services to Public Libraries in the Northern Territory[EB/OL]. [2012-01-23]. http://www.nretas.nt.gov.au/knowledge-and-history/northern-territory-library/publications/review_of_services.

2. 州以下地方政府为责任主体的管理体制

(1)新南威尔士州(NSW)

新南威尔士州的公共图书馆事业由该州的图书馆理事会(Library Council of New South Wales)负责,州政府提名理事会成员,由州总督任命。理事会向部长、地方当局以及其他一些机构提供有关图书馆服务和信息服务等方面的政策和管理咨询服务,并向部长提供关于经费拨款的相关建议。理事会还负责领导和管理州立图书馆的事务。

新南威尔士州的公共图书馆体系包括由单一州以下地方政府管理的独立图书馆和区域图书馆。区域图书馆是由8个州以下地方议会根据《图书馆法》的有关规定,协议共同管理并提供联合服务而建立的。州内有152个地方政府采用了1939年颁布的《图书馆法》。州政府每年为公共图书馆提供援助性拨款。州立图书馆的"公共图书馆和社区服务部"为新南威尔士州的公共图书馆体系提供许多服务援助,其职责包括:管理州政府的公共图书馆资金,包括年拨款和资助项目;监督各公共图书馆执行《图书馆法1939》(Libraries Act 1939)和《图书馆法规细则2010》(Library Regulations 2010),并为其提供咨询和指导;收集整理和发布公共图书馆统计数据及其他信息;为图书馆从业人员提供职业发展规划;为公共图书馆提供关于政策法规、管理、运营等方面的信息和指导;提供图书馆评估、信息服务、青年人和老年人服务、多元文化服务以及图书馆运营等领域的专业咨询。同时,州图书馆也向州内所有公共图书馆提供参考咨询和馆际互借等服务。①

(2)维多利亚州(VIC)

维多利亚州拥有261家公共图书馆,26家移动图书馆,覆盖了全州所有79个自治市。该州运行着3种公共图书馆服务模式:自治市独立图书馆服务、区域图书馆服务、移动图书馆服务。独立图书馆由自治市负责管理,主要坐落于大都市墨尔本地区。区域图书馆是由两个或两个以上议会为共享图书馆服务而达成协议共同建立的服务模式。区域图书馆依据《地方政府法案1989》(Local Government Act 1989)建立。按《图书馆法1988》(Libraries Act 1988)的规定,维多利亚州的图书馆理事会在图书馆服务体系的管理上履行如下职能:监督图书馆和信息组织促进图书馆和信息资源利用的合作项目;行使引领和促进图书馆和信息服务的高标准;为部长提供关于任何图书馆和信息组织的咨询服务。公共图书馆部长咨询委员会(Ministerial Advisory Council)有权推荐州以下地方政府中负责图书馆事务的官员制定全州公共图书馆发展政策。地方政府中的"计划和社区发展部"负责管理公共图书馆的拨款、公共图书馆统计和标准、区域图书馆法律等事务,该部门拥有与公共图书馆、州图书馆和主要行业组织联络的优先权。②

3. 州政府和州以下地方政府联合作为责任主体的管理体制

(1)昆士兰州(QLD)

昆士兰州的公共图书馆事业由昆士兰州政府艺术司下的图书馆理事会负责管理,理事

---

① State Library of New South Wales. Library Council of NSW[EB/OL].[2012-02-25]. http://www.sl.nsw.gov.au.

② NSLA. Australia Public Libraries Statistical Report 2009—2010[EB/OL].[2012-02-25]. http://www.nsla.org.au/sites/default/files/publications/NSLA.Statistics-Australian.Public.Libraries.Statistics_2009-10.pdf.

会直接管理州立图书馆。在昆士兰州,由“昆士兰州以下地方政府和土著居民社区委员会”负责管理免费图书馆服务。州图书馆与地方政府联合向公共图书馆提供资金,州政府通过州立图书馆向公共图书馆提供采购图书和其他资源的经费、人员培训、业务咨询和创新奖助(innovation grants)等。

昆士兰地区有两种模式的公共图书馆:独立运营型图书馆和参与“乡村借阅服务”型图书馆。独立运营型图书馆由地方政府独立运营,经费主要来自地方政府,州立图书馆对其有少量援助。“参与乡村借阅服务”的公共图书馆不直接获得州政府的拨款,而是将州立图书馆统一购置的图书馆资源在所有“乡村借阅服务”图书馆流通,地方政府负责提供馆舍、书架、家具、电脑设备、管理系统,以及人员和运行经费。服务人口少于15 000人的州以下地方政府可以参加“乡村借阅服务”计划。该计划的配书标准为人均一册,并且保证每年的馆藏更新率高于25%。“土著居民知识中心”利用“乡村借阅服务”向约克角半岛(Cape York)和托雷斯海峡居民提供免费图书馆服务。此外,州图书馆还向全州居民提供特藏资源,如多语言书籍和文化材料等资源的借阅、参考咨询与馆际互借服务,向公共图书馆提供管理培训,以及促进各公共图书馆的联络和资源共享。①

(2)南澳大利亚州(SA)

南澳州共有136家固定公共图书馆,7个移动服务网点,其中有69家固定图书馆由地方政府负责,有49家图书馆坐落于非常小的社区或乡村。为了平衡物理距离和乡村人口分散的问题,图书馆理事会和地区政府与教育和儿童服务部携手运营了18家学区图书馆,形成了一种非常成功的合作运营模式。在南澳州,图书馆理事会负责管理全州范围内公共图书馆服务政策的制定,管理州政府给公共图书馆和社区信息服务项目拨付的经费,并且为基于公共图书馆服务(PLS)的公共图书馆体系提供支持服务。图书馆理事会还通过PLS组织协调一系列的公共图书馆服务,如帮助公共图书馆改善和更新基础设施、发展其馆藏和通过人员培训提高服务水平等。②

(3)西澳大利亚州(WA)

西澳大利亚州幅员辽阔,土地面积占全澳大利亚的三分之一,但人口分布比较集中,190万人口中有140万人居住在首府珀斯。公共图书馆事业由西澳大利亚州图书馆理事会和州以下地方政府联合管理,具体做法是:州以下地方政府提供图书馆的馆舍、人员、运行支出和其他基础设施;图书馆理事会负责提供可直接上架的图书馆馆藏、咨询和其他专业支撑服务。理事会通过“西澳大利亚州图书馆和信息服务中心”(Library and Information Service of Western Australia,简称LISWA)向所有的公共图书馆提供全面的服务,具体内容包括图书采购、统一编目、馆员培训、业务咨询、区域协助、对特殊馆藏的备份,以及面向读者的信息参考咨询和馆际互借服务等。除此之外,中心还向州参考图书馆和州档案局提供资源和信息支持。馆藏资源的配送采用定期更新轮换的机制,资源的所有权属于州图书馆理事会,所有资源都不是永久分配给具体图书馆的,而是在常规基础上在全州循环。配书量会根据图书馆的规模有所调整,小型乡村图书馆一般配送500—1000册,大型公共图书馆配送数量最高会

①②NSLA. Australia Public Libraries Statistical Report 2009—2010[EB/OL].[2012-02-25]. http://www.nsla.org.au/sites/default/files/publications/NSLA.Statistics-Australian.Public.Libraries.Statistics_2009-10.pdf.

达到60 000册左右。许多地方政府也提供附加资源来满足需求，如期刊和有声资源等。各图书馆开馆时间不一，有的可以达到59小时/周，有的只有每周十几小时。从业人员的水平也参差不齐，有些图书馆配有专业图书馆员，而一些小型图书馆则只有非专业的图书管理员，这些人员往往还是身兼数职的地方政府雇员。目前，该州有141个地方政府运行了232家公共图书馆。①

4. 形成不同管理体制的主要影响因素

通过对澳大利亚各州图书馆管理体制的调研以及影响管理体制主要因素的分析，笔者发现，在澳大利亚，公共图书馆服务面积比较小（如首都地区、塔斯马尼亚州）或服务人口布局比较分散（如北领地）的领土区和州，通常采用以州/领土区政府为责任主体的管理模式。根据表5.1的统计，可以发现首都地区、塔斯马尼亚州和北领地3个地区的地区生产总值（GSP）在全国处于较低水平，通过由州/领土区政府的整体统筹来向整个辖区内的居民提供公共图书馆服务，不但减少了州以下地方政府的负担，而且有利于更高效地整合全州的图书馆信息资源，降低公共图书馆的建设成本和服务成本，提高服务效率。

行政区划面积处于中等水平，服务人口十分稠密的州（新南威尔士州和维多利亚州），通常的做法是采用由州以下地方政府自主管理的模式。从表5.1可以看到，新南威尔士州和维多利亚州两个州的州内生产总值（GSP）处在领先地位，经济发展具有优势，州以下地方政府具有建立独立的公共图书馆系统来满足辖区内居民需求的能力。

行政区划面积广阔，服务人口分布又相对集中的州（如昆士兰州、南澳大利亚州和西澳大利亚州），实行由州政府和州以下地方政府联合管理的模式。表5.1显示，昆士兰州、南澳大利亚州和西澳大利亚州的州内生产总值（GSP）处于中等水平，由于这3个州大多数的居民聚居在几个地区，而其余的人口又零星分布在一些偏远地区，导致采用上述两种模式都无法达到最优，因此这些州采取了一种混合体制：由州政府建立一个统筹服务体系，对州内人口稀疏地区提供图书馆服务；对于人口密集、有能力建立独立图书馆的地区，则由州以下地方政府建立独立的公共图书馆。这种混合体制，缓解了偏远地区地方政府提供公共图书馆服务的压力，保证了在全州范围内提供均等普惠的公共图书馆服务。

表5.1　澳大利亚各州公共图书馆管理体制影响因素

体制模式	州/领土区	服务人口占全国总人口比例	服务面积占全国总面积比例	经济发展水平 州/领土区内生产总值（GSP）占国内生产总值（GDP）比例
州政府为责任主体	首都地区	2%	—②	2%
	北领地	1%	18%	1%
	塔斯马尼亚州	2%	1%	2%

① NSLA. Australia Public Libraries Statistical Report 2009—2010[EB/OL]. [2012-02-25]. http://www.nsla.org.au/sites/default/files/publications/NSLA.Statistics-Australian.Public.Libraries.Statistics_2009-10.pdf

② 由于首都地区的服务面积只有2368平方公里，而澳大利亚的总面积在782万平方公里左右，因此在计算所占比例时经四舍五入后基本可以忽略不计。

续表

体制模式	州/领土区	服务人口占全国总人口比例	服务面积占全国总面积比例	经济发展水平
				州/领土区内生产总值（GSP）占国内生产总值（GDP）比例
州以下地方政府为责任主体	新南威尔士州	32%	10%	32%
	维多利亚州	25%	3%	23%
州政府和州以下地方政府联合作为责任主体	昆士兰州	20%	22%	19%
	南澳大利亚州	7%	14%	7%
	西澳大利亚州	11%	32%	14%

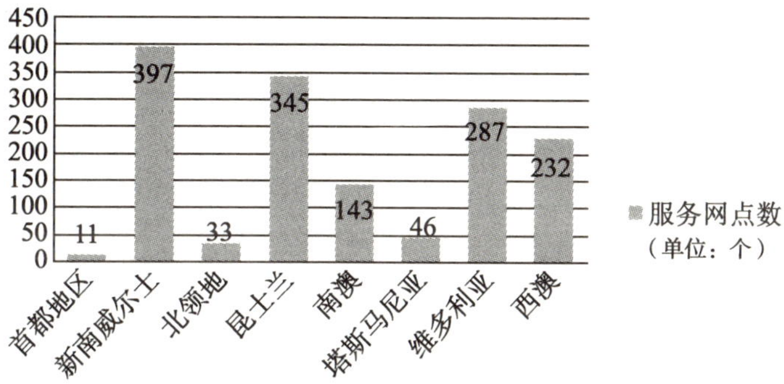

图 5.1　澳大利亚州公共图书馆服务网点数①

二、澳大利亚图书馆法律体系

澳大利亚原为英国殖民地，其法律体系较多地因袭了英国的法律传统。在 1855 年至 1890 年殖民期间，英国议会准许澳大利亚各殖民地建立“地方责任政府”，于是各殖民地开始了独立发展其本地法律体系的探索。到 1901 年，通过各殖民地的积极努力，澳大利亚建立起自己的联邦政府和独立的法律体系。1900 年 7 月 9 日颁布的《澳大利亚联邦宪法》列出了联邦政府拥有的权利，也列出了各州和领土区（原殖民地）政府在各自辖区内拥有的自治权利。②

澳大利亚公共图书馆法律体系由图书馆专门法及其配套规章、图书馆相关法、政府规范性文件和行业协会颁布的指导性文件构成。其中图书馆专门法 7 部，分为联邦层面的针对澳大利亚国家图书馆而制定的《国家图书馆法》，以及州层面的 6 部州图书馆法，配套的规章细则是专门图书馆法的细化和补充。澳大利亚的图书馆相关法数量繁多，涉及图书馆事业的各个方面。与图书馆事业相关的政府规范性文件，数量较少，而由行业协会所发布的指导

① NSLA. Australia Public Libraries Statistical Report 2009—2010[EB/OL]. [2012 - 02 - 25]. http://www.nsla.org.au/sites/default/files/publications/NSLA. Statistics-Australian. Public. Libraries. Statistics_2009-10. pdf

② Robin Banks. Australia Legal System[J]. *Hot Topics*, 2007(60): 1—2.

性文件则不但数量多,而且覆盖面也比较广泛。不同性质、形式和规制力度的法律法规、政策文件相互补充、相辅相成,构成了澳大利亚覆盖图书馆活动方方面面的法律政策保障体系。

1. 国家图书馆法

澳大利亚的《国家图书馆法》(National Library Act 1960)最早颁布于1960年,是澳大利亚唯一一部联邦图书馆专门法。澳大利亚国家图书馆的前身是1901年成立的联邦议会图书馆,设置在澳大利亚联邦议会所在地墨尔本,1923年被正式命名为联邦议会图书馆。1927年,联邦议会大厦新址落成,联邦议会图书馆随之迁往堪培拉。1956年,联邦议会图书馆咨询委员会提议成立一个独立于议会图书馆的国家图书馆,这一建议在《国家图书馆法》中得到落实。根据该法,联邦议会于1966年拨款兴建馆舍,1968年8月国家图书馆正式开馆。

《国家图书馆法》在1967年和1973年作过两次大的修订。目前,该法案共包括五部分内容,分别是导言、澳大利亚国家图书馆的建立、图书馆的管理、财政和杂项。法案规定国家图书馆有四大职能:①完善和发展馆藏资源,特别是内容涉及澳大利亚和澳大利亚人民的综合资源;②保证公民或机构组织可以充分有效地利用国家图书馆的资源;③利用图书馆的资源向社会提供服务,特别是向议会、联邦政府、领土区和代理机构(部门、行政机构、法定代理机构等)提供服务;④促成与国内和国际其他图书馆或信息机构及个人之间的合作。按照该法案,澳大利亚的国家图书馆不具有任何指导和管理其他图书馆的职能,法案中所有关于组织管理、财务制度等方面的规范,都是针对澳大利亚国家图书馆这一所图书馆的。

1994年,澳大利亚颁布了《国家图书馆法规细则》(National Library Regulations 1994),主要针对读者利用国家图书馆的资源和服务等事项作了具体补充和细化。如有关在国家图书馆停车的规定、宠物和危险品等进入国家图书馆的规定、国家图书馆中饮品的销售与购买的规定、读者使用国家图书馆馆藏的规定等。此外,还有几部涉及国家图书馆事务管理的相关法律,如《澳大利亚政府与公司法》(Commonwealth Authority and Companies Act 1997),对澳大利亚国家图书馆向国会和其他政府部门提交有关报告、说明文件的体例作出了规定;《澳大利亚公共服务法案》(Public Service Act 1999)规定了澳大利亚国家图书馆职员的福利、待遇等事项。①

2. 州图书馆法

澳大利亚的州图书馆法在整个公共图书馆法律体系中起着举足轻重的作用。澳大利亚各州和领土区都享有独立的立法权。各州的图书馆立法有许多类似之处,也有立足本地实际的不同。截至2012年,澳大利亚的6个州和2个领土区已经颁布实施的图书馆法见表5.2。

表5.2 澳大利亚各州/领土区图书馆立法现状②

州/地区名称	时间	法案名称	配套法规
首都地区	—	无	—
新南威尔士州	1939年	《图书馆法》(Libraries Act)	2000年第476号图书馆规章(Library Regulations)
北领地	—	无	—

① http://www.nlc.gov.cn/newtsgj/sjgg/newdayangzhou/au/201011/t20101128_18696.htm.

② Councils of Australian States Libraries Act [OL]. [2011-12-13]. http://www.nsla.org.au/sites/default/files/publications/NSLA.Discussion-Paper-Comparison.Legislative.Acts_200211.pdf.

续表

州/地区名称	时间	法案名称	配套法规
昆士兰州	1988 年	《图书馆法》(Libraries Act)	—
西澳大利亚州	1951 年	《图书馆董事会法案》(Library Board of Western Australia Act)	1985 年《图书馆董事会〈公共图书馆注册〉法规》(Library Board〈Registered Public Libraries〉Regulations) 1955《图书馆董事会〈会议录管理〉法规》(Library Board〈Conduct of Proceedings〉Regulations)
南澳大利亚州	1982 年	《图书馆法》(Libraries Act)	1998 年第 172 号《图书馆法规》
塔斯马尼亚州	1984 年	《图书馆法》(Libraries Act)	1985 年第 249 号《图书馆法规》 1989 年《图书馆修正法规》(Libraries Amendment Regulations)
维多利亚州	1988 年	《图书馆法》(Libraries Act)	—

3. 公共图书馆相关法

在澳大利亚图书馆法律体系中，国家图书馆法与州图书馆法都属于图书馆专门法，除此以外，澳大利亚的法律体系中还有许多与公共图书馆相关的法律法规，从不同方面、不同角度为公共图书馆事业的发展提供了保障。在澳大利亚法律信息数据库中，以关键词“公共图书馆”(public library)进行全文检索，共得到 685 件法律，[①]内容涉及公共图书馆事业的各个方面。比如，昆士兰州和塔斯马尼亚州的《公共服务法 2008》(Public Service Act 2008)、《公共服务法 2000》(Public Service Act 2000)，新南威尔士州《公共部门雇佣和管理法 2002》(Public Sector Employment and Management Act 2002)，维多利亚州和西澳大利亚州的《公共部门管理法 2004》(Public Sector Management Act 2004)、《公共部门管理法 1994》(Public Sector Management Act 1994)等法律，其中涉及了本州公共图书馆从业人员的雇佣，管理者的职责、权限和任命规则等事项。新南威尔士州的《版权法 1879》(Copyright Act 1879)对该州的呈缴本制度作了详细规定。许多州的版权法中都有比较具体的图书馆版权合理使用相关条款。此外，《隐私权法》(Privacy Act)、《信息自由法》(Freedom of Information Act)、《档案法》(Archives Act)等法律，也有不少与公共图书馆活动相关的条款。

4. 政府规范性文件

在澳大利亚，联邦政府层面没有有关公共图书馆发展的政策文件，此类文件多由各州政府的相关部门或州以下地方政府部门制定发布。各州制定公共图书馆政策文件的主体主要有州图书馆理事会、地方政府协会(Local Government Association)等。以维多利亚州《维多利亚多文化公共图书馆服务纲领》(Multicultural Library Service Guidelines for Victorian Public Libraries)为例，该文件的前身是 1982 年当时的维多利亚图书馆理事会(Library Council of Victoria)制定的《多文化公共图书馆服务标准》(Standards for Multicultural Public Library Service)，

① Austlii[OL]. [2012 - 04 - 08]. http://www. austlii. edu. au/cgi-bin/sinosrch. cgi? method = phrase; query = public%20library; meta = %2Fau; mask_path = au%2Flegis; offset = 120.

是当时公开出版的第一部详细规范公共图书馆多文化服务的标准性文件，核心理念是公共图书馆将向社区内的所有群体提供公平均等的服务。这项政策文件为1996年国际图联(IFLA)发布的《多文化社区：图书馆服务纲领》(Multicultural Communities: Guidelines for Library Service)提供了有益的参考借鉴。2001年7月，维多利亚州图书馆理事会在《多文化公共图书馆服务标准》的基础上又制定了一个新的文件——《维多利亚多文化公共图书馆服务纲领》，其内容依然秉承“公平均等”的服务理念，为公共图书馆建立和完善相关的多文化服务提供了指导和规范。①

在澳大利亚，还有一种由一州的州立图书馆牵头，联合其他州共同发布的公共图书馆服务政策，用以超越行政区划来指导公共图书馆服务。典型的如2007年1月29日由澳大利亚8个州/领土区立图书馆、澳大利亚国家图书馆以及新西兰国家图书馆联合发布的一项土著居民图书馆服务政策——《土著居民和托雷斯岛民图书馆服务和馆藏全国政策框架》(National Policy Framework for Aboriginal and Torres Strait Islander Library Services and Collections)。该政策对各州/领土区在制定发展规划时充分考虑对土著居民和托雷斯岛民提供图书馆服务、进行专门馆藏建设提供了政策指引，为各个成员馆共建共享土著居民与托雷斯岛民图书馆服务提供了整体思路。②

5. 行业协会指导性政策文件

澳大利亚图书馆和信息协会(Australian Library and Information Association，简称ALIA)是澳大利亚图书馆和信息服务机构的全国性行业组织。协会始建于1937年，最初名为“澳大利亚图书馆员学院”(Australian Institute of Librarians)，1949年更名为澳大利亚图书馆协会(Library Association of Australia)，1988年更名为澳大利亚图书馆和信息协会(ALIA)，随后在1999年合并了澳大利亚图书馆和信息委员会(Australian Libraries and Information Council)，成为全新的ALIA。③ 目前，协会有机构和个人会员6000多名。协会致力于促进全国图书馆向公民提供优质的信息服务，为澳大利亚图书馆和信息服务争取更多的国家和地方投资，促进图书馆事业的发展。

ALIA作为澳大利亚全国性的图书馆行业组织，制定并发布了多种多样的事业发展政策和专业指导文件，代表图书馆和图书馆员发出了职业声音，在影响和规范图书馆事业建设、运营和发展方面发挥了重要作用。表5.3和表5.4是截至目前ALIA发布的图书馆事业发展政策和图书馆服务指导纲要。

---

① the Library Board of Victoria. Multicultural Library Service Guidelines for Victorian Public Libraries [OL]. [2012-04-08]. http://www.google.com/url? sa=t&rct=j&q=multicultural%20library%20service%20guidelines%20for%20victorian%20public%20libraries&source=web&cd=9&ved=0CG4QFjAI&url=http%3A%2F%2Fwww.libraries.vic.gov.au%2Fdownloads%2FLibrary_Network_Unit%2Fslvmulticulturallibservice-draft.doc&ei=hqiBT_GWLe6fiAerv_2hBA&usg=AFQjCNGxSyJng5obdmslPmwl-1BJI-lihQ&sig2=DdV_xSil_ra7UhLvMqwXfA&cad=rjt.

② National and State Libraries Australasia. National Policy Framework for Aboriginal and Torres Strait Islander Library Services and Collections[EB/OL]. [2012-03-02]. http://www.nsla.org.au/publications/policies/2007/pdf/NSLA.Policy-20070129-National.Policy.Framework.for.Indigenous.Library.Services.pdf.

③ Alan Bundy. ALIA Annual Report Statement from the President: Time Present and Time Past[OL]. [2012-02-26]. http://www.alia.org.au/publishing/annual.reports/2001/president.html.

表 5.3　ALIA 发布的图书馆事业发展政策

<table>
<tr><th>主题</th><th>名称</th><th>颁发时间</th></tr>
<tr><td rowspan="5">教育和资格认证</td><td>ALIA 在图书馆和信息职业教育中的角色(ALIA's Role in Education of Library and Information Professionals)</td><td>颁发:2005
复审:2009</td></tr>
<tr><td>图书馆和信息管理的课程设置(Courses in Library and Information Management)</td><td>颁发:2005
复审:2009</td></tr>
<tr><td>在职业教育和职业发展中雇主的角色和责任(Employer Roles and Responsibilities in Education and Professional Development)</td><td>颁发:1986
修订:2006</td></tr>
<tr><td>图书馆和信息部门的核心知识、技能与贡献(Library and Information Sector:Core Knowledge,Skills and Attributes)</td><td>颁发:1998
修订:2005</td></tr>
<tr><td>图书馆和信息行业的职业发展(Professional Development for Library and Information Professionals)</td><td>颁发:2005
修订:2009</td></tr>
<tr><td rowspan="4">图书馆和信息服务</td><td>联合使用图书馆(Joint-use libraries)</td><td>颁发:1986
复审:2009</td></tr>
<tr><td>图书馆和信息服务与土著居民(Libraries and Information Services and Indigenous Peoples)</td><td>颁发:1995
修订:2009</td></tr>
<tr><td>为残疾人提供的图书馆和信息服务(Library and Information Services for People with a Disability)</td><td>颁发:1979
修订:2009</td></tr>
<tr><td>公共图书馆服务(Public Library Services)</td><td>颁发:2004
修订:2009</td></tr>
<tr><td rowspan="8">专业议题</td><td>ALIA 国际关系(ALIA and International Relations)</td><td>颁发:1997
复审:2009</td></tr>
<tr><td>版权和知识产权(Copyright and Intellectual Property)</td><td>颁发:2001</td></tr>
<tr><td>信息商品(Information as a Commodity)</td><td>颁发:1996
复审:2009</td></tr>
<tr><td>澳大利亚全体公民的信息素养(Information Literacy for all Australians)</td><td>颁发:2001
修订:2006</td></tr>
<tr><td>图书馆和文化(Libraries and Literacies)</td><td>颁发:1979
修订:2006</td></tr>
<tr><td>网络内容规章(Online Content Regulation)</td><td>颁发:1997
修订:2002</td></tr>
<tr><td>保护:信息产品的持久性和耐用度(Preservation:the Permanence and Durability of Information Products)</td><td>颁发:1997
修订:2009</td></tr>
<tr><td>获取公共部门信息的原则(Principles of Access to Public Sector Information)</td><td>颁发:1999
修订:2009</td></tr>
</table>

续表

主题	名称	颁发时间
价值和伦理	核心价值(Core Values)	颁发:2002 复审:2007
	信息的免费获取(Free Access to Information)	颁发:2001 修订:2007
	职业行为(Professional Conduct)	颁发:2001 修订:2007
工作	ALIA 的行业角色和服务(ALIA's Industrial Role and Services)	颁发:1998 复审:2001
	图书馆和信息服务从业人员的聘用(Library and Information Services Staff Appointments)	颁发:2004 修订:2008
	非标准雇佣(Non-standard Employment)	颁发:1996 复审:2008
	高级图书馆和信息从业人员的聘用(Senior Library Staff and Information Services Appointments)	颁发:1991 修订:2008
	图书馆和信息服务志愿者工作的声明(Statement on Voluntary Work in Library and Information Services)	颁发:2001 修订:2009

表 5.4　ALIA 发布的图书馆服务指导纲要

名称	颁发时间
澳大利亚上门图书馆服务纲领(Guidelines for Australian Home Library Services)	颁发:2000 复审:2009
澳大利亚特殊图书馆纲领(Guidelines for Australian Special Libraries)	颁发:1993 修订:2010
政府机构图书馆馆藏传播纲领(Guidelines on Dispersal of Collections in Government Agency Libraries)	颁发:1999 修订:2009
图书馆残疾人服务标准纲领(Guidelines on Library Standards for People with Disabilities)	颁发:1998
隐私和图书馆:指导纲领(Privacy and Libraries:Guidelines)	颁发:2005

从 1990 年起,ALIA 每年出版《质量服务:澳大利亚公共图书馆服务的目标、宗旨和标准》(Towards a Quality Service:Goals,Objectives and Standards for Public Libraries in Australia),向全国的公共图书馆提供一个可以参照和应用的服务标准。2011 年,ALIA 颁布了新的《澳大利亚公共图书馆服务标准》(Beyond a Quality Service:Strengthening the Social Fabric Standards and Guidelines for Australian Public Libraries)。该标准由 ALIA 和其下设的公共图书馆咨询委员会(PLAC)负责起草和制定,以新南威尔士州公共图书馆标准为蓝本,以澳大利亚国家和州图书馆(NSLA)的年度统计数据作为基准,将新南威尔士州的标准改造为适合全澳各州和

领土区评估图书馆服务质量的全国性标准。标准涵盖了图书馆运营和服务的20个方面(见表5.5),归纳出评价图书馆服务效益和质量的12个项目,每一项目又设有两项指标:基本指标和增强指标(见表5.6)。这一服务标准指导公共图书馆在达到提供基本的均等化服务基础上,向着更高的服务目标努力,以达到目前可实现的最高标准。[①]

表5.5 《澳大利亚公共图书馆服务标准》涵盖的运营和服务20个方面

序号	方面	序号	方面
1.	图书馆管理和运行	11.	市场和公共关系
2.	从业人员	12.	移动图书馆
3.	图书馆建筑	13.	地方文献和服务
4.	开馆时间	14.	信息素养服务
5.	图书馆馆藏	15.	澳大利亚土著居民服务
6.	信息技术	16.	多文化群体服务
7.	信息服务	17.	残疾人读者服务
8.	馆际互借	18.	青年读者服务
9.	项目	19.	老年读者服务
10.	读者服务	20.	上门图书馆服务

表5.6 《澳大利亚公共图书馆服务标准》归纳的12个项目及指标

序号	项目	基本指标	增强指标
1	年人均图书馆支出(澳元)	35	39
2	目标人群覆盖率	46%	51%
3	年人均到馆次数(次)	5.1	6.1
4	从业人员服务人口比率	1:3000	1:2500
5	专业馆员服务人口比率	1:10 000	1.2:10 000
6	年人均图书馆购书经费(澳元)	5.40	6.10
7	人均馆藏量(册)	2	2.2
8	最近5年购置馆藏占总藏量比率	50%	58%
9	年人均借阅量(册)	8.4	10.3
10	馆藏流通率	4.4	5.4
11	联网计算机数量与服务人口比率	1:3000	1:2000
12	用户满意度	95%	98%

① ALIA. Beyond a Quality Service: Strengthening the Social Fabric Standards and Guidelines for Australian Public Libraries[OL]. [2012-03-01]. www.alia.org.au/publiclibraries.

第二节 澳大利亚州公共图书馆法发展演变

一、免费公共图书馆的建立

澳大利亚的公共图书馆建设始于18世纪末期。1791年，英国人沃特金·坦奇（Watkin Tench）提出在作为殖民地的澳大利亚建设包括由公共图书馆、财政部、海军部以及其他大规模建筑构成的“殖民地宏伟广场”的构想；1809年，为了在新南威尔士建立一个向大众开放的借阅图书馆，一牧师在英格兰张贴广告募捐，公共图书馆开始进入人们的视野。此后，首先是在悉尼，继而在其他一些人口稠密的城市陆续出现一些商业性收费阅览室和借阅图书馆。19世纪30年代，一些机械学院、艺术学校以及雅典娜神学院和文学院等机构建立了图书馆。1856年，维多利亚州建立了墨尔本公共图书馆（现维多利亚州图书馆），这是澳大利亚第一个公共图书馆服务点。直到1869年，澳大利亚才出现了第一个真正意义上的免费公共图书馆——新南威尔士公共图书馆（今新南威尔士州立图书馆）。该图书馆的前身是一家会员图书馆（subscription library），[①]破产后由地方政府买下改造为公共图书馆。公众对新建立的公共图书馆表现出了极大的热情，运营当年即有6万人登记阅览。1877年，该图书馆开设了一个借阅分馆，凡居住在距悉尼市中心16公里内的公民均可以享受借阅服务。据记载，1890年有5万名读者到借阅分馆借书。不久后，该图书馆的乡村流通部还开展了向居住在悉尼市区以外的居民提供借阅的服务。1867年，新南威尔士州颁布《自治市法》（Municipalities Act），首次写入了在地方议会建立和运营免费公共图书馆的条款。1869年7月21日，帕克斯（Henry Parkes）（《自治市法》免费公共图书馆条款的撰写者）开设了免费参考图书馆。在《自治市法》的推动下，随后30年间，此类市政厅图书馆（阅览室）陆续建立起来。但是，由于法案中并没有对地方政府如何维持此类型图书馆的运营作出规范，图书馆的可持续发展缺乏保障，到20世纪初，各地已经建立的67所地方公共图书馆（阅览室）全部关闭。[②]

二、“马恩—皮特报告”和“免费公共图书馆运动组织”

19世纪60年代以后，澳大利亚的公共图书馆发展已经起步。新南威尔士州有了多种类型的图书馆，悉尼的免费公共图书馆发展出了借阅分馆，地方市政厅内也依法设置了借阅图书馆（阅览室），上百个艺术学校、机械学院拥有会员制图书馆，但是，总体上看，政府和政治家们对发展公共图书馆事业还缺乏热情。在许多地方政府看来，公共图书馆是应由殖民政府建立并运营的设施，地方政府自身对维持和发展公共图书馆的“附加责任”抱有明显的不情愿。1912年，新南威尔士委员会开展了一次调查，主要调查地方政府每年向艺术学校或其他同类的机构拨付的10 000英镑资助的使用效果，以及艺术学校为郊区和乡镇居民提供基本公共图书馆服务的情况。调查的结果令人失望：图书资源贫乏，服务能力有限，服务效果

---

① subscription library 是在一个社区中，由读书人通过自愿捐助和合资经营的方式，以求共享书籍的组织，与一般商业性流通图书馆有很大区别。

② Australian Encyclopedia 1958[Z]. Michigan, 1958: 297—308.

很差,委员会据此建议地方政府逐步减少对艺术学校的拨款资助,改由地方政府直接接管艺术学校,参照自治市政府管理和维持公共图书馆的模式来开办地方公共图书馆。遗憾的是,这些建议在当时并没有被采纳。[①]

1932 年,纽约卡耐基集团资助了一个关于澳大利亚图书馆的调查项目,美国图书馆专家、卡耐基匹兹堡图书馆馆长拉尔夫·马恩(Ralph Munn)被任命主持此次调查,维多利亚公共图书馆馆长皮特(E. R. Pitt)协助其工作。调查走访了澳大利亚上百个图书馆,回收问卷1500 份。1935 年 1 月,调查结果公布——这就是澳大利亚图书馆发展史上著名的"马恩—皮特报告"(the Munn-Pitt Report)。该报告对澳大利亚图书馆现状给予了十分严厉的批评:"大多数州的图书馆馆舍可怜而狭小,成了陈旧、被遗忘书籍的墓地;即使是这样的图书馆,对公众也是限制开放。从业人员未经训练,找不到馆藏目录,儿童服务水平低、活动少。"当时有报纸评论员这样评价这次调查:"我们需要一位来自国外的先知,然而幸运的是他来了。"[②]这份报告中严厉的批评震动了澳大利亚,也刺激了澳大利亚建立和发展公共图书馆的决心和信念。

1935 年 7 月,澳大利亚公共图书馆的发展迈进了决定性的一步。40 个地方政府与市民代表、进步协会组织聚集在悉尼车士活—威洛比艺术学校(Chatswood – Willoughby School of Arts),建立了"免费公共图书馆运动组织"。该组织的目标是"倡导并建立免费图书馆,让公众认识免费图书馆的价值"。该组织成立后,分支机构迅速扩张,1937 年昆士兰州和维多利亚州建立分支组织,1938 年塔斯马尼亚州建立分支组织,1944 年西澳大利亚州建立分支组织。1937 年澳大利亚图书馆员学院成立,澳大利亚开始了专业人员的教育培训工作。[③]"免费公共图书馆运动组织"推动澳大利亚公共图书馆进入快速发展的历史阶段。

三、各州的公共图书馆立法

1. 新南威尔士州《图书馆法 1939》

在"马恩—皮特报告"和"公共图书馆运动组织"的推动下,1937 年 7 月,新南威尔士州在教育部部长德拉蒙德(D. H. Drummond)的领导下成立了图书馆咨询委员会,委员包括免费图书馆运动组织的代表,任务是探索提供图书馆服务的方法和途径,并准备起草法案。委员会向州政府提交了发展图书馆事业的建议议案,内容涉及:地方议会提供免费图书馆拨款;建立图书馆理事会,负责制定图书馆服务标准;从业人员须通过公共图书馆中设立的图书馆学校的相关培训才可上岗;州政府不必强制地方政府建立免费公共图书馆,但如果选民要求建立,地方政府就应建立;鼓励辖区较小的地方政府当局与其他地方联合建立可持续发展的图书馆。州内阁于 1939 年 1 月 18 日全票通过了这一建议议案,并启动了图书馆法案的制定程序。[④] 1939 年 11 月,新南威尔士州议会通过了《图书馆法 1939》(Library Act

---

① Beddoe Joan. Mechanics' Institutes and School of Arts in Australia[OL]. [2012 -01 -05]. http://find-articles. com/p/articles/mi_hb3315/is_3_16/ai_n29032807/.

②③David J Jones. From Munn-Pitt to Library Act: Stimulating Support for Public Libraries in New South Wales 1935—1939[OL]. [2011 -12 -15]. http://papers. ssrn. com/sol3/papers. cfm? abstract_id =1727053.

④ Public Library Development in New South Wales[OL]. [2011 -12 -15]. http://www. alia. org. au/publishing/alj/54. 2/full. text/jones. html.

1939)，并宣布于1939年12月22日开始实施。[①]《图书馆法1939》的通过，标志着现代意义的公共图书馆在澳大利亚正式建立。[②]

图书馆法的影响力超乎人们的想象。在法律颁布后短短的18个月内，新南威尔士州有32个地方议会采用了该法案，7个地方政府开始提供图书馆服务。1945年有16个地方政府计划建设公共图书馆。截至1946年底，300万新南威尔士州居民中有四分之一成为了公共图书馆的用户。20世纪50至60年代，越来越多的地方政府采用了该图书馆法，并建立了公共图书馆。许多政府选择了组建联合图书馆的模式，向小型社区的居民提供灵活的图书馆服务，通过资源共享来提升图书馆服务的效能。到1992年，新南威尔士州的珠尼(Junee)地方议会采用了图书馆法，标志着图书馆网络建设在全州的全面完成。[③]

2. 塔斯马尼亚州《图书馆法1943》

1938年，塔斯马尼亚州发起了免费图书馆运动，当时该州的口号是"为改善图书馆无书之窘境的运动"(books for the Bookless)。运动从一开始就得到了州政府的支持。州政府同意建立一个年度拨款机制来鼓励建立公共图书馆。1941年，乡村图书馆咨询理事会(Rural Libraries Advisory Board)成立，其在组织结构上独立于塔斯马尼亚公共图书馆(Tasmanian Public Library，即该州州立图书馆)，负责管理全州公共图书馆的拨款事务。同年，该州总理邀请当时国家图书馆馆长肯尼思·宾斯(Kenneth Binns)主持对塔斯马尼亚州的图书馆现状进行调查。1943年，最终的调查报告《塔斯马尼亚的图书馆服务》(Tasmanian Public Libraries Services)正式出版。该报告对塔斯马尼亚州图书馆法的问世起了积极的促进作用。报告出版后不久，塔斯马尼亚州《图书馆法1943》(Libraries Act 1943)颁布。法案规定，塔斯马尼亚州建立图书馆理事会(Tasmanian Library Board)，负责管理全州的公共图书馆服务和塔斯马尼亚州立图书馆(Tasmania Public Library)，并接管乡村图书馆咨询理事会的工作。此外，法案还确立了塔斯马尼亚州的法定呈缴本制度。[④]

3. 昆士兰州《图书馆法1943》

1943年，昆士兰州也通过了该州图书馆法——《图书馆法1943》(Libraries Act 1943)。1945年，约翰·梅特卡夫(John Metcalfe)发表的报告中对该州当时的图书馆法有如下描述：一个"防御性质"的图书馆法，建立了昆士兰图书馆理事会。[⑤]

4. 维多利亚州《免费图书馆服务法》

1940年，在约翰·莱瑟姆(John Latham)的带领下，维多利亚政府任命了一个咨询委员会——图书馆服务委员会(Library Service Board)。该委员会用4年的时间起草了一份将州立图书馆从州博物馆和州艺术馆分离出去的建议报告。1946年，该建议报告被批准，维多利

①③Development in New South Wales[OL].[2011-12-15].http://www.alia.org.au/publishing/alj/54.2/full.text/jones.html.

② David J Jones. From Munn-Pitt to Library Act: Stimulating Support for Public Libraries in New South Wales 1935—1939[OL].[2011-12-15].http://papers.ssrn.com/sol3/papers.cfm?abstract_id=1727053Public Library.

④ ABS.1384.6—Statistics—Tasmania,2005[OL].[2012-03-20].http://www.abs.gov.au/ausstats/abs@.nsf/0/D94DC2277D95B9A3CA256C32002417FC?opendocument.

⑤ Brian R Howes. Public Library Legislation in Australia[J]. *The Australian Library Journal*, 1983(2): 32—39.

亚《免费图书馆服务法》(Free Library Service Act)出台。该法案规定,维多利亚州建立免费图书馆服务理事会(Free Library Service Board),赋予其与新南威尔士州图书馆理事会类似的功能。1965年,《维多利亚图书馆理事会法》(Library Council of Victoria Act)出台,规定建立一个独立组织——维多利亚图书馆理事会(Library Council of Victoria),负责州立图书馆和全州的公共图书馆服务。①

5. 西澳大利亚州《图书馆理事会法》

西澳大利亚州的免费图书馆运动在二战结束时刚刚形成。1944年,政府任命了免费乡村借阅图书馆委员会(Free Country Lending Library Committee),独立于西澳大利亚公共图书馆,负责管理大都市地区以外的公共图书馆拨款。1948年,一项建立州中心图书馆管理体系的提案被州议会驳回,主要原因是西澳大利亚公共图书馆馆长巴蒂(J. S. Battye)不希望他所管理的州立图书馆受到图书馆理事会的控制。直到1951年,几经修改并做出妥协后,《图书馆理事会法》(Library Board of Western Australia Act)最终通过。该项法律规定,建立西澳大利亚图书馆理事会,职责是发展、资助和管理全州范围内的免费公共图书馆,州立图书馆仍旧由原管理委员会管理。1954年,西澳大利亚公共图书馆馆长巴蒂去世,1955年,西澳大利亚州立图书馆由澳大利亚图书馆理事会接管。②

6. 南澳大利亚州《图书馆和机构法》与《图书馆(拨款)法》

南澳大利亚州是澳大利亚唯一一个没有发起免费图书馆运动的州。1936年,该州政府任命格伦费尔·普里塞(Grenfell Price)负责所有由州维持或支持的图书馆。1937年,费尔·普里塞发表了一篇名为《南澳大利亚州图书馆》的报告,报告中建议建立由图书馆理事会管理的全州范围内的免费公共图书馆体系,并将州立图书馆划归到该理事会管理。当时,这一建议并没有被采纳。1939年,一项与费尔·普里塞建议大相径庭的《图书馆和机构法》(Libraries and Institutes Act)通过,该法案没有对免费公共图书馆的拨款作出规定。1955年,南澳大利亚州又制定了《图书馆(拨款)法》(Libraries〈Subsidies〉Act),公共图书馆获得州政府和地方政府的拨款得到了法律的确认。③

第三节　澳大利亚州图书馆法的主要内容

目前,澳大利亚的6个州都颁布有州图书馆法。纵观这六部法律,有关州图书馆理事会、经费安排两方面内容的条款,在各州图书馆法案中均占有较大比重,除此之外,呈缴制度在多数州的图书馆法中也有较为详细的规定。图5.2反映的是州图书馆法所涉及的主要内容所占篇幅比例的情况。

① Barker Donald. Reformers and Reform:Towards Free Public Libraries in Victoria[J]. *The Australian Library Journal*,56(4):23—30.

②③Brian R Howes. Public Library Legislation in Australia[J]. *The Australian Library Journal*,1983(2):32—39.

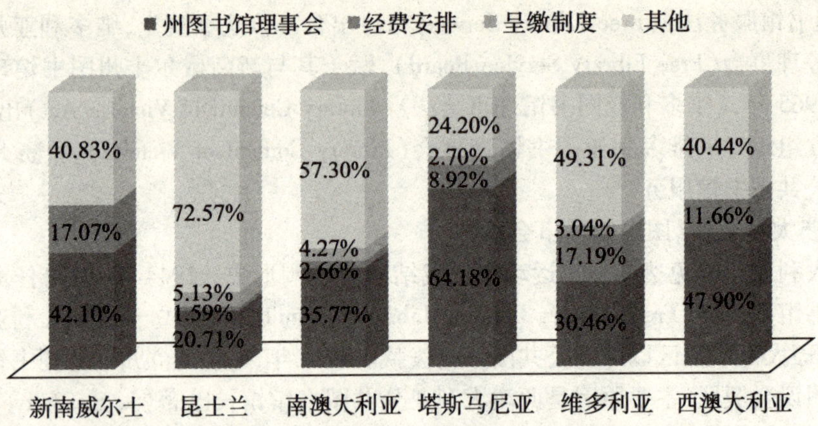

图 5.2　澳大利亚各州图书馆法主要内容所占篇幅比例①

一、图书馆理事会

在澳大利亚各州的图书馆法中，涉及州图书馆理事会的条款所占比重较大，位置靠前，说明州图书馆理事会在澳大利亚州图书馆事业发展中起着重要作用，是图书馆法所关注的重点之一。

在澳大利亚，各州图书馆事业所归属的政府行政管理部门有所不同，有的归属于州总理内阁部下设的艺术司，有的归属于教育部，还有的归属于文化部，如表 5.7 所示。尽管归属的行政管理部门有所不同，但各州的图书馆法中都明确规定设立州图书馆理事会，州政府通过图书馆理事会具体实施对州内图书馆相关事务的监管。

表 5.7　澳大利亚各州图书馆理事会归属的政府部门

州名	理事会名称	隶属部门
新南威尔士州	新南威尔士州图书馆理事会(Library Council of New South Wales)	贸易、投资与区域基础设施和服务部(Department of Trade and Investment, Regional Infrastructure and Services) ⇨ 艺术系统(Cultural Institution)
昆士兰州	昆士兰州图书馆理事会(Library Board of Queensland)	州总理和内阁部(Department of the Premier and Cabinet) ⇨ 艺术司(Deputy Director-General Arts Queensland) ⇨ 艺术组织(Art Portfolio Body)
南澳大利亚州	南澳大利亚州图书馆理事会(Libraries Board of South Australia)	州总理和内阁部(Department of the Premier and Cabinet) ⇨ 文化发展和团体(Cultural Development and Corporate) ⇨ 南澳艺术司(Arts SA)

① 数据来源于对澳大利亚 6 个州图书馆法法案文本的统计。六部法案来源：National Library of Australia. Australian Libraries Gateway. http://www.nla.gov.au/libraries/resource/legislation.html

续表

州名	理事会名称	隶属部门
塔斯马尼亚州	塔斯马尼亚州图书馆咨询理事会（Tasmanian Library Advisory Board）	教育部（Department of Education）
维多利亚州	维多利亚州图书馆理事会（Library Board of Victoria）	艺术部（Arts Victoria）
西澳大利亚州	西澳大利亚州图书馆理事会（Library Board of Western Australia）	文化和艺术部（Department of Culture and the Arts）

一般来说，各州的法律都规定，图书馆理事会的主席或副主席由所属部门部长提名，成员则由地方政府协会（LGA）等组织提名，最终由州总督任命。

各州对理事会成员的甄选标准有差异，但总体来看，体现了强调政府工作经验、专业水平和个人能力的导向。有些州法律中还对理事会成员的居住地以及性别比例作了一定的限制，体现的是公平性和代表性。如表5.8所示。

表5.8　澳大利亚各州图书馆法对理事会组成的规定

州名	法律内容
新南威尔士州	理事会由9名成员组成。成员须包括： （1）至少一名成员了解教育领域或从事教育工作。 （2）至少有一名成员了解地方政府管理或具有在地方政府工作的经历。
昆士兰州	理事会成员必须具有对理事会行使职能作出贡献、实施理事会的战略和运营计划的能力。
南澳大利亚州	理事会由8名成员组成，州总督任命。其中3名成员由地方政府协会（LGA）提名，须具备以下条件之一： （1）地方议会议员； （2）公共图书馆员； （3）地方议会的社区信息人员； （4）任何地方议会的雇员； （5）具有地方政府工作经验的人员。 其他成员由部长提名，成员中应至少有2名女性成员。
塔斯马尼亚州	理事会由5名成员组成，主席由部长提名。 部长从塔斯马尼亚地方政府协会（LGA）的提名中选出4名成员，结构需符合以下条件： （1）至少有一名成员来自北部地区； （2）至少一名成员来自西北部地区； （3）至少一名成员来自南部地区。

续表

州名	法律内容
维多利亚州	理事会由 7 至 11 名成员组成，部长提名，总督任命，其中至少有一半成员应满足如下条件之一： (1)在维州具有与理事会履行职能相适应的高级学术职位； (2)具有商业管理、金融或市场等领域的工作经验； (3)具有地方政府、图书馆或信息技术等单位工作的经验； (4)在教育、人文等符合理事会功能的专业领域具有特别成就。 理事会成员中至少有 1 人不居住在大都市地区。
西澳大利亚州	理事会由 13 名成员组成，其中 1 名成员由《学校教育法 1999》228 款规定的行政主管官员出任，1 名成员由艺术部的行政主管官员出任。 部长在如下 6 个方面的代表提名名单中遴选理事会成员人选，理事会成员应居住在西澳大利亚州。 (1)代表澳大利亚图书馆和信息协会； (2)代表珀斯市； (3)代表弗里曼特尔市； (4)代表大都市地区（地方政府协会推荐）； (5)推荐代表市、镇地区（地方政府协会推荐）； (6)代表郡地区（地方政府协会推荐）。

各州法案对图书馆理事会职能和权限的规定有差异。有的州赋予图书馆理事会较多的职权，如南澳大利亚州图书馆理事会有 10 项职能、20 余项权力，而塔斯马尼亚州的图书馆法规定理事会有 7 项职能，没有涉及理事会可行使的权力范围。总体来看，如表 5.9 所示，有 4 个州的图书馆法中规定了图书馆理事会具有制定或建议公共图书馆服务政策和指导纲领的职能，具有管理州立图书馆的职能，具有接受任何资源和财产捐赠权力；有 3 个州的图书馆法中规定了图书馆理事会具有就州政府拨款事宜向所属部门部长提供建议的职能，具有监督和检查地方图书馆服务的职能，具有促进、帮助和鼓励地方政府建立和运营公共图书馆服务的职能，具有签订合同、协议的权利等。

表 5.9　澳大利亚各州图书馆法对理事会职权范围的相关规定

州名 / 理事会职权范围的相关规定	新南威尔士	昆士兰	塔斯马尼亚	南澳	维多利亚	西澳
制定和建议公共图书馆服务政策与指导纲领			√	√	√	√
建立、完善和扩展本州图书馆的馆藏				√	√	
向地方图书馆和信息服务点提供管理和运营咨询	√	√				
向部长、地方图书馆、其他公共当局提供参考咨询和信息服务		√	√			
监督和检查地方图书馆的服务	√	√				√

续表

州名 理事会职权范围的相关规定	新南威尔士	昆士兰	塔斯马尼亚	南澳	维多利亚	西澳
管理州立图书馆	√	√		√		√
建立和完善公共图书馆服务以满足公众需求				√	√	
促进、帮助和鼓励地方政府建立和运营公共图书馆服务		√		√		√
鼓励公众利用公共图书馆的资源和设施		√			√	
有效协调地区内图书馆的相互合作		√			√	
就州政府拨款事宜向所属部门部长提供建议	√			√		√
对州内图书馆服务的评估和审查				√		
管理被授予的所有财产	√			√		
签订合同、协议等		√		√	√	
接受任何自愿捐赠的财产和物品	√	√		√	√	
委任和授权	√	√				
为图书馆及其从业人员提供培训				√		√
提交财年报告			√			

二、图书馆经费

经费是各州图书馆法普遍涉及的问题。在澳大利亚,图书馆经费一般分为州政府援助、地方税收补助、资产管理、服务收费、投资 5 项,但并非所有州的法案中都包含了这 5 项内容,如昆士兰州由州政府全权对法定当局进行财务管理,所以该州的图书馆法中就没有对图书馆经费的具体规定。

1. 州政府援助

州政府援助是澳大利亚图书馆经费的来源之一。澳大利亚图书馆协会在对新南威尔士州图书馆法提供复审意见时曾经阐述过州政府援助对公共图书馆的重要性:这是公共图书馆持续获得州政府和地方政府联合拨款资助的唯一方式,是对公众获取信息资源和信息服务的保障。[①] 综合各州图书馆法有关州政府援助的相关规定来看,州政府援助的数额,通常依据 3 项指标确定:一是地方政府辖区内的图书馆服务人口,二是地方政府辖区的图书馆服务面积,三是地方政府辖区的税收情况。

新南威尔士州图书馆法中有关州政府援助的规定具有代表性。该州图书馆法第 13 条规定了地方当局获得州政府援助的资格条件:

---

① ALIA. Library Council of NSW Review of the Library Act 1939[OL]. [2012-01-19]. http://www.alia.org.au/advocacy/submissions/library.act.html.

(1)管理区域中具备图书馆、图书馆服务或信息服务提供、控制和管理的地方当局须遵守法律的本章节获得资助。

(2)如果在一年中,其区域内用于图书馆、图书馆服务和信息服务的提供、控制和管理费用超出税收,且不低于以下数额中较多一项时,地方当局将根据本条款获得资助的资格:

(a)数额等价于辖区内所有征税土地中未被利用的(土地)资本价值(Unimproved Capital Value)中产品税收量;

(i)若辖区(在《地方政府法 1993》实施前)为自治市,税率为 0.1%(澳元)。

(ii)若辖区(在《地方政府法 1993》实施前)为郡,税率为 0.04%(澳元)。

(b)其数量等价于地方政府管辖范围人均 10 美分的标准;

假设(a)款所指的数量比地方当局管辖范围内人均 15 美分的标准多,地方政府有资格获得补助。

获得的资助数额有两种计算方式:一是与地方政府在当年支付给图书馆和信息服务总支出的数量相等;一是与规定的地方政府辖区内居民人均资助标准总量相当。在两种计算方式中择其数量较少的一种拨付。2005 年,新南威尔士州颁布了图书馆法实施细则,其中针对后一种方式,给出了辖区内人均 1.85 澳元的具体指标。在图书馆法及其相关规章中对州政府援助作出如此详尽具体的规定,在澳大利亚的州图书馆法律中也不多见。

其他州图书馆法中有关州政府援助的相关规定相对简单笼统。如西澳大利亚州的《图书馆理事会法 1951》"财政资助"一条规定:理事会可以 1:1的比例给予注册公共图书馆运营支出的资助,用于图书馆服务和雇员薪水支出等;理事会可建议部长批复额外拨款,作为公共图书馆特殊项目的补助。南澳大利亚州的图书馆法中规定,部长可以在理事会的建议下向地方政府提供资助、拨款和其他类型的援助,州政府援助的数额应根据援助期间当地的税收情况加以调整。

2. 地方税收

地方税收是公共图书馆经费的主要来源。西澳大利亚州的《图书馆理事会法 1951》中的相关规定具有代表性。法案规定,地方政府可以建立制定税率和征收税款的制度;可在其他税收的基础上设立"注册公共图书馆服务税",并在地方政府管辖范围内的可征税区域征收该税种;法律还明确规定了注册公共图书馆服务税的最高税率:

在每个财年中可征税区域里征收的注册公共图书馆服务税的税率不应超过——

(a)未增值土地的税率,不超过地价总额的 0.10%(5/48 of a cent in the dollar);

(b)除地价外存在其他税收土地的税率,不超过年租金总额的 0.83%(5/6 of a cent in the dollar)。

3. 资产管理

所谓资产管理,主要是指公共图书馆土地资产和馆藏资源的处置。维多利亚州的《图书馆法 1988》对于资产管理的规定最为详尽,具有代表性。该法案着重对图书馆土地资产的使用、转移、交还等内容作了明确规定。法律规定,图书馆土地资产的托管人和地方当局可以联合向部长申请交还英王批复的土地,但需公开说明不再将此土地资产用于图书馆使用的原因,任何人可在申请处理周期之内向部长以书面形式提交反对意见。部长在综合考量所有意见后,就是否授权将该土地资产交还英王或转移给土地所在的地方政府当局做出决定。

法案还规定,图书馆建设馆舍时,图书馆土地资产托管人可以申请贷款。经部长批准,托管人可以就土地资产托管人的任命、选举、辞职和罢免等问题制定规章细则,可以就有关管理委员会的构成、职能、权限等问题制定规章细则。

该法案对州图书馆馆藏的变卖、处理和作品置换等也作了具体规定。如法案第50条规定:

> (1)理事会不得变卖或处理任何属于州馆藏的作品,除非——
> (a)保留该作品或该类作品对于理事会的活动不再必要或合适;
> (b)理事会依照子款(3)张贴包含如下内容的通知:
> (i)关于某一作品或某类作品的描述;
> (ii)陈述理事会变卖或处理该作品或该类作品的目的;
> (iii)任何人可以在两个月之内以书面形式提交反对变卖或处理的声明。
> (c)如若——
> (i)在上述期间没有收到反对意见,或
> (ii)收到反对意见,部长仍决定依照本款执行时,应对馆藏作品进行变卖处理。
> (2)条款(1)不适用于首次出版不满十年的作品。
> (3)条款(1)(b)中的通知——
> (a)须在变卖或处理前不少于2个月在维多利亚州内流通的报纸上公布;
> (b)须在变卖或处理前不少于2个月在州立图书馆的明显位置张贴。

4. 服务收费

澳大利亚州图书馆法有关服务收费的规定,总体看有两种思路:一种是明确规定哪些服务应该免费,一种是明确规定哪些服务可以收费。新南威尔士州《图书馆法1939》和塔斯马尼亚州《图书馆法1984》这方面的规定具有代表性。

新南威尔士州的图书馆法规范了图书馆的基本服务,明确这些基本服务应该免费。如地方当局管辖范围内居住的任何居民都有权免费使用图书馆;任何居民都有权免费使用图书馆所提供的任何资料和任何信息;任何居民都有权免费借阅图书馆员分类后的图书馆资料;任何因生病、残疾而不能亲自到馆的读者,都有权获得图书馆免费传递的图书馆资料;任何居民都有权获得免费的基本参考服务等。

塔斯马尼亚州则在《图书馆法》第九款对图书馆服务收取费用的项目、流程作出了规定。法律规定,部长可以颁布有关图书馆收费的指导纲领,并将纲领刊发于报纸、政府公报,以及在图书馆的公共区域张贴;公共图书馆可根据此纲领对图书馆的服务收取费用;任何人如若发现某项图书馆服务收费情况与纲领不符,可申请对该项收费或费用数额进行审查。

5. 投资

在澳大利亚,允许公共图书馆将不急切使用的资金用来进行投资。典型的如新南威尔士州《图书馆法1939》规定"理事会可以将任何不急切需要使用的资金依据法律的授权方式投资信托基金"。法律规定理事会可以建立、维持一个或多个联合投资组织,来聚集理事会所拥有的投资基金,并且理事会有权随时将这些基金的全部或部分撤出联合投资。理事会

每年至少分发一次联合投资所得。十多年来,新南威尔士州公共图书馆的投资一直由该州财政公司(NSW Treasury Corporation)管理。投资分为短期投资和中期投资两种类型。其中短期投资的收益率比较稳定,保持在4.1%至8.8%的区间内。新南威尔士州公共图书馆每年都会通过投资获得相对稳定的收益,近3年收益额基本保持在年250万澳元左右的水平上。

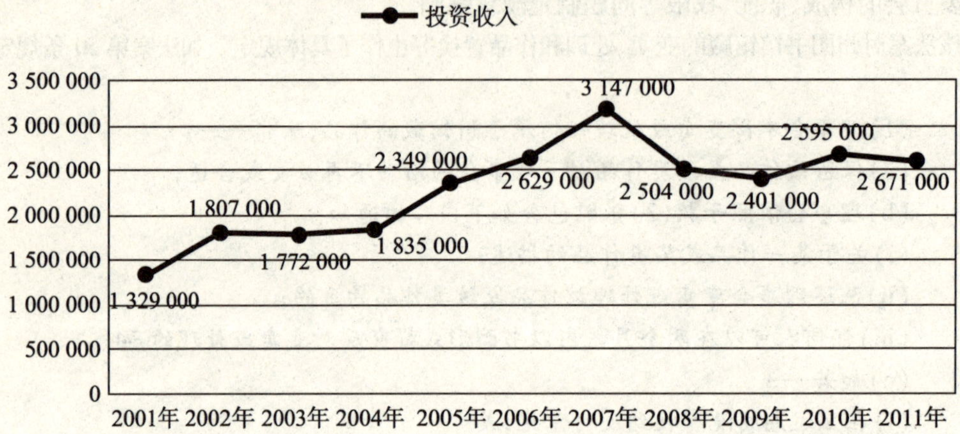

图5.3　新南威尔士州2001—2011年图书馆理事会投资收益额[①](单位:澳元)

三、出版物呈缴制度

在澳大利亚的6个州中,除西澳大利亚州外,其他各州都将出版物呈缴制度纳入了州法律体系之中,其中新南威尔士州纳入了《版权法1879》(Copyright Act 1879),其余各州均纳入图书馆法。

从各州有关出版物呈缴制度的要素看,目前澳大利亚法定呈缴的范围主要是纸质出版物,少数州如昆士兰州包括了一些特殊载体的资源。为方便电子出版物的呈缴,该州州立图书馆网站专门开辟了一个呈缴平台——"呈缴精灵(Deposit Wizard)",用于提交电子书、电子期刊、电子报告等类型出版物。此外,出版者在呈缴超过25MB的电子出版物时,也可选择存储在光盘、可移动硬盘中邮寄的方式完成呈缴。[②]

表5.10　澳大利亚各州出版物呈缴制度要素

州名	呈缴期限	受缴单位及数量	呈缴范围	处罚
新南威尔士州	2个月内	州议会图书馆(1册)	第一次出版的纸质书籍(卷、册)、报纸、手册、剧本、凸版印刷制品、乐谱、地图、图表或独立印刷的计划等。	出版物的价值;不超过55澳元(0.5×110澳元)

① State Library of New South Wales. Annual Report: Previous Reports[OL].[2012-04-01]. http://www.sl.nsw.gov.au/about/publications/annual_reports/previous_reports.html.

② State library of Queensland. Legal Deposit—Deposit Wizard[OL].[2012-05-06]. http://www.slq.qld.gov.au/info/pw/legdep/wizard.

续表

州名	呈缴期限	受缴单位及数量	呈缴范围	处罚
昆士兰州	1个月内	州图书馆（1册）州议会图书馆（1册）	图书或图书的卷或册；报纸、杂志、期刊或手册；地图、计划、图表或表格；乐谱；电影、磁带、光碟、电子出版物和以其他方式制作的视听和信息的载体。	2000澳元（20×100澳元）
南澳大利亚州	1个月内	理事会（1册）州议会图书馆（1册）	图书或图书的卷或册；报纸、杂志、期刊或手册；地图、计划、图表或表格；乐谱；录音、磁带、电影、录像、CD、DVD或其他可被公众利用的存储视听和信息的载体。	不超过2500澳元
塔斯马尼亚州	1个月内	图书馆处（1册）	第一次出版的图书、期刊、报纸、印刷资料、地图、计划、乐谱、手稿、图片、打印文件、电影、有声唱片、摄影底片或照片、缩微照片、录像等。	240澳元（2×120澳元）
维多利亚州	2个月内	理事会（1册）	第一次出版印刷的出版物；修订、修正、增订和删减的与原版内容不同的版本；形式和版式不同的出版物。	出版物的价值；不超过200澳元；其他相关费用

西澳大利亚州的情况有些特殊。该州的出版物呈缴制度原本纳入《版权法1895》（Copyright Act 1895），但该法律于1994年废止，出版物呈缴制度被转移至《文化、图书馆和艺术法案》（Culture，Libraries and Arts Bill）之中，1998年该法律也不再施行。目前该州出版物呈缴的现状是，州政府部门遵循州总理的部署，在继续履行呈缴完整系统的政府文件资料的义务，出版商也基本上能够继续履行呈缴纸质出版物的义务，然而许多电影、音乐和新媒体出版商则基本不履行呈缴义务。鉴于此，该州图书馆正积极地与政府合作，为促进出版物呈缴制度再次实现法律化而努力。

图书馆理事会制度、图书馆经费、出版物呈缴制度这3项内容，是目前澳大利亚州图书馆法的主要内容，除此以外的其他内容，通常属于个性化或辅助性的内容，如：总则或前言中往往对图书馆法的标题、宗旨、指导思想、重要名词等作出解释，对法律规范的范围作出限定；有的法律对与图书馆法配套的规章细则的制定作出规范；有的法律对公共图书馆提交财务报告、年度报告和年度计划的流程、时间等作出规定；有的法律对图书馆理事会印章的使用标准以及档案的管理加以规范；各州的法律普遍设置过渡性条款，主要是对图书馆法的实施以及与其他相关法之间的衔接作出过渡性安排。

第六章 日本公共图书馆法

第一节 日本公共图书馆法律体系

所谓法律体系，是指由一系列层次不同、内容不同、规制力不同但又相互衔接、相辅相成的法律法规、条例规章、政策标准等构成的法律规范系统。构筑图书馆事业的法律保障体系，是图书馆法治建设追求的目标。日本现代意义上的公共图书馆法律制度建设从战后起步，经过60多年的建设和发展，已经基本形成了较为完整的公共图书馆法律体系。

一、图书馆"三法"

在日本当今的法律体系中，图书馆事业的国家立法共有3部：《国立国会图书馆法》、《图书馆法》和《学校图书馆法》，合称"图书馆三法"。就图书馆事业国家立法的数量而言，日本居当今世界各国之首。"图书馆三法"奠定了日本图书馆法律体系的基石。

《国立国会图书馆法》颁布于1948年2月，是日本战后最早的图书馆事业国家立法。该法律规范了日本国立国会图书馆的设置目的、组织架构、人事制度、管理体制、基本任务等重要事项。日本国立国会图书馆承担着日本国会图书馆和日本国家图书馆的双重任务，并非公共图书馆，但由于国家图书馆在一国图书馆体系中的重要地位，也由于该法律是日本战后最早颁布的图书馆专门立法，对日本此后的图书馆立法产生了重要影响。截至2012年年底，《国立国会图书馆法》已经过20次修订，最新修订是在2012年6月。①

《图书馆法》最初颁布于1950年4月，其内容涉及了图书馆概念的界定、图书馆服务的主要任务、图书馆的司书资格制度、有关公立图书馆和私立图书馆设置与运营的规定，有关图书馆"同种设施"的规定等。从内容上看，这部法律所说的"图书馆"，实际上是公共图书馆，因此，日本的《图书馆法》实际上是"公共图书馆法"。在日本，公共图书馆事业被纳入社会教育事业范畴，公共图书馆在中央政府归口文部省管理，在地方政府归口教育委员会管理，《图书馆法》所援据的上位法法源系统是：宪法→教育基本法→社会教育法→图书馆法，②也就是说，《图书馆法》所说的"图书馆"，实际上是被视为一个社会教育设施，这也就导致了法律将图书馆等同于公共图书馆的结果。截至2012年年底，日本《图书馆法》已经过20多次修订，多数修订是伴随着上位法的修订而进行的，最新修订发生在2011年12月。③

虽然日本的《图书馆法》实际上是"公共图书馆法"，但由于公共图书馆集中体现了现代图书馆的核心理念和价值功能，而日本至今还没有制定出一部规范各级各类图书馆的"图书

① 国立国会図書館・関係法規[OL].[2013-02-06].http://www.ndl.go.jp/jp/aboutus/laws.html.

② 塩見昇.新教育基本法と図書館法改正[J].図書館界,2008,60(3):180—189.

③ 総務省 e-Gov・法令データ提供システム[OL].[2013-02-06].http://law.e-gov.go.jp/cgi-bin/strsearch.cgi.

馆事业基本法”，所以，长期以来，《图书馆法》在日本实际上起着“基本法”的作用。《图书馆法》是日本战后最重要的图书馆专门立法，也是“图书馆三法”的核心。

《学校图书馆法》颁布于1953年8月，是一部专门规范作为中小学校基础设施的学校图书馆设置与运营的国家立法。法律确立了学校图书馆的“义务设置制”，规定了学校图书馆的功能任务，建立了学校图书馆的专业职务制度——司书教谕制度，明确了国家以及学校设置者对学校图书馆承担的责任。在日本“图书馆三法”中，《学校图书馆法》问世最晚，内容也最为简单，由于法律规定的司书教谕制度长期不落实引来的批评也最为激烈，但它赢得的喝彩也最多。喝彩的主要原因有二：第一，《学校图书馆法》的制定首倡于民间组织“全国学校图书馆协议会”，他们曾经征集了全国近百万人（92.5万人）的附议请愿签名，《学校图书馆法》的最终颁布被认为是“日本国民自发运动结出的硕果”。[①] 第二，为中小学校图书馆出台国家立法，这在当今世界上可谓独一无二，体现了对学校基础教育的高度重视，对图书馆功能作用的深刻理解，日本学者说这是日本值得向世界“夸耀”的事情。[②]

二、《图书馆法》配套规章

日本《图书馆法》的配套规章可以分为两个层次：一是法律的实施细则，二是依法制定的行政规章、政策文件等。

《图书馆法》的实施细则包括《图书馆法施行令》和《图书馆法施行规则》。前者以国务大臣“政令”的名义颁布，后者以文部省“省令”的名义颁布，二者统称为“法令”，法令的制定主体是接受立法机关授权的政府行政部门，其内容是对法律条文原则性规定的细化、具体化、程序化。如《图书馆法施行令》对《图书馆法》条文中有关图书馆“设施费”、“设备费”做出了具体界定。《图书馆法》规定建立司书制度，《图书馆法施行规则》对“司书讲习”的授讲资格、讲授科目、学分取得方式等做出具体规定。法律的实施细则随法律条文的修改而修改。如《图书馆法施行规则》最初颁布于1950年9月，最新修订是在2011年12月。

另一类配套规章是政府部门依法制定的行政规章、政策文件等。如《图书馆法》规定文部大臣主持制定并公布有关图书馆设置及运营的期望标准，2001年7月文部省告示第132号正式公布了《公立图书馆设置及运营期望标准》，对有关公共图书馆的设置、运营、评价、发展等问题提出了具体要求，这就是文部省依法制定的公共图书馆发展政策。日本学者认为，行政规章、政策文件等并不具备法律的规制力，但其内容具有补充法律的行政规范性质，不能忽视它事实上的影响力。[③] 日本与《图书馆法》配套的行政规章、政策文件集中在法律确立的司书制度实施、图书馆设置与运营标准、图书馆协议会建设等方面。

三、地方性图书馆条例、规则

公共图书馆的设置主体是地方政府。日本《图书馆法》规定，有关公立图书馆的设置事项、有关公立图书馆中“图书馆协议会”的组成和运营事项，由地方议会制定“条例”加以规

---

① 塩見昇．図書館概論（新訂版）［M］．日本図書館協会，2008：156—157.

② 栗原克丸．戦後教育と学校図書館法［G］//全国学校図書館協議会編．学校図書館法改正：その課題と展望．全国学校図書館協議会，1983：17.

③ 武田英治，山本順一編．図書館法規基準総覧（第2版）［M］．日本図書館協会，2002：8—9.

范;有关图书馆服务、运营管理的基本事项,由地方政府教育委员会制定“规则”加以规范。因此,日本的公共图书馆法律体系包括大量的地方性公共图书馆“条例”和“规则”。就实际情况看,各地的“条例”和“规则”从形式到内容都不尽相同,体现出了很大的地域性和自主性。比如,有的地方是制定一种综合性的“条例”或“规则”,也有的地方是多种专门性“条例”和“规则”并举,如分别制定公共图书馆的“设置条例”、“协议会条例”、“管理规则”、“事务规则”、“资料规则”等。1999 年日本图书馆协会进行过一次覆盖全国 7 个都道府县 233 个城市的典型调查,结论是:42.5% 的地方议会制定了综合性的“条例”,48.1% 的地方议会制定了专门的“设置条例”,10.7% 的地方议会制定了专门的“协议会条例”,还有 9.4% 的地方议会是把公立图书馆和其他类似机构归并起来制定综合性的“复合设施设置条例”。15.9% 的地方政府教育委员会制定有公立图书馆的“事务规则”,另有 24.9% 制定的不是“事务规则”而是“事务程序”,制定有专门的“资料规则”的只有 2.1%。[①]

关于地方性图书馆条例、规则的主要内容,1999 年涉及全国 7 个都道府县 233 个城市的典型调查,结论如表 6.1。

表 6.1　233 个城市地方性图书馆条例、规则规范事项统计[②]

地方性图书馆条例			地方性图书馆规则		
规范事项	规定城市数(个)	所占比例(%)	所占比例(%)	规定城市数(个)	规范事项
设置图书馆	233	100	96.6	225	利用条件
设置目的	116	49.8	30.5	71	注意事项
依据法律	179	76.8	80.3	187	利用限制
名称、位置	233	100	34.3	80	手续费
业务范围	38	16.3	57.9	135	业务范围
图书馆网建设	17	7.3	37.8	88	业务分工
馆长资格	9	3.9	29.6	69	司书职员
司书职员	78	33.5	6.4	15	在职研修
手续费	32	13.7	16.7	39	保守秘密
闭馆日	11	4.7	23.2	54	自主事项
利用限制	40	17.2	39.9	93	协议会
保守秘密	20	8.6	9	21	文库援助
管理主体	34	14.6	1.7	4	免费规定
协议会	123	52.8			

通过表 6.1 可以看出,条例和规则在内容的侧重上有所不同:条例侧重“设置事项”,规则侧重“管理事项”。如较多城市的图书馆“条例”对图书馆设置、图书馆的名称和位置、设置依据、图书馆协议会建设等与“设置”相关的事项作了规定;较多城市的图书馆“规则”对包括开馆时间、利用资格、外借册数、外借期限在内的“利用条件”,包括禁止吸烟、禁止喧哗等在内的“注意事项”,包括谢绝精神障碍者入馆等在内的“利用限制”,以及业务范围等与“管理”相关的事项作了规定。同是“利用限制”事项,图书馆条例涉及的仅为 17.2%,而图书馆规则涉及

① 塩見昇,山口源治郎.図書館法と現代の図書館[M].日本図書館協会,2003:273—275.

② 塩見昇、山口源治郎.図書館法と現代の図書館[M].日本図書館協会,2003:276—279.

的高达80.3%，明显地体现了条例和规则内容侧重点的不同。不过，从表6.1中也可以看到另外两个现象：一是各地的图书馆条例和规则内容差异很大，多数规范事项所占的比例都不高；二是条例和规则在内容上的交叉现象比较突出，许多规范事项条例和规则兼而有之。日本学者也说，什么是设置事项，什么是管理事项，直到今天，在法律上、实践上并没有区分清楚。[①]

四、图书馆相关法

图书馆相关法是指在图书馆适用的其他领域、其他方面的法律法规。这类法律法规并非专门针对图书馆制定，但与图书馆建设和服务的某些方面、某些环节关系密切，因而成为图书馆法律体系的重要组成部分。进一步说，任何国家的图书馆法律体系，图书馆专门法虽然重要但数量不会多，大量的是图书馆相关法，因此，相关法的完善程度成为评价一国图书馆法律体系完善程度的重要指标。

日本现行有效的许多法律法规都涉及了公共图书馆。依据日本图书馆协会2002年出版的《图书馆法规基准总览》(第2版)进行统计，图书馆相关法有120部左右，涉及了公共图书馆的方方面面。重要者如：

- 涉及公共图书馆的行政、财政类法律法规，如《地方自治法》、《财政法》、《地方交付税法》等。
- 涉及公共图书馆的教育类法律法规，如《教育基本法》、《学校教育法》、《社会教育法》、《私立学校法》等。
- 涉及公共图书馆的其他社会教育文化机构类法律法规，如《博物馆法》、《青年学级振兴法》等。
- 涉及公共图书馆的地域开发、城市建设类法律法规，如《土地征用法》、《都市规划法》、《建筑基准法》、《都市公园法》等。
- 涉及公共图书馆的环境保护类法律法规，如《噪音防治法》、《关于防治公共机场周边噪音污染的法律》等。
- 涉及公共图书馆的特殊人群保护类法律法规，如《残疾人福利法》、《儿童福利法》、《老年人福利法》等。
- 涉及公共图书馆的著作权保护、个人信息保护类法律法规，如《著作权法》、《信息公开法》、《关于行政机关拥有的计算机保护个人信息的法律》等。
- 涉及公共图书馆的劳动保护类法律法规，如《劳动基本法》、《劳动者派遣法》、《国家公务员法》等。

此外，像《邮政法》、《医疗法》、《统计法》、《文化财保护法》、《日本学术会议法》，乃至《旅馆业法》、《关于风俗营业限制及营业正当化的法律》中，也都有与公共图书馆相关的规定，可见相关法范围之广，数量之多。

进入新世纪，日本出现了两部与公共图书馆相关度甚高的专门法律值得特别提及：一是《关于推进儿童读书活动的法律》(2001年12月12日颁布)，一是《文字·印刷文化振兴法》(2005年7月29日颁布)。《关于推进儿童读书活动的法律》规范的主要内容包括：国家和地方政府负有制定和实施推进儿童读书活动政策的责任；中央政府必须制定"儿童读书活动

① 塩見昇，山口源治郎.図書館法と現代の図書館[M].日本図書館協会，2003：282.

推进基本规划”，向国会报告并公开发布；各级地方政府必须制定并公布本地区的儿童读书活动推进计划；国家和各级地方政府必须努力建设学校、图书馆、相关机构及民间团体密切合作的推动儿童读书的体制机制；为保证儿童读书活动推进计划的落实，国家和各级地方政府必须建立必要的财政和其他保障措施。该法律还将每年的4月23日确定为日本的“儿童读书日”。[①]《文字・印刷文化振兴法》的立法目的是，继承和弘扬人类在漫长的历史进程中积累下来的知识和智慧，促进以书写和印刷形式表现的精神文化活动，以提升公众的文化素养。法律规范的主要内容包括：国家和地方政府应实施振兴文字・印刷文化的政策，建立图书馆、教育机构以及其他相关机构密切合作的振兴机制；市町村应设置必要数量的图书馆，保障必要的条件，以切实满足市民的需要；国家和地方各级政府为保证公立图书馆的服务满足市民需求，必须制定包括完善司书体制、充实图书馆资料、推进情报化服务在内的政策；为保证文字・印刷文化振兴政策的落实，国家和地方政府必须建立必要的财政和其他保障措施。该法律将每年的10月27日确定为日本的“文字・印刷文化日”。[②] 这两部法律的直接规范对象都不是公共图书馆，但为了推进儿童读书活动和弘扬文字・印刷文化，法律都对强化公共图书馆的责任作出了规定，日本图书馆界也着力推动这类法律的出台。利用这类涉及公共图书馆核心业务的相关法立法契机，强化和细化对公共图书馆的法律保障，这是近年来日本公共图书馆法律制度建设的一个新特点。

五、行业发展指南与行业自律规范

行业发展指南与行业自律规范是指图书馆行业组织制定和颁布的指导性、自律性政策文件，如专业性、指南性发展政策和标准规范，自律性“誓约”宣言等。这类文件的制定主体并不是立法机关，其本身也不是法律法规，因此不具备法律法规的规制力，但当今世界各国普遍把这类行业发展指导性政策文件、自律规范纳入图书馆法律体系的范畴，这是因为法律制度建设的根本目的是形成秩序，而秩序的形成仅有法律是远远不够的，必须有超越法律的观念引导、道德教化、方向指引和行为自律，所以，法治德治相结合是普遍的法治理念和法治实现途径。

日本图书馆界最具权威性的行业组织是日本图书馆协会（Japan Library Association，简称JLA）。在日本战后公共图书馆事业发展进程中，日本图书馆协会在不同时期制定发布的行业发展指导性政策文件发挥了重要作用。典型的如1963年发布的《中小城市公共图书馆的运营》（俗称“中小报告”）、1970年发布的《市民的图书馆》，对日本战后公共图书馆事业的发展方向、战略重点产生了深远影响。目前，日本图书馆协会有关行业发展的指导性文件以《公立图书馆的任务和目标》最具代表性。该文件最初发布于1989年1月，2004年3月最新修改，其内容主要包括：阐述公立图书馆的职能、作用；提出市町街村、都道府县不同层级公立图书馆运营和服务的基本规范；对各级政府制定图书馆事业发展政策提出指导意见，提出公共图书馆服务体系建设的基本指标。[③] 日本学者认为，《公立图书馆的任务和目标》是日本

---

① 子どもの読書活動の推進に関する法律//武田英治，山本順一編. 図書館法規基準総覧（第2版）［M］. 日本図書館協会，2002：129—130.

② 文字・活字文化振興法［G］//塩見昇. 教育を変える学校図書館・資料4［M］. 風間書房，2006：245—247.

③ 日本図書館協会図書館政策特別委員会編. 公立図書館の任務と目標［M］. 日本図書館協会，2009.

图书馆协会有关公共图书馆发展方向、振兴政策的集大成之作。①

日本图书馆协会制定发布的行业自律规范以《图书馆自由宣言》和《图书馆员伦理纲领》为代表。《图书馆自由宣言》也就是国际图书馆界常见的"图书馆权利宣言"的日本表现形式，最初发布于1954年，1979年重新修订，它是日本各级各类图书馆作为一个整体，基于对自身所承担的保障知识自由、保障公民知识和信息权利的职业责任的理解，对自身在职务活动中应该具有的职业权利和自由空间的集体性确认。图书馆追求自由的职务空间，不是追求图书馆自身的自由，而是为了保障公民获得知识和信息的自由；图书馆追求职业权利，不是追求图书馆自身的权利，而是为了保障公民的知识和信息权利，因此，有关图书馆自由/图书馆权利的宣言性文件，被称为是图书馆向社会发出的"誓约"，②体现的是图书馆作为一个机构整体的职业理念、职业追求和职业信仰。日本1979年修订的《图书馆自由宣言》的核心内容是：图书馆具有收集资料的自由，图书馆具有提供资料的自由，图书馆为利用者保守秘密，图书馆反对一切检查。③

图书馆员伦理规范是图书馆员为完成图书馆所承担的职业责任而应具有的职业道德、专业素养和行为规范。图书馆自由/权利宣言向社会宣告了图书馆所承担的保障知识自由、保障公民知识和信息权利的责任，这一责任的实现，需要所有图书馆员在日常职务活动中具体落实，因此，伦理规范和自由/权利规范是"二位一体"、"表里相应"的关系，是图书馆员在认识和理解《图书馆自由宣言》所昭示的图书馆职业责任的基础上，在日常工作中履行职责的行为自律规范。如果说自由/权利宣言是图书馆向社会发出的"誓约"，那么，伦理规范就是图书馆员向社会发出的"誓约"，④体现的是图书馆员自觉意志。日本图书馆协会制定的《图书馆员伦理纲领》于1980年6月发布，内容主要涉及图书馆员对待职业的态度，图书馆员对利用者的责任，图书馆员对图书馆资料的责任，图书馆员对通过培训研修提高专业水平的责任，图书馆员作为组织体系中一分子的责任，图书馆员在图书馆合作中的责任，图书馆员在社会文化创造中的责任。⑤《图书馆自由宣言》和《图书馆员伦理纲领》共同构成了日本图书馆界的行业自律规范。

第二节　日本《图书馆法》确立的基本制度

一、公立图书馆与公共图书馆

日本《图书馆法》对"图书馆"的界定是："由地方政府、日本红十字会或民法第34条规

① 塩見昇. 図書館概論(新訂版[M]). 日本図書館協会,2008:254.

② 日本図書館協会図書館の自由委員会編. 図書館の自由に関する宣言1979改訂解説(第2版)[M]. 日本図書館協会,2004:18.

③ 図書館の自由に関する宣言(1979改訂)[OL]. [2013-02-07]. http://www.jla.or.jp/library/gudeline/tabid/232/Default.aspx.

④ 日本図書館協会図書館員の問題調査研究委員会編. 図書館員の倫理綱領解説(増補版)[M]. 日本図書館協会,2002:5—6.

⑤ 図書館員の倫理綱領(日本図書館協会1980.6.4総会決議)[OL]. [2013-02-07]. http://www.jla.or.jp/library/gudeline/tabid/233/Default.aspx.

定的法人所设置(学校附属的图书馆或图书室除外),收集、整理、保存图书、记录以及其他必要的资料,供一般公众利用,以帮助其提高素养、调查研究、休闲娱乐为目的的设施”。其中,“地方政府设置的图书馆称为公立图书馆,日本红十字会或民法第34条规定的法人设置的图书馆称为私立图书馆”。分析这一界定,法律所说的图书馆实际就是公共图书馆,但使用的概念是“公立图书馆”、“私立图书馆”,而非“公共图书馆”。这是因为,在日本,供一般公众使用,以提高其素养、调查研究和休闲娱乐为目的的图书馆,可以公立,也可以私立,政府对不同设置主体设立的图书馆有不同的监管原则和支持政策,因此,作为法律语言或政策语言,日本严格区分公立图书馆和私立图书馆,不使用“公共图书馆”的概念。然而,作为学术语言或大众语言,“公共图书馆”往往又是“公立图书馆”的同义语。比如,庆应大学教授田村俊作等人出版了一部名为《公共图书馆的论点整理》著作,讨论的是日本公立图书馆的问题,书名中使用的概念是“公共图书馆”。日本图书馆协会编辑出版的《图书馆手册》也说,在日本,“公共图书馆是指由地方政府设置的公立图书馆”。[①] 也有学者认为公共图书馆不仅包括公立图书馆,还应包括私立图书馆。[②] 从历史上看,日本的私立图书馆数量曾经非常庞大,二战刚刚结束时的1946年全国有854所之多,[③]但伴随着《图书馆法》颁布后政府设置的公立图书馆迅速发展,私立图书馆急剧减少。2011年年底,日本全国的私立图书馆只有20所,占全国公共图书馆总量(3210所)的0.6%,[④]基本可以忽略不计。因此,可以认为日本作为法律语言、政策语言的“公立图书馆”与作为学术语言、大众语言的“公共图书馆”是等值概念。正是基于这样的理解,我们说日本的《图书馆法》实际上是“公共图书馆法”。

日本《图书馆法》规定的公共图书馆主要任务有9项:

(1)收集图书、记录、视听资料等图书馆资料,特别注意收集乡土资料、地方行政资料、美术品、非书资料等,以供一般公众利用;

(2)对图书馆资料进行恰当的分类编目,并编制目录;

(3)图书馆员掌握充分的有关图书馆资料的知识,为读者的利用提供参考咨询;

(4)与其他图书馆、国立国会图书馆、地方议会附设的图书馆以及学校图书馆密切合作,开展图书馆资料的馆际互借;

(5)设置分馆、阅览处、流通点,配置汽车图书馆开展流动服务;

(6)主办读书会、研究会、鉴赏会、放映会、资料展览等活动,对在图书馆开展此类活动给予鼓励;

(7)介绍并提供时事文献及参考资料;

(8)为利用社会教育的机会、活用社会教育的学习成果而进行的教育活动或其他活动提供条件,对在图书馆开展的此类活动给以鼓励;

(9)与学校、博物馆、公民馆、研究所等机构密切联系,加强合作。

---

① 日本図書館協会図書館ハンドブック編集委員会.図書館ハンドブック(第6版)[M].日本図書館協会,2005:5.

② 塩見昇.図書館概論(新訂版)[M].日本図書館協会,2008:28.

③ 日本図書館協会.日本の図書館(1989)[M].日本図書館協会,1989:14.

④ 日本の図書館統計・公共図書館統計集計(2011)[OL].[2013-02-07].http://www.jla.or.jp/library/statist.ics/tabid/94/Default.aspx.

这9项任务涉及4个方面：一是文献资料的收集、整理、提供、参考咨询；二是以文献资料为中心的相关活动提供；三是服务于社会教育的设施、设备等基本条件的提供；四是与相关机构的广泛合作。从1950年至今，日本《图书馆法》关于公共图书馆基本任务的规定变化不大，只有第8项是2008年法律修订时新增加的。

二、公共图书馆服务的免费制度

战前和战中，日本的公共图书馆被称为是一个"思想善导"机构，做得好的，最多也就是一个"学生自习的场所"，读者进馆要收取"入馆费"。如1949年东京开放的16所公共图书馆，日比谷等3所收取入馆费8日元/次，其他13馆收取5日元/次。[①] 1950年颁布的《图书馆法》首先规定公共图书馆最基本的功能是为促进国民的教育和文化的发展而提供服务。"新的图书馆，必须是一个为国民服务的机构。当国民需要学习的时候，当国民需要提高文化素养的时候，当国民需要休闲娱乐的时候，图书馆必须能提供充分的服务"。[②] 这标志着日本公共图书馆理念的根本转变。这一转变，"带来了战后公共图书馆活动方向的根本转变"。[③] 彻底摒弃了"思想善导"的功能，确立了"图书馆服务"的理念，被认为是日本1950年颁布的《图书馆法》的最大价值。

与确立"图书馆服务"的现代图书馆理念相适应，日本1950年颁布的《图书馆法》结束了战前公共图书馆有偿利用的历史，以专门条款规定"公立图书馆不得收取入馆费以及其他与利用图书馆资料等价的费用"，这就是日本《图书馆法》中著名的第十七条，日本图书馆服务的免费制由此诞生。

日本《图书馆法》所说的"免费"，范围涉及两个方面：一是不得收取"入馆费"，二是"利用图书馆资料"免费。前者含义非常明确，后者存在一个怎样理解和界定"利用图书馆资料"的问题。日本图书馆界一般认为，法律所说的"利用"，是指借用图书馆资料、并且在规定的期限内将与借用时状态相同的图书馆资料返还的行为。如果将借用的图书馆资料丢失、损毁，或是没有在规定的期限内返还，自然需要课以一定数额的损失补偿金或返还延滞金，这并不违反法律确立的免费原则。[④] 基于以上对"利用图书馆资料"的理解和界定，下列几项图书馆服务的收费，被认为与免费原则不冲突。

（1）复印图书馆资料的收费。由于复印件归于利用者个人，所以图书馆应收取复印成本费。

（2）"目的外"利用图书馆设施场所的收费。使用公共图书馆的会议室、展览室等设施场所能否收费，依据"使用目的"决定。《图书馆法》规定公共图书馆承担着主办读书会、研究会、鉴赏会、放映会、资料展览等活动的任务，也承担着对在图书馆开展此类活动的其他团体或个人给予鼓励的责任，因此，以利用图书馆资料为目的的设施场所使用，适用免费原则。但是，如果使用图书馆的设施场所与利用图书馆资料无关，即所谓的"目的外"使用，就可以收取使用费。不过，直到目前，并没有明确的判断"目的外"使用的标准，因此，馆长对这一问题有较大的

① 小川徹，奥泉和久，小黒浩司．公共図書館サービス・運動の歴史2——戦後の出発から現代まで［M］．日本図書館協会，2006：41．

② 西崎恵．図書館法［M］．日本図書館協会，1979：20．

③ 裏田武夫，小川剛．図書館法成立史［G］//図書館法成立史資料．日本図書館協会，1979．

④ 森耕一．図書館法を読む（補訂版）［M］．日本図書館協会，1995：163．

自由裁量权。近年来还出现了一个新问题：由于复合化公共设施大量出现，会议室、展览室等设施场所往往是多个机构共用，图书馆对这类设施场所并没有独立支配权，面对这一现象，日本学者认为需要强调的倒是公共图书馆服务范畴之内的设施场所使用，必须坚持免费原则。

(3)图书馆资料返还延滞金。超期返还借用的图书馆资料收取延滞金，不违反图书馆服务免费原则。日本许多地方性公共图书馆条例、规则都将收取延滞金写入其中。然而，自20世纪70年代以来，日本图书馆界一直在探索以停止一定期限的借阅权来替代收取延滞金，因为在实践中出现了收取延滞金"手续繁杂、效果不佳"的现象。目前，这种以停止一定期限借阅权替代收取延滞金的办法，已经在日本公共图书馆比较广泛地实行。

(4)馆际互借收费。日本图书馆界把法律规定的"利用图书馆资料"解释为利用各自图书馆的馆藏资料；总分馆体制普遍实行后，扩展为利用同一总分馆体系内图书馆的馆藏资料。因此，不同图书馆之间以及不同总分馆体系之间的馆际互借，就存在一个图书馆资料移动费用的问题。这一费用由利用者承担，被认为不违反图书馆服务的免费原则。不过，也有日本学者分析道，馆际互借费用由利用者承担，对生活在小地方只有小型图书馆可用的利用者来说是一种不公平，因为相对于生活在大城市有大型图书馆可利用的人来说，他们可能需要更多地使用馆际互借服务，因而需要支付更多的费用。关于怎样解决这一问题，目前提到的也仅仅是公共图书馆应尽最大的努力使馆际互借费用最小化，以体现公共图书馆服务的公平利用。

(5)使用外部数据库的收费。随着时代的发展，图书馆资料自然包括了数字化资料。外部数据库是商业数据库，使用外部数据库分两种情况：如果是题录数据库，免费使用；如果是利用内容数据库，一般按照限时免费、超时收费的原则处理，超时收费部分由利用者负担。日本学者认为，图书馆资料包括数字化资料，这是立法当初所没有想到的，修订或重新解释《图书馆法》第十七条，以使其适应数字时代的变化，已成为不容回避的问题。①

总的来看，日本学者对《图书馆法》确立的免费制给予了高度评价，认为免费原则是现代公共图书馆服务"原则中的原则"，②是真正意义上的现代公共图书馆在日本出现的标志，③对此后整个日本社会的发展都具有重要意义。从1950年开始直到今天，日本的公共图书馆坚守了《图书馆法》确立的"利用图书馆资料"的免费制，包括办证、借阅、辅助服务全环节的免费。早在1963年日本图书馆协会为编写"中小报告"而进行的一项调查就显示，当时日本绝大多数公共图书馆就已经做到了读者办借阅证不再需要缴纳押金，④由此可见其免费彻底性之一斑。

进入20世纪80年代以来，伴随着行政体制改革的推进、计算机和数字资源进入图书馆服务，日本图书馆界开始出现了重新检讨免费制、认可图书馆服务收费制的讨论，90年代以后，讨论更为热烈。总的来看，有人主张坚守免费制，有人主张认可收费制，同时强调认可收费制并不是否定免费制，而是认可一定范围的收费制。在实践层面，日本向利用者开放计算机终端的公共图书馆在增加，但真正引入商业数据库的公共图书馆并不多，提供收费服务的

---

① 塩見昇，山口源治郎．図書館法と現代の図書館［M］．日本図書館協会，2003：173—177.

② 前川恒雄，石井敦著．（新版）図書館の発見［M］．日本放送出版協会，2006：155.

③ 小川徹，奥泉和久，小黒浩司．公共図書館サービス・運動の歴史2——戦後の出発から現代まで［M］．日本図書館協会，2006：43.

④ 日本図書館協会．中小都市における公共図書館の運営［M］．日本図書館協会，1963：105

会员制图书馆在东京六本木出现了，[①]免费和收费的争论仍在继续。

三、图书馆员的专业资格制度——司书制度

"司书"在日本早已有之。1897年（明治三十年），当时的"帝国图书馆"（日本国立国会图书馆的前身）最早将司书作为一种职位。1906年（明治三十九年）修订"明治图书馆令"，司书被引入公共图书馆。1908年公布《帝国大学司书官及帝国大学司书特别任用令》，司书被引入大学图书馆。1921年（大正十年），日本公布《公立图书馆职员令》，1933年（昭和八年）又对该令进行全面修订，确立了司书考试制度。1946年战前的司书及司书考试制度被废止。[②] 日本战前的司书制度，主要不是从专业角度对从业人员专业水平的考量，而是比照官僚机构的官吏等级给予图书馆员的一种地位、待遇上的"优遇"政策，比如1921年的《图书馆职员令》规定，给予司书"奏任官"或"判任官"的待遇。[③]

1950年颁布的《图书馆法》沿用了"司书"的称谓，重新建立了日本的司书制度。迄今为止，日本战后司书制度的构成要素基本稳定，现行《图书馆法》（2011年12月14日最新修订）有关司书制度的主要规定如下。

• 图书馆配置专业职员"司书"和"司书补"。司书从事图书馆的专业性工作，司书补协助司书工作。

• 取得司书资格需满足以下条件之一：

（1）大学毕业，并且在大学学习期间履修了文部省令规定的有关图书馆的课程；

（2）大学或大专毕业，并且履修了司书讲习课程，成绩合格；

（3）履修了司书讲习课程，成绩合格，并且连续三年以上从事司书补工作；或连续三年以上在国立国会图书馆、大学或大专图书馆从事相当于司书补的工作；或连续三年以上在文部大臣指定的政府机关、学校、社会教育机构从事社会教育主事、学艺员等与司书补同等职位的工作。

• 取得司书补资格需满足以下条件之一：

（1）具有司书资格；

（2）按《学校教育法》第90条第1项的规定能够进入大学学习者，履修了司书补讲习课程，成绩合格。

• 司书及司书补的专业培训称为"司书及司书补讲习"。讲习由文部大臣委托大学实施。讲习应开设的课程、学分及其他必要的事项，由文部省令规定。讲习应履修的学分数，不得低于15学分。

• 为不断提升司书及司书补的专业水平，文部大臣及都道府县教育委员会应实施必要的在职研修。

文部省依据《图书馆法》制定的《图书馆法施行规则》（2011年12月1日最新修订），对"司书及司书补讲习"的具体事项作出了规定。要点是：

• 参加司书讲习，需满足以下条件之一：

---

① 鈴木宏宗，渡邉斉志．図書館サービスへの課金［G］//田村俊作，小川俊彦編．公共図書館の論点整理．勁草書房，2008：59—83．

② 図書館用語辞典編集委員会編集．最新図書館用語大辞典［K］．柏書房株式会社，2004：170．

③ 塩見昇，山口源治郎．図書館法と現代の図書館［M］．日本図書館協会，2003：128．

(1)大学二年级以上并已履修了62个学分以上,或是已经取得大专学历;

(2)连续2年以上从事司书补工作;或连续2年以上在国立国会图书馆、大学或大专图书馆从事相当于司书补的工作;或连续2年以上在文部大臣指定的政府机关、学校、社会教育机构从事社会教育主事、学艺员等与司书补同等职位的工作;

(3)文部大臣认可的具有相当于以上条件者。

• 参加司书补讲习,应具备按《学校教育法》第90条第1项的规定能够进入大学学习者。

• 司书讲习的课程及学分如表6.2。取得司书资格,需履修"甲群"所列的全部课程,并选修2门以上"乙群"课程。

表6.2 司书讲习课程及学分

	课程	学分		课程	学分
甲群	终生学习概论	1	乙群	图书馆及图书馆史	1
	图书馆概论	2		资料特论	1
	图书馆经营论	1		传播学	1
	图书馆服务论	2		情报设备论	1
	参考咨询服务实习	1		图书馆特论	1
	情报检索实习	1			
	图书馆资料论	2			
	专门资料论	1			
	资料组织概说	2			
	资料组织实习	2			
	儿童服务论	1			

• 司书补讲习的课程及学分如表6.3。取得司书补资格,需履修所列的全部课程。

表6.3 司书补讲习课程及学分

课程	学分	课程	学分
终生学习概论	1	图书馆基础	1
图书馆服务基础	1	参考咨询服务	1
参考资料解题	1	情报检索服务	1
图书馆资料	2	资料整理	2
儿童服务基础	1	图书馆特讲	1

• 实施讲习的大学通过考试、论文、报告或其他审查方式认定履修成绩是否合格。

• 实施讲习的大学校长向履修合格者颁发合格证书,并将合格者名单报送文部大臣。

• 文部大臣在委托大学实施讲习前,应现场检查大学的职员构成、设施设备等。如果认为符合条件,应明确指定实施讲习的科目、时间,以及其他必要的事项。

• 司书及司书补讲习的接受人数、遴选方法、开讲时间等具体事宜,每年在政府公报上公布。如遇特殊情况,以适当的方式公示。

纵观日本现行司书制度的主要规定,可以看出这一制度的主要特点。

第一，司书制度是一种专业资格制度。从理论上说，它既是一种“准入”制度——可以作为图书馆录用馆员时对专业水平的要求，具有“准入门槛”的作用；也是一种图书馆从业人员的“晋升”制度——在图书馆及类似机构工作的从业人员可以通过这一制度晋升专业资格，如从司书补晋升为司书。司书制度既面向“社会人”，也面向图书馆从业人员，是一种开放的专业资格制度。

第二，获得司书、司书补资格和接受系统的专业教育紧密相连。要想取得资格，必须接受由大学实施的系统的专业教育。系统的专业教育有两种形式：一是在大学学习期间履修文部省认可的图书馆专业课程；二是履修司书、司书补讲习课程。由于强调这种教育是“系统的专业教育”，而不是短期培训、在职进修、技能训练或临时研讨一类随机性培训，所以，实施主体必须是大学，不能是没有系统专业教育资质的图书馆等实际工作部门。大学开设司书或司书补讲习课程，需经文部大臣审查批准。

第三，参加司书或司书补讲习有条件限制，不是谁都可以。限制条件集中在两个方面：学历和从事图书馆及相关工作的年限。取得司书或司书补资格需要履修规定的课程，并经考试或审查合格。

目前，日本接受文部大臣委托开设司书、司书补讲习课程的大学为数不少。据统计，全国每年大约有近400所各种类型的大学举办专门的司书讲习。[①] 2007年，日本全国在大学学习期间通过履修规定课程获得司书资格的有9076人，通过参加司书讲习获得司书资格的有1209人，二者合计达1万多人。[②]

日本的司书制度虽然从1950年就写进了《图书馆法》，但长期以来执行状况并不尽如人意。突出的表现是，真正把司书确立为一种制度的地方政府还很少，司书资格还没有普遍成为在图书馆就业、晋升的先决条件，往往是有资格的人进不了图书馆，而许多从事图书馆工作的人又没有司书资格。因此，日本学者也说司书制度在日本还是一个相当脆弱的制度。[③] 最新统计显示，截至2011年年底，日本公共图书馆共有从业人员36 758人，其中有司书和司书补资格的19 168人，司书比例为52.15%，[④]这一比例和20世纪90年代初相比没有任何进展，当时的一项调查显示司书比例为52%。[⑤] 近年来，由于经济长期不景气，再加上日本推行公共设施的委托经营，图书馆的用人机制发生了变化：专任馆员在减少，临时馆员和派遣馆员在增加，如2011年和1990年相比，公共图书馆专任馆员所占的比例由80.2%下降到34.4%。[⑥] 用人机制的变化带来了一个司书比例的新变化：相对于专任馆员，临时馆员、派遣馆员中有司书、司书补资格者所占比例呈现上升态势。如2011年日本公共图书馆中临时馆

---

① 日本図書館協会図書館学教育部会. 日本の図書館情報学教育2005(平成16年調査)[M]. 日本図書館協会,2008:9—10.

② 栗原祐司. 図書館法等の改正と今後の課題について[J]. 図書館雑誌,2008(9):634—637.

③ 塩見昇. 図書館概論(新訂版)[M]. 日本図書館協会,2008:37.

④ 日本の図書館統計・公共図書館統計集計(2011)[OL]. [2013-02-08]. http://www.jla.or.jp/library/statist.ics/tabid/94/Default.aspx.

⑤ 日本図書館協会図書館白書編集委員会編. 図書館はいま:白書・日本の図書館1992[M]. 日本図書館協会,1992:154.

⑥ 文部科学省. 平成23年度社会教育調査中間報告について[OL]. [2013-02-08]. http://www.mext.go.jp/b_menu/toukei/chousa02/shakai/kekka/k_detail/1326752.htm.

员有资格者占53.82%,派遣馆员中有资格者占56.28%,均高于专任馆员的51.57%。[①]

早在20世纪80年代中期,日本图书馆协会就提出过司书制度真正确立的“六大标志”:(1)地方政府建立了录用图书馆馆员必须要求具有司书、司书补资格的制度;(2)图书馆建立了以年功积累和能力考查为基础的独立的司书晋升机制;(3)图书馆杜绝了无视个人意志和专业特点的岗位轮换;(4)作为原则,馆长和承担图书馆业务工作的馆员必须具有司书资格;(5)建立了个人和集体相结合的在职研修制度;(6)形成了司书和其他职员合理配置的标准和规范。[②] 1989年日本图书馆协会发布《公立图书馆的任务和目标》,将上述“六大标志”中的前三条提炼简化为“三大标志”。[③] 不论是以“六大标志”还是“三大标志”来衡量日本司书制度的现状,尽管已经走过了60多年的历程,但离完善、健全还有不小的距离。

四、公共图书馆经费的“国库补助金”制度

按照现代社会各级政府的职能划分和事权责任,公共图书馆的设置主体是地方政府,所以,有关公共图书馆的设置规划、运营保障,主要是地方政府的责任。在日本,各级公共图书馆的经费保障主要来自两个方面:最主要、最基本的是地方政府基于地方税收的财政预算;此外,日本有一个“地方交付税”制度,这是一个“为了确保地方政府具有行政必需的合理且适当的财源而进行财政调整的制度”。具体做法是,中央政府按既定的公式和方法对地方政府的财政需要额和财政收入额进行计算,收入额的不足部分,由中央财政弥补。由此看来,日本的“地方交付税”大致相当于我国中央财政的“转移支付”。日本学者说,理论上讲地方政府财政入不敷出的部分由中央政府弥补,但事实上中央政府的弥补从来都是有限的,不是足额的。[④] 不论是地方政府的税收,还是来自中央政府的“地方交付税”,都要纳入地方政府预算,属于地方“一般财源”。

虽然公共图书馆的设置主体是地方政府,建设并维持公共图书馆的主要责任是地方政府,但国家——即中央政府对发展本国的图书馆事业也承担着责任,中央政府的税收也有用于发展公共图书馆事业的义务。怎样体现这一原则?日本1950年颁布的《图书馆法》设计了一个中央政府对地方各级公共图书馆经费的“国库补助金”制度。该制度的要点是:

- 国家在预算的范围内,就图书馆的设施、设备所需的经费以及其他必要经费,对设置图书馆的地方政府给予补助;
- 接受补助的地方政府,所设置的公共图书馆必须达到文部省令规定的最低标准;
- 经文部大臣审查,地方政府设置的公共图书馆达到了最低标准,补助金就应支付;
- 有以下情况之一,已经支付的当年补助金必须返还,并且停止以后接受补助金的资格:

(1)图书馆有违反《图书馆法》规定的行为;

(2)地方政府有违反接受补助金条件的行为;

---

① 日本の図書館統計・公共図書館統計集計(2011)[OL].[2013-02-08]. http://www.jla.or.jp/library/statist.ics/tabid/94/Default.aspx.

② 図書館情報学ハンドブック編集委員会編.図書館情報学ハンドブック.丸善株式会社,1988:877

③ 日本図書館協会図書館政策特別委員会.公立図書館の任務と目標[OL].[2013-02-10]. http://www.jla.or.jp/library/gudeline/tabid/236/Default.aspx.

④ 塩見昇,山口源治郎.図書館法と現代の図書館[M].日本図書館協会,2003:78.

(3)地方政府以虚假的方法获得补助金。

1959 年 4 月颁布的《图书馆法施行令》对《图书馆法》中所说的“设施、设备所需要的费用”作出了界定：

- 设施费指设施建设所需要的主体设施建设费、附属设施建设费，以及建设事务费用；
- 设备费指购置图书馆资料以及利用资料所需要的器材、器具的费用。

1950 年 9 月文部省令颁布《图书馆法施行规则》，规定了公立图书馆接受国库补助金的“最低标准”。该标准涉及馆舍面积、年新增藏书量、司书和司书补配置数量、馆长资格 4 个方面，具体如表 6.4。

表 6.4　公立图书馆设置与运营的最低标准①

<table>
<tr><th></th><th>服务人口(万)</th><th>建筑面积(m^2)</th><th>年新增藏书</th><th>司书、司书补人数(人)</th><th>馆长资格</th></tr>
<tr><td rowspan="4">都道府县图书馆(含指定都市图书馆)</td><td>100 以下</td><td>—</td><td>0.003 册/人</td><td>—</td><td rowspan="8">专任，且有固定薪金</td></tr>
<tr><td>100 以上</td><td>—</td><td>超过每百万人 3000 册的部分，按每人 0.001 册的比例累加</td><td>—</td></tr>
<tr><td>60 以下</td><td>991.74</td><td>—</td><td>7</td></tr>
<tr><td>60 以上</td><td>超过 60 万人 991.74 m^2 的部分，按每 10 万人增加 49.59 m^2 的比例累加</td><td>—</td><td>超过 60 万人 7 人的部分，按每 20 万人增加 1 人的比例累加</td></tr>
<tr><td rowspan="4">市区图书馆</td><td>3</td><td>244.63</td><td>600 册</td><td>2</td></tr>
<tr><td>3 以上至 5 以下</td><td rowspan="2">超过 3 万人 244.63 m^2 的部分，按每 1 万人增加 33.06 m^2 的比例累加</td><td>超过 3 万人 600 册的部分，按每人 0.02 册的比例累加</td><td>超过 3 万人 2 人的部分，按每 2 万人增加 1 人的比例累加</td></tr>
<tr><td>5 以上至 10 以下</td><td>超过 5 万人 1000 册的部分，按每人 0.008 册的比例累加</td><td>超过 10 万人 5 人的部分，按每 5 万人增加 1 人的比例累加</td></tr>
<tr><td>10 以上</td><td>超过 10 万人 476.04 m^2 的部分，按每 1 万人增加 16.53 m^2 的比例累加</td><td>超过 10 万人 1400 册的部分，按每人 0.003 册的比例累加</td><td></td></tr>
</table>

① 武田英治，山本順一編. 図書館法規基準総覧(第 2 版)[M]. 日本図書館協会，2002：65—69.

续表

	服务人口(万)	建筑面积(m^2)	年新增藏书	司书、司书补人数(人)	馆长资格
町村图书馆	1以下	165.29	0.03册/人	1	可由町村图书馆的司书或町村公民馆馆长兼任
	1以上	—	超过1万人300册的部分，按每人0.015册的比例累加	超过1万人1人的部分，按每2万人增加1人的比例累加	
	1以上至3以下	超过1万人165.29 m^2的部分，按每1万人增加39.67 m^2的比例累加	—	—	
	3以上	超过3万人244.63 m^2的部分，按每1万人增加33.06 m^2的比例累加	—	—	

梳理归纳一下，"最低标准"中有关馆舍面积、年新增藏书量、司书和司书补配置数量、馆长资格的重要节点指标如表6.5。

表6.5 公立图书馆设置与运营最低标准的节点指标

服务人口(万)	馆舍面积(m^2)	面积(m^2)/千人	年新增藏书(册)	新增(册)/百人	司书和司书补配置	馆长资格
1	165.29	16.53	300	3	都道府县(含指定都市)图书馆不少于7人，市区图书馆不少于2人，町村图书馆不少于1人	专任，町村图书馆可兼任
3	244.63	8.15	600	2		
5	310.75	6.22	1000	2		
10	476.05	4.76	1400	1.4		
60	991.74	1.65	2900	0.48		
100	1190.10	1.19	3000	0.30		

今天来看，这个"最低标准"设定的指标水平并不高，但要看到这是日本1950年的产物。"国库补助金"制度从1951年开始实行，当年全国补助金的总额是1000万日元。此后在实施过程中，对补助的范围、补助金的用途不时有调整，法律也作出相应修改，但制度一直在延续。20世纪70年代，国库补助金的数量开始大幅增加，如1971年时仅为9000万日元，1972年跃升至5亿日元。[①] 20世纪80年代初中期是补助金数量最多的时期，也是日本公共图书

① 塩見昇. 図書館概論(新訂版)[M]. 日本図書館協会,2008:101.

馆发展最为迅速的时期。1982 年为补助金数量的峰值，总额是 21.8 亿日元，1987 年下降到每年 12 亿日元。[①]“国库补助金”制度对促进日本公共图书馆发展发挥了重要作用。从性质上看，国库补助金属于一笔中央政府掌握的“奖励金”。曾任文部省社会教育局局长的西崎惠有这样的解释：“国库补助金不意味着图书馆必要经费的一部分应由国家承担，说到底，它是一种奖励金”。[②] 国家提出了公共图书馆的“最低标准”，要求地方政府首先确保公共图书馆的建设和运营达到最低标准；地方政府只要达到最低标准，国家就以国库补助金的形式给予奖励，以此来调动地方政府投入的积极性，让国库补助金发挥“四两拨千斤”的作用。进入 20 世纪 90 年代以后，日本大力推进地方行政财政体制改革，强化“地方分权”，弱化“国家规制”。1999 年 7 月，日本颁布了《关于推进地方分权、调整相关法律的法律》（简称“地方分权总括法”），同年，《图书馆法》据此进行了修订，删除了有关“最低标准”的条款，至此，在日本实行了将近 50 年的公立图书馆“国库补助金”制度事实上退出了历史舞台。[③] 如今，尽管《图书馆法》中还保留着国家对图书馆的经费给予补助的条款，但 1998 年以后，国库补助金制度就再没有启动。鉴于此，2008 年日本《图书馆法》修订时，日本图书馆协会就提出建议：立即恢复国库补助金制度，促进图书馆的建设和发展。[④]

五、公共图书馆管理的“协议会”制度

日本 1950 年颁布的《图书馆法》创设了一项全新的图书馆管理制度：公立图书馆设立图书馆协议会。这一制度体现的是公共图书馆的“公共性”以及管理的“民主性”。制度的要点是：

- 公立图书馆设立图书馆协议会。
- 图书馆协议会的职责主要有两项：一是应馆长的咨询，提出有关图书馆运营的意见和建议；二是就图书馆服务方面的问题向馆长提出意见和建议。可见，图书馆协议会是一个管理咨询组织，不是管理决策组织。
- 图书馆协议会的成员实行在推选基础上的任命制。任命权在公共图书馆的上级管理机关——教育委员会，不在图书馆。教育委员会的任命权也不是无限制的，而是以界别推选为基础。从理论上说，教育委员会可以决定对推选出来的委员候选人是否正式任命，但不能跨越推选程序直接任命。法律规定，教育委员会从以下五类人士中任命图书馆协议会委员：①设置图书馆的地方政府辖区内所设置的中小学校推荐的学校代表；②设置图书馆的地方政府辖区内有固定办公地点的相关社会教育团体经由选举或其他方式推荐的代表；③社会教育委员；④公民馆运营委员会委员；⑤学识经验丰富的人士。
- 图书馆协议会的设置、委员数量、任期等必要事项，应有法律依据。为此，日本地方政府或制定专门的“图书馆协议会设置条例”，或在综合性的“图书馆条例”中包含有关协议会的事项，成为图书馆协议会设置和运行的法律依据。

---

① 松岡要．図書館建設補助金の廃止問題について——私見を交えた解説[G]//図書館をめぐる政策の動向．図書館問題研究会千葉支部，1997：24.

② 西崎恵．図書館法[M]．日本図書館協会，1999：105.

③ 図書館用語辞典編集委員会．最新図書館用語大辞典[K]．東京：柏書房株式会社，2004：154.

④ 日本図書館協会．改正図書館法について[G]//日本図書館協会編．図書館政策資料Ⅻ・図書館法改正関係資料．日本図書館協会，2008：5.

日本的“图书馆协议会”制度从1950年创立至今，变化不大。唯一一次比较重要的变化发生在1999年修订《图书馆法》时，主要是弱化了协议会委员构成的“规定性”，强化了“弹力性”：协议会委员的来源由此前明确规定的5个领域，改为原则性的3个方面：①学校教育代表；②社会教育代表；③有学识经验的一般公众代表。

这一改变，适应的是20世纪90年代以来日本大力推进的以弱化“国家规制”、强化“地方分权”为主要内容的行政改革，也与日本当年颁布的“地方分权总括法”相匹配，实际上是给了地方教育委员会组建图书馆协议会更多的自主权。

1984年，日本图书馆协会进行了战后第一次全国性的“图书馆协议会设置和活动情况调查”，结果是：全国公立图书馆中图书馆协议会的设置率为65.5%，其中县立图书馆（相当于我国的省级馆）的设置率为71.4%，市立图书馆为61.4%，町立图书馆为56.6%，村立图书馆为24.2%，指定城市为20.8%。图书馆协议会每年召开会议超过两次的，占50%以上。图书馆协议会讨论的内容，大致涉及发展规划、经费预算、新馆建设、图书馆服务体系建设、藏书构成，以及图书馆服务中类似开馆时间、夜间开馆等较为广泛的问题。[①] 近20多年来，日本图书馆协议会的设置和运行变化不大。根据文部省社会教育调查的结果，2008年日本全国公立图书馆中图书馆协议会的平均设置率为61.2%，其中都道府县图书馆为79.37%，市区图书馆为60.8%，町立图书馆为62.57%，村立图书馆为71.11%。[②] 与1984年的调查结果相比，图书馆协议会的平均设置率没有明显变化；分项看，两头变化大，中间较为稳定。1984年时，县立图书馆和指定城市图书馆合计，协议会设置率为46.1%，2008年都道府县图书馆协议会设置率上升到近80%；1984年村立图书馆协议会设置率为24.2%，2008年上升到70%多。图书馆协议会设置状况的变化，从一个角度反映了日本不同层级公共图书馆在不同时期的发展状况。对于图书馆协议会的未来发展，日本学者认为首先要突破“咨询组织”的束缚，向“行动协议会”发展；其次要增加协议会审议事项的公开透明，推广近年来出现的协议会会议市民旁听制、协议会审议内容在政府公报和图书馆年报上公开刊载等措施。[③]

六、政府出版物向公共图书馆提供制度

日本实行单一的出版物呈缴制度，国立国会图书馆是全国唯一的呈缴本法定接收单位，故出版物呈缴制度在《国立国会图书馆法》中规定，公共图书馆不承担出版物呈缴本接受和管理的责任与义务。但是，日本1950年《图书馆法》将“收集并提供地方行政资料”、“收集、介绍并提供时政资料”列为公立图书馆的职责之一，为保证这一任务的落实，《图书馆法》创设了一个区别于一般出版物呈缴制度的政府出版物向公立图书馆提供的制度。主要规定是：

- 政府应将政府公报以及其他由政府印刷局发行的、供一般公众利用的政府出版物向都道府县图书馆提供两部。

- 国家和地方政府的行政机关，应公立图书馆的要求，向其免费提供各自发行的出版物及其他资料。

---

① 日本図書館協会.図書館協議会の設置と活動（調査報告書）[M].日本図書館協会，1985.

② 文部科学省.社会教育調査（平成20年度）・図書館調査・図書館協議会等の設置館数[OL].[2013-02-08].http://www.e-stat.go.jp/SG1/estat/List.do? bid=000001025995&cycode=0.

③ 塩見昇，山口源治郎.図書館法と現代の図書館[M].日本図書館協会，2003：165—166.

这一制度的要素有二。第一，政府公报和由政府印刷局发行的供一般公众利用的政府出版物向都道府县公立图书馆提供，实行“定量义务提供制”，即法律规定提供义务和提供数量，但没有规定是有偿提供还是无偿提供。《图书馆法》颁布之初，文部省社会教育局局长西崎惠就此解释道，之所以没有明确规定无偿提供，是因为政府印刷局是一个经费独立核算单位，如果规定无偿定量义务提供，恐难实现。所以，只规定了提供“义务”，没有对履行义务是有偿还是无偿作出限定。但是，作为一项向公立图书馆优先提供政府出版物的制度安排，应该尽可能做到无偿。[①] 第二，各级政府行政机关发行的出版物和相关资料向公立图书馆的提供，实行“请求无偿提供制”，即政府行政机关不承担主动提供的义务，但只要图书馆有请求，政府机关就应无偿提供，但法律没有规定无偿提供的数量。

在日本，1950年《图书馆法》就确立的这项制度实施状况不平衡。在有的地方、有的图书馆落实得较好，典型案例如富山市。该市图书馆依法制定了《图书馆行政资料收集标准》，明确了市立图书馆所收集的政府行政资料包括：①市政府各部门、各委员会编制的报告书、计划书、统计资料、宣传资料、会议记录等；②民间编制的与上述资料有关的参考资料；③图书馆长认为适当的资料。资料的载体包括图书、小册子、地图、活页、照片等。[②] 富山市图书馆宣称，富山市政府刊行的各种出版物在市立图书馆“没有缺藏缺期现象”，[③]由此可见其对政府资料收集全面性、系统性的自信。相反，这一制度落实不理想的地方、图书馆也不少见。2007年，日本图书馆协会在一份有关修改《图书馆法》的意见中指出，法律第九条关于政府出版物向都道府县图书馆提供的规定，基本没有被执行。[④] 2008年日本图书馆协会提出的修法意见指出，按照《信息公开法》，印刷型政府资料向公立图书馆提供，是政府信息公开的前提。由于《图书馆法》没有明确规定政府出版物向都道府县公立图书馆提供实行“免费制”，许多图书馆对这类资料需要购买，事实上造成了图书馆资料购置费的增加。图书馆协会的意见是，应全面建立政府出版物无偿向公立图书馆提供的制度。[⑤]

日本从20世纪70年代开始推行政府信息公开，80年代初出现了地方性的政府信息公开条例，1999年颁布了国家层面的《关于行政机关情报公开的法律》（简称“情报公开法”）。日本1950年《图书馆法》规定政府出版物向公立图书馆提供，并不是基于政府信息公开的理念，但政府信息公开制度实施以后，被从这一角度加以解释，公共图书馆被认为是“具有情报公开功能的机构之一”。[⑥] 不过日本学者也强调，公共图书馆并不是拥有个人信息的政府机关，进入公共图书馆的政府出版物，和其他一般图书馆资料的管理和提供没有什么两样。[⑦]

---

① 西崎恵. 図書館法[M]. 日本図書館協会，1999：74.

② 富山市立図書館行政資料収集基準[G]//日本図書館協会図書館の自由に関する調査委員会編. 情報公開制度と図書館の自由. 日本図書館協会，1987：135.

③ 小川勝広. 富山市立図書館における行政資料室の事業経過と今後の課題[G]//日本図書館協会図書館の自由に関する調査委員会編. 情報公開制度と図書館の自由. 日本図書館協会，1987：130.

④ 日本図書館協会. 図書館法の見直しにあたっての意見(2007. 10. 2)[G]//日本図書館協会編. 図書館政策資料Ⅻ・図書館法改正関係資料. 日本図書館協会，2008：76.

⑤ 日本図書館協会. 改正図書館法について[G]//日本図書館協会編. 図書館政策資料Ⅻ・図書館法改正関係資料. 日本図書館協会，2008：4.

⑥ 塩見昇，山口源治郎. 図書館法と現代の図書館[M]. 日本図書館協会，2003：123.

⑦ 塩見昇，山口源治郎. 図書館法と現代の図書館[M]. 日本図書館協会，2003：82—85.

七、公共图书馆运营评价及评价结果公开制度

日本文部省2001年7月发布的《公立图书馆设置及运营期望标准》中,已经出现了有关公立图书馆运营状况评价及评价结果公开的指导性意见:为了实现公共图书馆的使命,提高服务水平,各图书馆应选定适当的指标项目,设定相关的量化标准,并据此对图书馆的服务进行年度自查和评价,评价结果向市民公开。[①] 2008年修订《图书馆法》时,“期望标准”中的这一指导性意见上升为法律规定,日本公共图书馆运营状况自我评价及评价结果公开的法律制度由此诞生。《图书馆法》的具体规定是:

- 图书馆应对自身的运营状况进行评价,并基于评价结果制定改善图书馆运营的必要措施。
- 为促进本地市民及其他相关者对图书馆服务的理解,促进相互的支持与合作,图书馆应积极提供有关本馆运营状况的信息。

这一制度的要素包括3个方面:①图书馆对自身的运营状况进行自我评价;②图书馆根据评价结果制定改进服务的措施;③图书馆将评价结果向公众公开。不论是评价还是制定改进措施还是公布评价结果,实施主体都是图书馆自身,因此,这一制度被称为图书馆的“自我评价”制度。按照立法本意,创立评价制度是为了改善图书馆的运营效益,因此参众两院在审议法律修订案时形成的“附带决议”中提出了实施评价的基本原则:“确保评价的透明性和公正性,尽可能在评价中引入图书馆本身以外的视角,行业团体应制定评价指标体系,国家对此应有切实的援助措施”。[②] 根据这一原则,文部省在有关法律实施的“通知”中特别强调了实施评价制度的“注意事项”:“关于图书馆运营状况评价的内容,由作为评价实施主体的各图书馆自行决定,与此同时,要切实反映当地利用者的意见,以确保评价的透明性和公正性。例如,充分发挥当地公民馆审议会、图书馆协议会、博物馆协议会的作用,以在评价中引入图书馆以外的视角”。[③]

由于这是一项新创设的制度,所以目前公共图书馆还没有普遍实施。就已经实施的图书馆看,评价的内容、指标、实施方法不尽相同。如东京都千代田区图书馆2008年对2007年的运营状况作了“自我评价”,他们的评价包括4个方面:①来自区主管部门的对图书馆日常工作的评价。主要通过政府主管部门工作人员的实地访查、对图书馆员的访谈、征求相关机构的意见、召开图书馆运营联络会会议、对运营实绩报告进行分析等方式作出评价,并提出改进意见。②指定管理者的自我评价(该区的区立图书馆引入了公共图书馆的“委托管理”制度)。③区图书馆评议会的评价。④服务指标完成率评价。[④] 该馆设定的评价项目和量化指标如下:

---

① 公立図書館の設置及び運営上の望ましい基準[OL].[2013-02-10]. http://www.jla.or.jp/ibrary/gudeline/tabid/234/Default.aspx#3-1-3.

② 衆議院文部科学委員会,参議院文教科学委員会.社会教育法等の一部を改正する法律案に対する付帯決議[G]//日本図書館協会编.図書館政策資料XII・図書館法改正関係資料.日本図書館協会,2008:16—17.

③ 文部科学省.社会教育法等の一部を改正する法律等の施行について(通知)[G]//日本図書館協会编.図書館政策資料XII・図書館法改正関係資料.日本図書館協会,2008:11—15.

④ 平成19年度千代田区立図書館運営の評価について[OL].[2009-05-15]. http://www.city.chiyoda.lg.jp/service/00100/d0010075.html.

- 研修室利用率/平均30%以上；
- 新书指南件数/与此前比较；
- 主办研讨会/每月2次以上；
- 参考咨询服务/每月45件以上；
- 读者满意度问卷调查/每年实施3次；
- 平时夜间(19:00—22:00)到馆读者/每天400人以上；
- 网站访问量/同比增长200%以上；
- 举办资料展示/每年5次以上，展示资料利用率70%以上；
- 图书馆宣传推介效果/主要报纸每月宣传两次以上；
- “图书馆之友”俱乐部特别会员/50人以上，法人会员5个以上；
- 新到图书外借量/每位馆员最少推荐10册，外借率70%以上[①]。

青森县立图书馆最近公布了“自我评价”的方案。该馆的做法是，以2007年图书馆服务实际达到的指标为基础，制定出到2011年应达到的量化目标，据此在2011年时作出阶段性评价。该馆的评价方案涉及五大方面：①图书馆资料的收集、保存、提供；②图书馆之间的合作与援助；③对读者学习、研究的援助；④地方文献的收集、保存、提供；⑤地方文献信息中心功能的强化。五大方面共有62项具体指标。同时，为了体现引入外部评价视角的原则，方案还规定每年进行3种问卷调查：①图书馆利用者问卷调查；②非图书馆利用者问卷调查；③市町村立图书馆问卷调查。[②]

2006年，神奈川县立图书馆根据当年本馆服务的实际业绩，制定了2007年图书馆服务的评价项目及量化指标（见表6.6），作为评价2007年图书馆服务的依据。根据指标的实现程度，评价结果分为4个等级：达标率100%，并且活动质量高，评价为A；达标率90%以上，活动水平符合标准，评价为B；达标率80%以上，活动水平符合标准，评价为C；达标率80%以下，评价为D。

表6.6　2007年神奈川县立图书馆自我评价项目与指标[③]

评价项目			指标值	比2006年增加
目标(1) 加强增值服务	参考咨询服务		2.1万件	5%
	集会活动	举办讲座等	70次	10%
		参加人数	1600人	10%
	馆员研究活动及研究成果发表		85件	专业馆员年人均1—3次报告或文章发表

① 平成19年度パフォーマンス指標の目標値達成結果[OL].[2013-05-15]. http://www.city.chiyoda.lg.jp/service/pdf/d0010075_4.pdf.

② 青森県立図書館自己評価について[OL].[2013-05-15]. http://www.plib.net.pref.aomori.jp/top/images/hyouka/hyouka1.pdf.

③ 神奈川県図書館協会図書館評価特別委員会.公共図書館の自己評価入門[M].日本図書館協会,2007:28—29.

续表

评价项目			指标值	比 2006 年增加
目标(2) 强化图书馆服务体系“中心馆”的职能	市町村立图书馆馆员研修参加人数		220 人	2%
目标(3) 充实文献信息提供服务	到馆人数		24 万	2%
	复印张数		24.6 万张	5%
	文献外借		25.9 万册/件	5%
	其中	个人外借	15.4 万册/件	5%
		面向基层图书馆面的外借	10.5 万册/件	5%
	网站点击量		133 万次	10%
	检索系统检索量		66.2 万次	10%

日本的《图书馆法》颁布以来的 60 多年间，围绕着图书馆事业的基本制度和重大问题出现过许多争论，《图书馆法》也随着时代和事业的发展变化而变化。1970 年日本修订《社会教育法》时曾有一种意见，主张废除单独的《图书馆法》，将《图书馆法》、《博物馆法》都纳入《社会教育法》，以形成“一体化”的《社会教育法》。图书馆界为保持《图书馆法》的独立进行了艰苦的努力，这场争论绵延整个 20 世纪 70 年代。进入 80 年代，日本开始制定统辖各级各类图书馆的《图书馆事业基本法》，但最终这一构想没能实现。90 年代以来，日本以强化“地方分权”、弱化“国家规制”为特点的行政改革大力推进，在这一背景下，《图书馆法》的几次修订都是在弱化甚至取消国家对公共图书馆设置、运营方面的一些强制性规定，朝着国家规制减弱、地方政府自由裁量空间加大的方向发展，这也是日本现行《图书馆法》的一个突出特点。如 1999 年修订《图书馆法》废止了接受国库补助金的“最低标准”，同时废止了接受国库补助金的图书馆馆长必须具有司书资格的规定，弱化了对图书馆协议会组成人员的规定等。从积极的方面讲，这种变化是以法律的权威向社会昭示了一个理念：图书馆服务不是国家对地方政府的委任事务，而是地方政府固有的公共事务；从消极的方面讲，诚如日本学者所说，“国家制定的《图书馆法》在走向空洞化”。[①] 日本图书馆协会理事长盐见升在一篇文章中引用过一位国会议员在审议《图书馆法》修订案时的发言，很形象地道出了日本《图书馆法》走向“空洞化”的特点：“地方政府的自由裁量权过大，怎么干都 OK，什么不干也不违法，这样的法律不是规制法”。[②]

第三节　日本公共图书馆建设与服务标准

在日本的图书馆法律体系中，文部省发布的《公立图书馆设置及运营期望标准》和日本

① 塩見昇，山口源治郎. 図書館法と現代の図書館[M]. 日本図書館協会，2003:11—15.

② 塩見昇. 今次の図書館法改正、国会審議の成果を生かして図書館の振興を[G]//日本図書館協会. 改正教育基本法は図書館に何を期待しているか. 日本図書館協会，2008:6.

图书馆协会发布的《公立图书馆的任务与目标》是两个重要的文件，它们起规范和指导日本公共图书馆建设和服务"基本标准"的作用。

一、《公立图书馆设置及运营期望标准》

在日本，制定一部全国统一的《公立图书馆设置及运营期望标准》[①]（简称"期望标准"），发端于1950年《图书馆法》颁布之时，最终完成于2001年7月，制定过程延续了漫漫50多年。

日本1950年《图书馆法》设计了两套促进公共图书馆发展的"标准"体系：一是与"国库补助金"制度相联系的"最低标准"，另一个就是所谓的"期望标准"。按照立法本意，"最低标准"是公立图书馆的起点标准，"期望标准"则是指导公立图书馆进一步"健康发展"的标准，要求比"最低标准"高。但"期望标准"不是强制性标准，从性质上说，是一个"全国统一的参照性标准"。[②]

日本长期以来实行对私立图书馆"不干涉，不资助"的政策，因此，《图书馆法》中的约束性规定长期以来也只针对公立图书馆，不针对私立图书馆，"期望标准"原本也是这样。2008年6月日本修订《图书馆法》，对有关"期望标准"的条款作了修正。修改前，"期望标准"只针对公立图书馆；修改后，将"期望标准"的适用范围扩大到了私立图书馆。官方对适用范围扩大的解释是，私立图书馆的设置者是公益法人，国家对公益法人在固定资产税等方面有优惠政策，所以有理由要求他们基于一定标准开展图书馆服务。[③] 日本图书馆协会对此持不同看法，认为这与法律所确定、一贯执行的国家对私立图书馆"不干涉"的基本原则相冲突，影响了私立图书馆的"自主性"和"自由性"。[④] 就实际情况看，目前日本的私立图书馆数量很少，全国只有20所，[⑤]所以影响不大。

2001年7月18日，文部科学省"告示"第132号正式发布了经由文部大臣批准的《公立图书馆设置及运营期望标准》。该标准的内容分三部分：总则、市町村立图书馆、都道府县立图书馆，标准中提出的所有要求都是定性的、原则性的，没有出现量化指标。

1. "期望标准"的"总则"

"总则"涉及"期望标准"的宗旨、图书馆的设置、图书馆的"自我评价"、图书馆资料和信息的收集与提供、图书馆与其他相关机构的合作、馆员资质和能力的提升。比较重要和有特色的是以下几个方面。

关于图书馆的设置。"期望标准"首先提出了公立图书馆的设置原则：设置公立图书馆，要充分考虑服务对象所在地的人口分布和人口构成、地域面积、地域地形、交通网等因素，确保图书馆有适当的位置和建筑面积，有必要的藏书能力和适宜的馆员数量。其次，提出了都

---

① 公立図書館の設置及び運営上の望ましい基準［OL］．［2013－02－10］．http://www.jla.or.jp/library/gudeline/tabid/234/Default.aspx.

② 森耕一．図書館法を読む［M］．日本図書館協会，1995：172—173.

③ 栗原祐司．図書館法等の改正と今後の課題について［J］．図書館雑誌，2008(9)：634—637.

④ 日本図書館協会．改正図書館法（図書館法の新旧対照表）［G］//日本図書館協会編．図書館政策資料Ⅻ・図書館法改正関係資料．日本図書館協会，2008：3.

⑤ 日本の図書館統計・公共図書館集計(2011)［OL］．［2013－02－10］．http://www.jla.or.jp/library/statistics/tabid/94/Default.aspx.

道府县图书馆在设施体系建设方面的重点任务：都道府县图书馆在努力完善自身建设、为市民提供必要的图书馆服务基础上，要着眼于目前町村一级未设置图书馆的地域还较多的现实，加强对市町村图书馆建设和运营的指导。第三，提出了建设市町村图书馆设施体系的任务：市町村图书馆的设置，要充分考虑市民生活圈、图书馆利用圈等因素，采取多种建设方式，包括不同市町村政府联合建设图书馆、建设移动图书馆等，形成全覆盖的图书馆服务网络。

关于图书馆服务规划的制定与“自我评价”。“期望标准”要求公立图书馆制定提升服务水平的发展规划，选定恰当的指标体系，设定量化标准，在此基础上，每年对图书馆的服务状况、图书馆协议会的工作状况、指标体系量化标准的实现状况做出“自我评价”，并将评价结果向市民公开。“期望标准”的这一要求，已经在2008年修订《图书馆法》时上升为法律规定。

关于馆员资质、能力的提高。“期望标准”要求，各地教育委员会和公立图书馆，要为提升图书馆馆长以及专业馆员、事务馆员、技术馆员的资质和能力，实施持续的、系统的在职研修，拓展形式多样的图书馆员在职研修机会。都道府县教育委员会要负责提供馆员研修机会，市町村教育委员会要确保所辖公立图书馆的馆员参加研修。在加强馆员在职研修的同时，“期望标准”要求各地教育委员会充分认识配置专业馆员的重要性，在录用专业馆员、改善专业馆员待遇方面作出努力。此外，有计划地实施公立图书馆之间，以及公立图书馆和学校、其他社会教育设施、教育委员会机关之间的人事交流。2008年日本修订《图书馆法》时，增补了一个有关馆员研修的新条款（第七条第一款），规定文部大臣以及都道府县教育委员会应实施面向司书和司书补的必要的研修，使“期望标准”的倡导走向了法律化。

2. 市町村立图书馆的“期望标准”

“期望标准”首先明确了市町村立图书馆在公共图书馆体系中的功能定位：市町村立图书馆是直接服务于市民、直接为市民提供知识和信息的图书馆。市町村立图书馆在资料的收集与提供、图书馆服务、馆员的配置等方面，都应与这一功能定位相适应。

在资料的收集与提供方面，要求文献资源的种类和数量要满足市民的需求。种类特别强调“多样性”，纸质文献、视听文献、数字资源均衡配置；数量特别强调“迅速确保”新书新刊的数量。为保证文献资料的有效提供和利用，要求市町村立图书馆要建立包括总馆、分馆和移动图书馆在内的统一的计算机检索系统，建立“预约借阅”制度，完善参考咨询服务。在图书馆服务方面，“期望标准”要求市町村立图书馆开展面向成年人的服务、面向青少年和儿童的服务、面向老年人的服务、面向残疾人的服务、面向居住在本地的外国人的服务，配置好开展上述服务的文献资源、器材和设备等。市町村立图书馆还应为市民提供多样化的学习机会，包括主办或与其他社会教育机构联合举办读书会、研讨会、鉴赏会、电影放映会、资料展示会、学习讲座等。市町村立图书馆还肩负着促进志愿者参加图书馆服务的任务，为此，要完善志愿者服务信息提供机制，完善志愿者业务培训和业务研修的保障条件。为了提升市民对图书馆的关心和理解，让更多的人走进图书馆，市町村立图书馆要充分利用网络、馆报馆刊等载体开展图书馆宣传推广活动。关于市町村立图书馆的人力资源配置，“期望标准”强调要确保配置必要数量的专业馆员，同时辅以必要数量的事务职员和技术职员。关于馆长资质，“期望标准”特别强调希望具有司书资格。“期望标准”还要求市町村立图书馆设立图书馆协议会，以保证图书馆运营能够结合地方实际、满足利用者的需求。

3. 都道府县立图书馆的“期望标准”

“期望标准”首先明确了都道府县立图书馆在公共图书馆体系中的功能定位：为市町村

立图书馆提供服务援助；推进都道府县内图书馆之间的联络与合作；应尚未设置图书馆的市町村的请求，对当地的图书馆建设给予指导和建议；与图书馆以外的社会教育机构、学校等合作，支持市民的学习活动；建立供市民直接利用的服务体制。总的来看，都道府县立图书馆第一位的任务并不是直接为市民服务，而是作为“图书馆的图书馆”、区域性中心图书馆存在。

关于面向市町村立图书馆的援助，“期望标准”提出了都道府县立图书馆应承担的五大任务：①对市町村立图书馆的馆藏资料介绍进行援助；②对市町村立图书馆的情报服务进行援助；③承担市町村立图书馆“保存图书馆”的任务；④对市町村立图书馆的运营进行指导；⑤为市町村立图书馆馆员的在职研修提供支持。

关于图书馆之间的联络与合作，“期望标准”提出都道府县立图书馆应承担的两大任务：①协调都道府县内的图书馆行业团体组织，加强图书馆之间的联络与合作；②推动中小学图书馆、大学图书馆、专门图书馆、其他的都道府县立图书馆、国立国会图书馆之间的联合与合作。

“期望标准”强调都道府县立图书馆必须具有调查研究功能。调查研究的重点内容是：与满足市民需求、图书馆正常运营相关的保障条件的调查、分析、把握，有关图书馆强化检索功能、提高服务效能、促进市民利用的方法与途径的调查、研究和开发。

都道府县立图书馆根据自身承担的功能任务，除应配备一般图书馆通用的设施设备外，还需配置三类特殊设施设备：开展馆员在职研修所需要的设施设备，开展调查研究工作所需要的设施设备，承担市町村立图书馆“保存图书馆”任务所需要的设施设备。

二、《公立图书馆的任务与目标》

1989 年 1 月，日本图书馆协会发布了由该协会图书馆特别政策委员会制定的一个指导行业发展的规范性文件——《公立图书馆的任务与目标》。[①] 这一文件出台的背景是，自从 1950 年日本《图书馆法》确立了“图书馆服务”的理念后，20 世纪六七十年代，日本的公共图书馆事业按照《中小城市公共图书馆的运营》(1963)、《市民的图书馆》(1970)开辟的方向发展，取得了显著成效。1979 年日本图书馆协会修订《图书馆自由宣言》，进一步强调了图书馆是保障国民知识和信息权利实现的机构。但是，1980 年以来，在所谓“行政改革”的背景下，有的地方出现了专业馆员配置不充分、以临时职员补充不足等现象，有的地方进而还出现了将公共图书馆委托给公司、财团经营等违背《图书馆法》精神的现象。1990 年以来，受“地方分权”、“弱化国家规制”思潮的影响，公共图书馆的运营面对着复杂而严峻的局面。在这种背景下，日本图书馆协会为实现推动图书馆事业发展的目的，在唤起全体会员对事业发展高度关注的同时，为各地制定图书馆发展规划提供指导和帮助，因而着手制定并发布《公立图书馆的任务与目标》。该文件制定的本意，就是为公立图书馆的发展提出一系列基本的“标准”，但考虑到《图书馆法》中已有“期望标准”的概念，为避免概念的混乱，同时为避免过度的量化倾向，故文件名称没有使用“标准”而使用了“任务与目标”。[②]

---

① 公立図書館の任務と目標[OL].[2013-02-10].http://www.jla.or.jp/library/gudeline/tabid/236/Default.aspx.

② 公立図書館の任務と目標・はじめに[G]//日本図書館協会図書館政策特別委員会.公立図書館の任務と目標解説(改訂版増補).日本図書館協会,2009:11—12.

《公立图书馆的任务与目标》1989 年发布时,《图书馆法》规定的《公立图书馆设置及运营期望标准》尚未颁布,《公立图书馆的任务与目标》在一定程度上起着引导公共图书馆发展方向、提高公共图书馆建设水平的作用。2001 年,"期望标准"由文部省正式发布,2004 年3 月,日本图书馆协会对《公立图书馆的任务与目标》进行修订。关于修订后的《公立图书馆的任务与目标》和"期望标准"的关系,日本学者说道,"期望标准"是国家政策,是国家提出的公立图书馆的基本标准,而《公立图书馆的任务与目标》是日本图书馆协会在总结日本图书馆发展实践经验的基础上,提出的公立图书馆发展方向、设置和运营的基本目标,它与作为国家政策的"期望标准"具有不同的性质和特点。在"期望标准"业已颁布的背景下,《公立图书馆的任务与目标》增加了补充和细化"期望标准"的功用。[①]

《公立图书馆的任务与目标》正文共 5 章 105 条。第一章阐述公立图书馆的基本问题,包括公立图书馆的性质功能、图书馆的发展规划、图书馆发展的市民参与、图书馆合作,以及图书馆员对利用者的责任。第二章是有关市町村立图书馆的问题,涉及体系建设、图书馆服务、资源建设、图书馆合作等。第三章是有关都道府县立图书馆的问题,涉及功能和作用、对市町村立图书馆的援助、资源建设和图书馆合作。第四章是关于公立图书馆的管理运营,涉及运营理念、人员、经费、设施。第五章是关于都道府县的图书馆振兴政策,明确提出了振兴政策的内容要素。文件的最后,提出了基于现实发展水平的图书馆体系建设的指标体系及指标值。

1. 构建图书馆体系

强调构建图书馆体系而不是着眼于单一图书馆建设,是《公立图书馆的任务与目标》体现的一个核心思想。所谓图书馆体系,就是一个政府设置的多个图书馆为充分满足市民需求而有机联系起来的组织体,它由中央图书馆、地域图书馆和移动图书馆组成。[②] 图书馆体系的主要特点是:第一,当地市民大多数处于中央馆、地域馆的服务圈内;中央馆和地域馆的数量与规模,与服务圈内服务人口的数量相适应;中央馆和地域馆无法覆盖的区域和人口,通过移动图书馆加以覆盖。第二,图书馆体系中的各个图书馆,不是独自开展服务与活动,而是以中央馆为中心,在统一的图书馆服务计划的基础上,以实现整个体系服务效益最大化为目标开展图书馆活动。第三,为确保图书馆资料能够在图书馆体系中的各个图书馆之间顺畅流动,需要建设必要的物流体系。建设图书馆体系的最终目标,就是所有市民都能方便地享受均质的图书馆服务。

2. 都道府县制定图书馆振兴政策

明确提出了都道府县政府在振兴图书馆事业上承担的责任,是《公立图书馆的任务与目标》的一大特点。文件指出,都道府县政府及其教育委员会对本地区所有市民享受充分的图书馆服务、振兴图书馆事业负有责任。履行责任的方式,就是制定出振兴本地区图书馆事业的保障政策并付诸实施。图书馆振兴保障政策应该涉及的事项主要有:①设定市町村立图

---

① 塩見昇. 公立図書館の任務と目標解説・序[G]//日本図書館協会図書館政策特別委員会. 公立図書館の任務と目標解説(改訂版増補). 日本図書館協会,2009:2—3.

② 日本的图书馆体系由同一设置主体设置的多所图书馆组成。在一个服务体系中,由一所图书馆承担中心图书馆功能,称为"中央图书馆",其他则称为"地域馆"。这样看来,中央馆相当于我国语境中的"总馆",地域馆相当于"分馆"。

书馆服务的发展目标；②制定市町村立图书馆设施（包括移动图书馆）建设的补助制度；③建立市町村立图书馆资料购置费补助制度；④建立市町村立图书馆设备、器材购置费补助制度；⑤建立县内图书馆员研修、交流的经费补助制度；⑥向县民提供有关图书馆服务的信息；⑦向未设置图书馆的地方政府提供有关图书馆建设的信息和资料；⑧县立图书馆完善援助市町村立图书馆服务和活动的体制机制。

3. 图书馆体系的“基准指标”

《公立图书馆的任务与目标》附载了“图书馆体系基准指标”。该基准指标值是根据2003年日本图书馆统计中“人均外借册数”处于前10%的公立图书馆的平均值计算出来的。日本图书馆协会强调，这些指标值不是“目标指标”，而是“基准指标”，因为指标在大多数地方已经是现实，只有少数地方还没有完全实现。日本图书馆协会认为，对于公立图书馆的设置主体来说，这些指标是应尽快实现的指标。另外，基准指标是动态的。2004年修订《公立图书馆的任务与目标》时，基准指标采用的是2003年的基础数据，今后将依据最新统计数据计算基准指标值。

“图书馆体系基准指标”规定的“最低规模图书馆”的要件，即图书馆体系中最小规模的“地域馆”指标为——藏书：5万册；专任馆员：3人；建筑面积：800平方米。

在“最低规模”以上，以服务人口为依据的建筑面积、藏书量、资料费、馆员数量基准指标见表6.7。[①]

表6.7　图书馆体系基准指标

服务人口（人）	馆舍面积（m^2/人）	藏书册数（册/人）	开架册数（册/人）	资料费（日元/人）	年增加册数（册/人）	职员数（人/百人）
6900以下	总面积不低于1080m^2	总量不低于67 270册	总量不低于48 906册	总量不低于1000万日元	总量不低于5574册	总数不低于6
6900—18 100	0.05	3.6	2.69	796	0.32	0.025
18 101—46 300	0.05	4.8	2.51	442	0.30	0.043
46 301—15 2200	0.03	3.9	1.67	466	0.24	0.041
152 201—379 800	0.02	1.8	1.68	229	0.17	0.027

上述基准应用到具体图书馆时，采用“分段累加”的方法加以计算，即服务人口在哪一区间段，执行哪一区间段的指标；不同区间段的结果累加即为总量。例如，一个服务人口为5万的图书馆，其总建筑面积应为：

6900人以下部分：1080平方米

6900—18 100人区间部分：（18 100—6900）×0.05＝560平方米

18 101—46 300人区间部分：（46 300—18 100）×0.05＝1410平方米

46 301—50 000人区间部分：（50 000—46 300）×0.03＝111平方米

上述各部分相加：1080＋560＋1410＋111＝3161平方米

① 日本図書館協会図書館政策特別委員会.公立図書館の任務と目標解説（改訂版増補）[M].日本図書館協会，2009：83—84.

即，一个服务人口为5万的图书馆，其总建筑面积应为3161平方米。其他指标项目指标值的计算方法与此相同。

上文提到，《公立图书馆的任务与目标》附载的“图书馆体系基准指标”，是依据日本2003年公立图书馆统计中“人均外借量”排在前10%的图书馆的平均数计算而来，表6.8是2003年日本公立图书馆统计的基础数据。①

表6.8　2003年日本公立图书馆统计基础数据

人口	1万以下	1万—3万	3万—10万	10万—30万	30万以上
图书馆数量	40	59	46	16	5
平均人口	6926	18 115	46 250	152 244	379 813
建筑面积(平方米)	1080	1649	2907	5833	10 248
藏书册数	67 270	107 745	241 775	654 694	1 056 549
开架册数	48 906	79 005	149 874	326 860	709 097
新书占开架书比例(%)	11.4	11.5	11.7	13.2	11.4
视听资料件数	2378	3857	9885	20 962	42 399
年订购杂志种数	78	179	254	556	974
资料费(千日元)	9998	18 915	31 387	80 771	132 825
人均资料费(日元)	1444	1044	679	531	350
外借册数	118 467	273 857	559 149	1 838 745	3 342 519
年人均外借册数	17.1	15.1	12.1	12.1	8.8
图书馆职员数(有司书资格者)	6(3)	9(5)	21(11)	64(35)	126(65)

① 日本図書館協会図書館政策特別委員会.公立図書館の任務と目標解説(改訂版増補)[M].日本図書館協会,2009:85.

第七章　韩国公共图书馆法①

第一节　韩国图书馆法的发展历程

一、韩国的法律体系与图书馆法律体系

韩国的法律体系由宪法、法律、总统令、总理令、部门令、地方条例或规则构成。宪法处于最高的法律地位,是国家的基本法,规定有关国家统治体制及权力结构的基本内容,以及国民的基本权力。法律是在宪法指导或授权下,规定某一领域国民具体的权利与义务,由宪法授权的立法机关——国会制定,通常称"某某法"。总统令用于规定为实现相关法律要求或执行某种法律所必要的事项,通常称"某某法实施令"。总理令和部门令均为内阁令,是由国务总理或国家各行政部门的部长根据总统令制定有关管辖事务的必要事项,通常称为"某某法实施规则"。地方条例和规则是地方议会根据宪法和地方自治法的有关规定制定的地方性法规,②它的法律效力只适用于所管辖的区域,内容是对上位法令的补充和细化。

韩国图书馆法律体系与韩国的法律体系一脉相承,是由法律、总统令、部门令以及条例四部分构成。在韩国图书馆法律体系中,"图书馆法"是基本法,位于法律体系的最高层,是以法律的形式颁布;第二层是以总统令形式颁布的"图书馆法实施令";第三层是由国家主管图书馆的政府部门以部门令的形式颁布的"图书馆法实施规则";第四层是由道、市、郡、区颁布的"图书馆条例"或"图书馆规则"。

由于韩国中央政府主管图书馆的部门几经变化或更名,致使韩国颁布"图书馆法实施规则"的政府部门也随之发生变化。1966—1989 年,"图书馆法实施规则"的部门令由文教部颁布,1991—1992 年由文化部颁布,1994 年由文化体育部颁布,1999—2007 年由文化观光部颁布,2009 年至今由文化体育观光部颁布。

二、韩国图书馆法演变沿革

韩国的图书馆法最早颁布于 1963 年。在 1963—2006 年期间,先后颁布了五部图书馆法。即 1963 年的《图书馆法》、1987 年的《图书馆法》、1991 年的《图书馆振兴法》、1994 年的《图书馆及读书振兴法》以及 2006 年的《图书馆法》。为了实施图书馆法,韩国还制定了实

① 本章以李炳穆、郭东哲、郑显泰分别发表在《图书情报工作》2008 年第 6 期上的《韩国图书馆法》、《韩国的司书培养体系和资格制度》、《韩国的司书公务员制度》三篇论文为基础,大部分内容出自原文,最大限度地尊重原著者的执笔意图,并根据韩国 2012 年《图书馆法》、《图书馆法实施令》、《图书馆法实施规则》等资料修改、扩充而成。衷心感谢韩国延世大学李炳穆荣誉教授、中国社会科学院胡广翔研究馆员的无私帮助。

② 法制处世界法制中心. 大韩民国的法律体系和立法程序[OL]. 崔吉子译. [2007-09-05]. http://www.koreanlaw.cn/cn/law.asp? info_id=135&info_parentid=4&news_id=101.

施令和实施规则。1965 年 3 月 26 日至 2012 年 8 月 17 日,韩国先后 31 次以总统令的形式颁布了《图书馆法实施令》,中央政府图书馆主管部门先后 15 次以部门令的形式颁布了《图书馆法实施规则》,详见表 7.1。

表 7.1　1963—2012 年韩国图书馆法制定或修正情况一览表

序号	制定或修正日期	法令号	法律名称	制定与修订情况
1	1963-10-28	法律第 1424 号	图书馆法	制定
2	1965-03-26	总统令第 2086 号	图书馆法实施令	制定
3	1966-03-23	文教部令第 172 号	图书馆法实施规则	制定
4	1967-03-27	总统令第 2964 号	图书馆法实施令	部分修正
5	1969-07-19	文教部令第 236 号	图书馆法实施规则	部分修正
6	1969-11-03	总统令第 4191 号	图书馆法实施令	部分修正
7	1975-11-05	文教部令第 369 号	图书馆法实施规则	部分修正
8	1977-06-02	总统令第 8683 号	图书馆法实施令	部分修正
9	1987-11-28	法律第 3927 号	图书馆法	修改全文
10	1988-08-16	总统令第 12506 号	图书馆法实施令	修改全文
11	1989-03-25	文教部令第 570 号	图书馆法实施规则	修改全文
12	1990-01-03	总统令第 12895 号	图书馆法实施令	部分修正
13	1990-12-27	法律第 4268 号	图书馆法	部分修正
14	1991-01-02	总统令第 13282 号	图书馆法实施令	部分修正
15	1991-03-08	法律第 4352 号	图书馆振兴法	制定
16	1991-04-08	总统令第 13342 号	图书馆振兴法实施令	制定
17	1991-07-16	文化部令第 7 号	图书馆振兴法实施规则	制定
18	1992-08-06	文化部令第 11 号	图书馆振兴法实施规则	部分修正
19	1993-03-06	法律第 4541 号	图书馆振兴法	部分修正
20	1993-03-06	总统令第 13869 号	图书馆振兴法实施令	部分修正
21	1993-04-30	总统令第 13881 号	图书馆振兴法实施令	部分修正
22	1994-03-24	法律第 4746 号	图书馆及读书振兴法	制定
23	1994-07-23	总统令第 14339 号	图书馆及读书振兴法实施令	制定
24	1994-08-12	文化体育部令第 16 号	图书馆及读书振兴法实施规则	制定
25	1994-12-23	总统令第 14438 号	图书馆及读书振兴法实施令	部分修正
26	1994-12-23	总统令第 14446 号	图书馆及读书振兴法实施令	部分修正
27	1994-12-31	总统令第 14486 号	图书馆及读书振兴法实施令	部分修正
28	1995-12-29	法律第 5069 号	图书馆及读书振兴法	部分修正
29	1997-12-13	法律第 5453 号	图书馆及读书振兴法	部分修正
30	1997-12-13	法律第 5454 号	图书馆及读书振兴法	部分修正
31	1997-12-31	总统令第 15598 号	图书馆及读书振兴法实施令	部分修正

续表

序号	制定或修正日期	法令号	法律名称	制定与修订情况
32	1999－01－21	法律第 5657 号	图书馆及读书振兴法	部分修正
33	1999－07－16	总统令第 16471 号	图书馆及读书振兴法实施令	部分修正
34	1999－07－29	文化观光部令第 29 号	图书馆及读书振兴法实施规则	部分修正
35	1999－12－31	法律第 6101 号	图书馆及读书振兴法	部分修正
36	2000－01－12	法律第 6126 号	图书馆及读书振兴法	部分修正
37	2000－04－22	总统令第 16795 号	图书馆及读书振兴法实施令	部分修正
38	2000－06－03	文化观光部令第 41 号	图书馆及读书振兴法实施规则	部分修正
39	2001－01－29	法律第 6400 号	图书馆及读书振兴法	部分修正
40	2003－05－29	法律第 06906 号	图书馆及读书振兴法	部分修正
41	2003－11－27	总统令第 18144 号	图书馆及读书振兴法实施令	部分修正
42	2003－12－02	文化观光部令第 82 号	图书馆及读书振兴法实施规则	部分修正
43	2004－03－17	总统令第 18312 号	图书馆及读书振兴法实施令	部分修正
44	2006－10－04	法律第 8029 号	图书馆法	修改全文
45	2006－12－20	法律第 8069 号	图书馆法	部分修正
46	2007－03－27	总统令第 19963 号	图书馆法实施令	修改全文
47	2007－04－04	文化观光部令第 16 号	图书馆法实施规则	修改全文
48	2007－12－13	文化观光部令第 177 号	图书馆法实施规则	部分修正
49	2007－12－31	总统令第 20506 号	图书馆法实施令	部分修正
50	2008－06－05	总统令第 20797 号	图书馆法实施令	部分修正
51	2008－12－31	总统令第 21214 号	图书馆法实施令	部分修正
52	2009－03－25	法律第 9528 号	图书馆法	部分修正
53	2009－09－21	总统令第 21739 号	图书馆法实施令	部分修正
54	2009－09－25	文化体育观光部令第 41 号	图书馆法实施规则	部分修正
55	2010－03－15	总统令第 22075 号	图书馆法实施令	部分修正
56	2011－01－17	总统令第 22625 号	图书馆法实施令	部分修正
57	2011－04－05	法律第 10558 号	图书馆法	部分修正
58	2012－02－17	法律第 11310 号	图书馆法	部分修正
59	2012－08－13	总统令第 24035 号	图书馆法实施令	部分修正
60	2012－08－17	文化体育观光部令第 126 号	图书馆法实施规则	部分修正

注：本表资料截至 2012 年 10 月 12 日。

1. 1963 年的《图书馆法》

1963 年 10 月 28 日，韩国颁布了第一部《图书馆法》（法律第 1424 号），是一部覆盖各级各类图书馆的基本法。法律阐述的立法目的是，“广泛收集、保存国内外图书资料，并最大限度地灵活使用”，以促进国民文化的发展，[①]“为国民享受稳定的图书馆服务奠定基础，并用法律规范使图书馆得到国家政策的支持”。[②]

1963年的《图书馆法》共4章4节29条，由正文和附则构成。[③] 第一章总则，阐述了图书馆法的目的，规定了图书馆的定义、种类、设施、职员配置等，建立了韩国出版物的呈缴本制度，还规定了图书馆协会的设置以及国家和地方政府的财政补助制度等。第二章公共图书馆，其中设了四节，分别为总则、国立中央图书馆、公立图书馆、私立图书馆等。第三章学校图书馆。第四章罚则。

韩国1963年的《图书馆法》的内容要点如下：

第一，根据设立的目的，将图书馆分为以一般公众为对象的公共图书馆和以特定人群为对象的学校图书馆及特殊图书馆。依据图书馆的设置主体，将图书馆分为国立图书馆、公立图书馆以及私立图书馆。[④] 按此分类，国立中央图书馆属于公共图书馆范畴，大学图书馆属于学校图书馆范畴。

第二，法律规定公立公共图书馆、私立公共图书馆以及图书馆协会可获得国家或地方政府的财政补助。[⑤] 此规定中提及的“补助”虽然不是强制性规定，但是图书馆获得国家或地方政府的财政支持有了法律依据。

第三，依据地方自治条例设置公立公共图书馆。私立公共图书馆的设置必须在监督厅登记。[⑥]

第四，国家、地方政府、出版社和其他人员发行的出版物，应向国立中央图书馆提交呈缴本。[⑦]

第五，根据依法制定的总统令和文教部令，公共图书馆和学校图书馆必须配置具有相关资格的司书和司书教师。[⑧]

在1963—1977年期间，韩国于1965年3月26日制定了《图书馆法实施令》（总统令第2086号），并先后三次修改了实施令的部分内容。韩国文教部于1966年3月23日制定了《图书馆法实施规则》（文教部令第172号），并先后两次修改了实施规则的部分内容。1963年的《图书馆法》实施了24年，其重要的历史作用，是使韩国的图书馆事业得以在法律框架内运行和发展，为以后修订或制定一系列新的图书馆法奠定了基础，积累了经验。

2. 1987年的《图书馆法》

韩国1963年的《图书馆法》在实施过程中逐渐暴露出一些问题。为了使图书馆法能适应社会的发展，1987年，韩国颁布了全文修改的《图书馆法》（法律第3927号）。该法律由8章47条正文和附则组成。[⑨] 第一章总则，第二章国立中央图书馆，第三章公共图书馆，第四

---

① 이병목. 도서관법규총람: 제1권. 서울: 구미무역 출판부,2005:51.

② 김세훈 외. 도서관및독서진흥법 개정안 연구. 서울:한국문화관광정책연구원,2003:8.

③ 图书馆法:法律第1424号,1963年10月28日制定.

④ 图书馆法:法律第1424号,1963年10月28日制定. 第3条.

⑤ 图书馆法:法律第1424号,1963年10月28日制定. 第13条,第9条,第21条.

⑥ 图书馆法:法律第1424号,1963年10月28日制定. 第18条,第20条.

⑦ 图书馆法:法律第1424号,1963年10月28日制定. 第12条.

⑧ 图书馆法:法律第1424号,1963年10月28日制定. 第6条.

⑨ 图书馆法:法律第3927号,1987年11月28日修改全文.

章大学图书馆，第五章学校图书馆，第六章专业图书馆及特殊图书馆，第七章图书馆信息协作网，第八章法则。

与 1963 年的《图书馆法》相比，1987 年的《图书馆法》的章数增加了一倍。修改后的《图书馆法》主要变化如下：

第一，根据现代图书馆的概念重新定义了"图书馆"。将"图书馆"定义为提供全社会各方面知识和信息的机构，强调图书馆在促进终身教育、文化发展方面的作用，赋予图书馆多元功能。[①] 该法律改变了 1963 年的《图书馆法》对图书馆的分类，将图书馆分为国立中央图书馆、公共图书馆、大学图书馆、学校图书馆、专业图书馆以及特殊图书馆，意味着国立中央图书馆从公共图书馆中分离出来，大学图书馆从学校图书馆中独立出来，专业图书馆不再用特殊图书馆来统称。这一改变，标志着韩国对图书馆的分类与国际通行标准接轨。

第二，建立了图书馆发展咨询委员会制度和图书馆振兴基金制度。图书馆发展咨询委员会是制定有关图书馆事业发展重要政策的咨询机构，文化部长参与其中。[②] 设立图书馆振兴基金，目的是保障图书馆的设立、设施、运营以及其他振兴事项所需的资金。[③]

第三，强化国立中央图书馆的功能，[④]赋予国立中央图书馆发放国际标准文献号（如 ISBN、ISSN）的权力。[⑤]

第四，构建全国性的图书馆网络，设立中央馆和地区代表图书馆，以便更好地利用图书馆资料，加强信息交流，促进网络运营。[⑥] 规范了为提高图书馆资料的利用效率、建立图书馆信息网络的必要事项。[⑦]

第五，为提高专业职员的资质，把图书馆专业职员分为一级正司书、二级正司书、准司书等。[⑧]

为了与 1987 年的《图书馆法》相适应，韩国分别于 1988 年 8 月 16 日、1989 年 3 月 25 日全文修正了《图书馆法实施令》（总统令第 12506 号）和《图书馆法实施规则》（文教部令第 570 号）。1990 年 1 月 3 日修正了《图书馆法实施令》（总统令第 12506 号）的部分内容，产生了新的《图书馆法实施令》（总统令第 12895 号）。1990 年 12 月 27 日又对 1987 年的《图书馆法》部分内容进行了修正，产生了经部分修正的《图书馆法》（法律第 4268 号），1991 年 1 月 2 日相应修正了《图书馆法实施令》。

3. 1991 年的《图书馆振兴法》

1990 年，韩国中央政府把当时由文教部主管的图书馆事务移交给新设立的文化部，文化部开始全面修订 1987 年的《图书馆法》。1991 年 3 月 8 日颁布了《图书馆振兴法》（法律第 4352 号）。[⑨] "图书馆法"改为"图书馆振兴法"，背景是韩国当时实施国家综合振兴政策，法

---

① 图书馆法：法律第 3927 号，1987 年 11 月 28 日修改全文．第 1 条，第 2 条．

② 图书馆法：法律第 3927 号，1987 年 11 月 28 日修改全文．第 9 条．

③ 图书馆法：法律第 3927 号，1987 年 11 月 28 日修改全文．第 10 条．

④ 图书馆法：法律第 3927 号，1987 年 11 月 28 日修改全文．第 15 条，第 16 条．

⑤ 图书馆法：法律第 3927 号，1987 年 11 月 28 日修改全文．第 18 条附则．

⑥ 图书馆法：法律第 3927 号，1987 年 11 月 28 日修改全文．第 41 条．

⑦ 이병목. 도서관법규총람: 제1권. 서울: 구미무역 출판부，2005：53.

⑧ 图书馆法：法律第 3927 号，1987 年 11 月 28 日修改全文．第 7 条第 2 款．

⑨ 图书馆振兴法：法律第 4352 号，1991 年 3 月 8 日制定．

律突出强调图书馆特别是公共图书馆在国家综合振兴政策实施中的地位作用，“试图划时代地培育和发展图书馆”。[①]

1991 年的《图书馆振兴法》共 9 章 46 条，由正文和附则组成。其内容结构为：第一章总则，第二章国立中央图书馆，第三章公共图书馆，第四章大学图书馆，第五章学校图书馆，第六章专业图书馆及特殊图书馆，第七章图书馆网，第八章补则，第九章罚则。

《图书馆振兴法》的最大特点，是把国立中央图书馆和公共图书馆等图书馆的行政管理权从文教部转移到文化部。与 1987 年的《图书馆法》相比，1991 年的《图书馆振兴法》的主要条款和内容要点区别如下：

第一，国立中央图书馆隶属于文化部，用国家力量强化中央图书馆的功能。[②]

第二，为发展公共图书馆事业，文化部部长直接管辖公共图书馆。

第三，任命具有司书职称者担任国立图书馆和公立图书馆的馆长。[③]

第四，文化部长有权对私立图书馆、专业图书馆、特殊图书馆进行指导和审查登记，必要时将部分业务委托给市、道或图书馆协会。[④]

1991 年的《图书馆振兴法》是韩国 1990 年图书馆行政管理权转移到新设立的文化部的产物。图书馆行政管理权转移到文化部，重要理由是图书馆特别是公共图书馆具有鲜明的文化功能。此前文教部主管图书馆事务，但文教部的主要精力是集中在义务教育方面，对图书馆事务往往无暇顾及。韩国图书馆界认为，图书馆行政管理权从文教部转移到文化部，对韩国图书馆事业的发展起了积极的推动作用。[⑤]

为了实施 1991 年的《图书馆振兴法》，韩国于 1991 年 4 月 8 日制定了《图书馆振兴法实施令》（总统令第 13342 号），1991 年 7 月 16 日制定了《图书馆振兴法实施规则》（文化部令第 7 号），1992 年 8 月 6 日修正了《图书馆振兴法实施规则》的部分内容。1993 年 3 月 6 日，韩国修正了《图书馆振兴法》（法律第 4352 号）的部分内容，形成了新的《图书馆振兴法》（法律第 4541 号）。与此同时，修正了《图书馆振兴法实施令》的部分内容，1993 年 4 月 30 日再次修正了实施令的部分内容。

4. 1994 年的《图书馆及读书振兴法》

“为图书馆及文库的设立、运营以及读书振兴……全面提供社会所需的知识和信息，提高流通效率，促进文化发展和终身教育发展”，[⑥]韩国于 1994 年 3 月 24 日颁布了《图书馆及读书振兴法》（法律第 4746 号）。[⑦] 该法律出台的背景是，20 世纪 90 年代初，韩国出版界以“世界图书年”为契机提出了《国民读书振兴法案》，当时，图书馆界也倡导把读书振兴纳入到图书馆的功能中来，二者的主张存在交集之处，于是形成了《图书馆及读书振兴法》。

《图书馆及读书振兴法》共 10 章 54 条，由正文和附则构成。第一章总则，第二章国立中央图书馆，第三章公共图书馆，第四章大学图书馆，第五章学校图书馆，第六章专业图书馆与

---

① 이병목. 도서관법규총람: 제1권. 서울: 구미무역 출판부，2005：61.

② 图书馆振兴法：法律第 4352 号，1991 年 3 月 8 日制定. 第 15 条，第 16 条.

③ 图书馆振兴法：法律第 4352 号，1991 年 3 月 8 日制定. 第 15 条，第 24 条.

④ 图书馆振兴法：法律第 4352 号，1991 年 3 月 8 日制定. 第 15 条，第 44 条.

⑤ 이병목. 도서관법규총람: 제1권. 서울: 구미무역 출판부，2005：12.

⑥ 이병목. 도서관법규총람: 제1권. 서울: 구미무역 출판부，2005：67—68.

⑦ 图书馆及读书振兴法：法律第 4746 号，1994 年 3 月 24 日制定.

特殊图书馆，第七章文库，第八章图书馆网络，第九章读书振兴，第十章补则。

《图书馆及读书振兴法》的主要特点，是增设了“文库”和“读书振兴”这两部分内容，《国民读书振兴法案》中提出的与公共图书馆分设运营的“文库”得以实现：设置文库可以得到公共图书馆的指导和支持；文库配备的职员、读书指导员均由司书担任；读书振兴委员会与图书馆发展委员会合并。总之，《图书馆及读书振兴法》是《图书馆振兴法》与《国民读书振兴法案》折中融合的结果。

与1991年的《图书馆振兴法》相比，1994年《图书馆及读书振兴法》的区别如下：

第一，除各类型的图书馆外，未达到图书馆设置标准要求的读书设施称为“文库”，[①]文库需配备司书职员或读书指导员。[②]

第二，将“图书馆振兴基金”改为“图书馆与读书振兴基金”。[③]

第三，把“图书馆发展委员会”更名为“图书馆与读书振兴委员会”。在地方政府中设立地方图书馆与读书振兴委员会，并负责运营。[④]

第四，文库可接受捐款或财产捐助，国家及地方政府负担私立文库的部分经费。[⑤]

第五，文库接受该地所属公共图书馆的指导，并以此为运营指针。[⑥]

韩国图书馆界对1994年的《图书馆及读书振兴法》的评价不高。他们认为，该法律是出版界以“读书振兴”的名义，通过建立所谓的“文库”来实现扩大出版物销售的目的，与公益性的图书馆服务并不是一回事；是国会说服了出版界和图书馆界，将两者的意见折中后制定的，[⑦]是以政治手段将两个性质不同的事情糅合到一起，使法律既不是纯正的图书馆法，也不是纯正的出版业促进法，导致法律的性质功能含混不清。

1994年的《图书馆及读书振兴法》颁布后，在1995—2005年这十年间，韩国对该法的部分内容先后修正了8次。1994年7月23日颁布了《图书馆及读书振兴法实施令》（总统令第14339号）。在1994—2004年期间，同样先后8次修正了该实施令的部分内容。1994年8月12日颁布了《图书馆法及读书振兴法实施规则》（文化体育部令第16号），在1994—2004年期间也先后三次修正了部分内容。

5. 2006年的《图书馆法》

进入21世纪后，互联网、信息技术的快速发展，使得1994年的《图书馆及读书振兴法》不能适应韩国图书馆事业发展的需要。此外，图书馆界对1994年的《图书馆及读书振兴法》把出版界的“读书振兴”与图书馆法糅合到一起一直持批评态度。2002年1月，韩国图书馆协会规划委员会设立图书馆政策开发组，开始研究图书馆法的修正问题。同年11月6日，规划委员会正式向当时的文化观光部提交《图书馆及读书振兴法修正意见书》。2003年，文化观光部所属的政策研究机构——韩国文化观光政策研究院开始研究图书馆法的修改问题。同年9月，韩国图书馆协会召开了以“法律修正案”为主题的研讨会。文化观光部以“修

① 图书馆及读书振兴法：法律第4746号，1994年3月24日制定. 第2条第2款.

② 图书馆及读书振兴法：法律第4746号，1994年3月24日制定. 第3条.

③ 图书馆及读书振兴法：法律第4746号，1994年3月24日制定. 第9条.

④ 图书馆及读书振兴法：法律第4746号，1994年3月24日制定. 第10条.

⑤ 图书馆及读书振兴法：法律第4746号，1994年3月24日制定. 第12条.

⑥ 图书馆及读书振兴法：法律第4746号，1994年3月24日制定. 第40条第2款.

⑦ 김세훈 외. 도서관및독서진흥법 개정안 연구. 서울:한국문화관광정책연구원，2003：15.

正案研究”为基础,完成了“图书馆法修正议案”。12 月,发表了题为《图书馆及读书振兴法修正案研究》的报告。2004 年 5 月,“图书馆法修正议案”提交文化观光部政策咨询机构“国家图书馆政策咨询委员会”讨论,并将议案公布,广泛听取意见。

在推进修改图书馆法的过程中,韩国国会文化观光委员会委员长李美卿发挥了重要作用。2005 年 6 月 1 日,李美卿委员长以议员立法的形式向国会提交了《图书馆及读书振兴法全部修正法律案》。此外,郑炳国国会议员于 2005 年 4 月向国会提交了《图书馆及读书振兴法部分修正议案》,朴亨俊国会议员于 2005 年 9 月向国会提交了《图书馆及读书振兴法全部修正议案》。国会讨论了上述 3 个“修正案”,并召开听证会听取各方意见。2006 年 9 月 8 日,国会正式通过经李美卿委员长再次修改提交的“修正案”。

2006 年的《图书馆法》(法律第 8029 号,2006 年 10 月 4 日修改全文)全面修改了 1994 年的《图书馆及读书振兴法》。其突出特点,是实现了“图书馆法”和“读书振兴法”的分离。在《图书馆法》颁布的同时,2006 年 12 月 29 日韩国另行颁布了《读书文化振兴法》。

2006 年的《图书馆法》实施后,截至 2012 年 2 月,对部分内容已经修正了 4 次。修订时间分别是 2006 年 12 月 20 日、2009 年 3 月 25 日、2011 年 4 月 5 日、2012 年 2 月 17 日。相应地,《图书馆法实施令》和《图书馆法实施规则》也多次修正。最新修订的《图书馆法》(法律第 11310 号)共 9 章 48 条,由正文和附则构成。[①] 第一章总则,第二章图书馆政策的制定及推进体制,第三章国立中央图书馆,第四章地区代表图书馆,第四章之二公共图书馆,第五章大学图书馆,第六章学校图书馆,第七章专业图书馆,第八章消除知识信息差距,第九章补则。与 2006 年颁布时的《图书馆法》相比,法律的最新修订文本变化不大。主要是第四章一分为二,“地区代表图书馆”和“公共图书馆”分别独立成章。

第二节 韩国现行《图书馆法》的主要内容

一、促进图书馆事业发展的“四项措施”

韩国现行《图书馆法》(法律第 11310 号)是对 2006 年的《图书馆法》(法律第 8029 号)的部分修订。与 2006 年前的图书馆法律文本相比,现行《图书馆法》在组织、规划、体系推进方面多有突破,尤以法律确立的“四项措施”对促进图书馆事业发展意义重大。

1. 设置图书馆信息政策委员会与图书馆信息政策规划团

韩国现行《图书馆法》是推动图书馆事业发展最有力的组织保障措施,明文规定设立隶属于总统的图书馆信息政策委员会。该委员会的主要职责是:

- 制定全国图书馆发展综合规划;
- 建立保障图书馆运营的相关制度;
- 规划和促进国家与地方图书馆运营体系的建立;
- 制定、审议、调整图书馆运营评价标准;
- 缩小图书馆服务差距,促进全国图书馆均衡发展;

① 图书馆法:2012 年 8 月 18 日实施,法律第 11310 号,2012 年 2 月 17 日部分修正.

- 规划图书馆专业人才的培养；
- 其他与图书馆发展相关的政策制定。

图书馆信息政策委员会由30人组成，其中委员长1人，副委员长1人。[①] 委员长由总统委任，副委员长由文化体育观光部部长担任，[②]与图书馆有关的中央政府行政机关的部长出任委员会委员。按照韩国于2012年8月18日开始实施的《图书馆法实施令》（总统令第24035号，2012年8月13日部分修正）的规定，中央政府行政机关的部长是指规划财政部部长、教育科学技术部部长、法务部部长、国防部部长、行政安全部部长、文化体育观光部部长、知识经济部部长、保健福利部部长、女性家族部部长、国土海洋部部长。[③]

2007年，为了支持图书馆信息政策委员会的运营，当时的文化观光部成立了由25人组成的图书馆信息政策规划团，分3个组开展工作，取得了不俗的成绩。[④] 例如，图书馆信息政策委员会决定制定2009—2013年图书馆发展综合规划，其内容包括国内外图书馆现况分析；确定图书馆政策的基本发展方向；制定中长期的规划、目标及重点课题等。2007年8—12月，图书馆信息政策规划团联合相关研究机构开展对策研究，发表了《"图书馆发展综合规划"预备研究》、《图书馆文化项目赞助方案研究》、《图书馆信息化政策基本规划研究》、《公共图书馆行政体系一体化方案研究》、《地区代表图书馆的基础建设及可持续运营方案研究》、《全国图书馆辅助体系构建方案研究》、《有效地构建国家图书馆统计方案研究》、《图书馆设施、资料及司书职员配置标准研究》、《现场调查、全国图书馆统计研究》等一系列研究报告，[⑤]为制定图书馆发展综合规划奠定了坚实基础。韩国著名图书馆学家、延世大学荣誉教授李炳穆先生对现行《图书馆法》设置高规格的图书馆信息政策委员会和规划团的措施给予高度评价，他认为，"设立隶属于总统的'图书馆信息政策委员会'，取代了过去归属政府各部的、有名无实的'图书馆发展委员会'，并组建了规模不小的图书馆信息政策规划团，支持了'图书馆信息政策委员会'的工作，促进图书馆发展综合规划和年度实施计划的制订与落实"，这些都体现了《图书馆法》蕴涵了诸多对韩国图书馆事业发展具有划时代意义的内容。[⑥]

2. 制定图书馆发展综合规划和年度实施计划

图书馆信息政策委员会最主要的工作之一，是制定全国图书馆发展综合规划。韩国现行《图书馆法》规定，图书馆信息政策委员会每五年制定一次全国图书馆发展综合规划。[⑦] 图书馆发展综合规划的主要内容包括：①图书馆政策的基本方向；②图书馆政策的推进目标和方法（包括加强图书馆的作用、改善图书馆的环境、增进弱势群体知识和信息的图书馆服务、加强图书馆合作体系的灵活性等）；③重点推进课题及相关部门之间的合作。[⑧]

中央政府各部门、各级地方政府要根据全国图书馆发展综合规划制定本部门、本地区的

---

① 图书馆法:2012年8月18日实施,法律第11310号,2012年2月17日部分修正.第13条第1款.

② 图书馆法:2012年8月18日实施,法律第11310号,2012年2月17日部分修正.第13条第2款.

③ 图书馆法实施令:2012年8月18日实施,总统令第24035号,2012年8月13日部分修正.

④ 도서관정보정책위원회 발족식 및 도서관정보정책기획단 신설[J]. 圖書館文化,2007,48(7):11—12.

⑤ 2007 년도 연구성과물 발간[J]. 圖書館文化,2008,49(3):12—14.

⑥ 李炳穆. 韩国图书馆法[J]. 图书情报工作,2008,52(6):6—12.

⑦ 图书馆法:2012年8月18日实施,法律第11310号,2012年2月17日部分修正.第15条第1款.

⑧ 图书馆法:2012年8月18日实施,法律第11310号,2012年2月17日部分修正.第14条第2款.

年度实施计划。年度实施计划的主要内容包括:①年度工作的推进方向;②年度重点工作的目标;③年度重点工作的运营计划;④其他年度工作的推进措施。现行《图书馆法实施令》规定了年度实施计划的制订程序:①每年9月30日前,文化体育观光部部长将经过图书馆信息政策委员会审议的下年度"图书馆发展计划指南"通报中央政府各部门、各级地方政府负责人;②中央政府各部门负责人、各级地方政府负责人在每年11月30日前依据图书馆发展计划指南,制定本部门、本地区下一年度的图书馆发展实施计划,并提交文化体育观光部部长;③文化体育观光部部长将中央政府各部门、各级地方政府提交的年度实施计划交付图书馆信息政策委员会审议,并于12月31日前将审议结果通知中央政府各部门负责人、各级地方政府负责人;④中央政府各部门负责人、各级地方政府负责人于1月31日前将本部门、本地区落实年度实施计划的详细方案提交文化体育观光部部长;⑤文化体育观光部部长于3月31日前将各部门、各地区的详细方案提交图书馆信息政策委员会。

3. 设立地区代表图书馆与地方图书馆信息服务委员会

地区代表图书馆是韩国为制定和实施区域性图书馆发展政策、促进区域性图书馆服务联合与合作,在特别市、广域市、特别自治市、特别自治道指定或设立的、履行地区代表图书馆业务的公共图书馆,相当于我国语境中的"区域性中心图书馆"。韩国现行《图书馆法》规定,地区代表图书馆的设立和运营由总统令规定。现行《图书馆法实施令》(总统令第24035号)规定,市长、道知事在本地区设立或指定一所公共图书馆作为地区代表图书馆。

地区代表图书馆的法定职责是,收集、整理、保存、提供区域内的综合性资料;开展地区公共图书馆服务援助与合作事务;开展图书馆业务的调查研究;支持地区图书馆的资料收集以及保存从其他图书馆接受的资料;支持国立中央图书馆的资料收集活动及图书馆服务协作活动;其他地区代表图书馆应履行的事务。[①]

《图书馆法实施令》规定,地区代表图书馆馆长每年均应履行向市长、道知事报告本地区图书馆事业发展状况的义务。报告的主要事项包括:下年度本地区图书馆的运营计划;本地区图书馆的协作以及与国立中央图书馆的协作状况;本地区公共图书馆建设及地区保存书库的运营状况;本地区公共图书馆在缩小知识信息差距方面的进展;本地区图书馆活动评价及现状分析。[②]

地区代表图书馆承担着区域性政府出版物呈缴本接受图书馆的职责。现行《图书馆法》规定,地方政府发行或制作的资料,自发行、制作之日起30天内,应向所在地域内的地区代表图书馆呈缴。[③] 呈缴对象既包括纸质文献(如图书、连续出版物、乐谱、地图等),也包括缩微品、视听资料以及电子出版物等多媒体资源,其呈缴数量、呈缴程序等必要事项由总统令规定。

地区代表图书馆的运营,法律规定需设立地方图书馆信息服务委员会。委员会的运行通过地方政府制定条例加以规范。委员会的主要职责是审议地方图书馆发展政策,促进地方图书馆事业均衡发展,消除地方的知识信息差距。委员会由15人组成,设委员长1人,副委员长1人,委员长由市长或道知事担任,副委员长由地区代表图书馆馆长担任,委员由委

---

① 图书馆法:2012年8月18日实施,法律第11310号,2012年2月17日部分修正.第23条.

② 图书馆法实施令:2012年8月18日实施,总统令第24035号,2012年8月13日部分修正.第15条第2款.

③ 图书馆法:2012年8月18日实施,法律第11310号,2012年2月17日部分修正.第26条.

员长推荐的具有专业知识或丰富经验的人士出任。

关于地区代表图书馆的运营经费，法律规定国家对设置地区代表图书馆的市、道给予一部分经费补助。[①]

4. 消除知识信息差距与设置国立残疾人图书馆

韩国现行《图书馆法》设立专章，规范政府及图书馆在消除知识信息差距方面的责任与义务。法律规定，国家及地方各级政府应采取必要的措施，方便知识信息弱势群体利用图书馆的设施与服务，包括完善图书馆的资料扩充、提供与共享机制，完善图书馆的设施和专门人才培训，全部或部分补助图书馆用于知识信息弱势群体的著作权使用补偿金。对于各级各类图书馆，法律规定要为消除知识信息弱势群体的知识信息差距作出努力，包括构筑图书馆的资料扩充、提供和共享体系，提供教育、文化活动与项目，加强和其他图书馆合作等。

作为消除弱势群体知识信息差距的具体措施，韩国现行《图书馆法》规定，设立隶属于国立中央图书馆馆长的国立残疾人图书馆。该图书馆不仅开展面向残疾人的图书馆服务，同时研究图书馆为残疾人服务的国家政策，制定图书馆残疾人服务的标准与规范，收集、制作、提供残疾人使用的图书馆资料及教育文化节目，研究、开发、提供针对残疾人的图书馆服务及特殊设备，培训图书馆为残疾人服务的专业馆员，开展图书馆残疾人服务的国内外交流合作。简而言之，国立残疾人图书馆是一个为残疾人服务、研究、开发、合作的国家中心。

二、有关公共图书馆的主要规定

韩国现行的《图书馆法》是韩国图书馆事业的基本法，覆盖了各级各类图书馆，有关公共图书馆的规定是法律的重要组成部分，规范的主要内容如下。

1. 公共图书馆的定义

何谓公共图书馆？韩国现行《图书馆法》的界定是，“国家、地方政府或者法人（依《民法》或者其他法律而设立的法人）为了公众的信息利用、文化活动、读书活动以及终生教育而设立运营的图书馆”，其中，国家和地方政府设立运营的称为“公立公共图书馆”，团体及个人设立运营的称为“私立公共图书馆”。[②]

韩国现行《图书馆法》还明确界定以下几种特殊类型的图书馆属于公共图书馆：

- 散布在居民生活区域、以提供知识信息和开展阅读服务为主、尚未达到公立公共图书馆设施和资料最低标准的“小图书馆”；
- 面向残疾人的图书馆；
- 面向住院病人和护理者的医院图书馆；
- 面向军队官兵的兵营图书馆；
- 面向被监禁人员的监狱图书馆；
- 面向未成年人的少年儿童图书馆。

2. 公共图书馆的设立

韩国现行《图书馆法》明确规定，“国家和地方政府根据总统令必须设立和运营公立公共图

① 图书馆法：2012 年 8 月 18 日实施，法律第 11310 号，2012 年 2 月 17 日部分修正. 第 25 条.

② 图书馆法：2012 年 8 月 18 日实施，法律第 11310 号，2012 年 2 月 17 日部分修正. 第 2 条第 4 款.

书馆”,“任何团体和个人都可设立和运营私立公共图书馆”。[①] 法律还规定,不论是国家、地方政府,还是团体、个人,设立和运营的公共图书馆都必须使用“图书馆”这一称谓。这一规定的用意在于防止设立的机构背离图书馆的目标,防止不符合图书馆司书条件的人进入图书馆。

韩国现行的《图书馆法实施令》对公共图书馆的设立、布局提出了要求,明确规定国家或地方政府应将图书馆设置在社区居民易接近的地方,根据地区特点培育和支持小型图书馆、分馆、移动图书馆等,[②]以形成图书馆服务体系。

对于私立公共图书馆,韩国现行《图书馆法》规定实行登记制。登记的前提条件是私立公共图书馆具备《图书馆法》所规定的设施、资料、司书馆员标准,由私立公共图书馆的设立者向地方行政长官提出申请,市长、郡长或区长向设立者发放登记证。如果私立公共图书馆设立者以虚假或不正当方式获取登记,或不具备《图书馆法》规定的设施、资料、司书馆员条件,或没有按《图书馆法》的规定管理和运营图书馆,地方行政长官可以取消其登记,或限期整改,或限期停止其运营。

3. 公共图书馆的业务

韩国现行《图书馆法》规定,公共图书馆开展的业务活动主要包括如下七项:

(1)图书馆资料的收集、整理、保存及向公众提供利用;

(2)提供公众必要的公共信息及地方行政信息;

(3)规划并实施读书促进计划;

(4)组织和举办演讲会、展示会、读书会、文化活动以及与终生教育相关的活动;

(5)开展馆际互借,加强馆际间的合作;

(6)培育和设立具有地方特色的分馆;

(7)其他公共图书馆应该履行的业务。[③]

4. 公共图书馆的运营与经费来源

韩国的公共图书馆有公立、私立之分,其运营原则和经费来源有区别。

现行《图书馆法》规定,为了有效地运营公立公共图书馆,加强图书馆与其他文化设施的紧密协作,“公立公共图书馆必须设立图书馆运营委员会”,“图书馆运营委员会的组成及运营的必要内容由地方政府条例规定”。[④] 此外,《图书馆法》还对公立公共图书馆馆长的任职资格作了明确规定:“任命具有司书资格者担任公立公共图书馆馆长”。[⑤]

法律规定,公立公共图书馆的设立、运营及图书馆资料收集所需要的经费,由国家和地方政府给予必要的支持。地方政府设立和运营公立公共图书馆的经费,纳入地方政府一般会计费。[⑥]

韩国现行《图书馆法》规定,公共图书馆根据总统令规定可以向用户收取使用费。总统令规定可以收取使用费的事项包括:①图书馆资料复制与数据库利用手续费;②个人研究室、会

---

① 图书馆法:2012 年 8 月 18 日实施,法律第 11310 号,2012 年 2 月 17 日部分修正. 第 27 条.

② 图书馆法实施令:2012 年 8 月 18 日实施,总统令第 24035 号,2012 年 8 月 13 日部分修正. 第 17 条第 2 款.

③ 图书馆法:2012 年 8 月 18 日实施,法律第 11310 号,2012 年 2 月 17 日部分修正. 第 28 条.

④ 图书馆法:2012 年 8 月 18 日实施,法律第 11310 号,2012 年 2 月 17 日部分修正. 第 30 条第 2—3 款.

⑤ 图书馆法:2012 年 8 月 18 日实施,法律第 11310 号,2012 年 2 月 17 日部分修正. 第 30 条第 1 款.

⑥ 图书馆法:2012 年 8 月 18 日实施,法律第 11310 号,2012 年 2 月 17 日部分修正. 第 29 条.

议室等设施利用的手续费；③发放会员证的手续费；④开展讲习、教育培训的手续费。[①]

私立公共图书馆运营的规定性弱于公立公共图书馆。法律规定，当私立公共图书馆要改变设施的性质功能时，应当进行变更登记；当私立公共图书馆欲停止运营时，应将登记证返还当地政府行政长官。

为了扶持私立公共图书馆的运营和发展，法律规定，“国家及地方政府可以给予私立公共图书馆必要的援助”。[②] 另外，“在国家及地方政府负责人认定私立公共图书馆建设和运营必要的情况下，私立公共图书馆可以无偿使用或租借国有和公共财产”。[③]

私立公共图书馆同样可以收取使用费，收费范围除与公立公共图书馆相同的部分外，还允许其收取“入馆费”。

5. 公共图书馆的设施与资料配置标准

韩国现行《图书馆法》对各级各类图书馆的设施、资料配置作出了明确规定：“为了保存、整理图书馆资料，方便用户利用，图书馆应当具备适当的设施及资料。”[④]为了落实这一规定，韩国《图书馆法实施令》详细规定了图书馆设施与资料的具体标准。

(1)公立公共图书馆的设施与资料配置标准

表 7.2 是韩国《图书馆法实施令》中有关公立公共图书馆设施与资料配置的具体标准。

表 7.2　公立公共图书馆设施与资料配置标准[⑤]

服务对象人数[⑥](人)	设施		资料	
	建筑面积(m^2)	阅览座席(个)	基本藏书(册)	年新增(册)
2 万以下	264 以上	60 以上	3000 以上	300 以上
2 万以上 5 万以下	660 以上	150 以上	6000 以上	600 以上
5 万以上 10 万以下	990 以上	200 以上	15 000 以上	1500 以上
10 万以上 30 万以下	1650 以上	350 以上	30 000 以上	3000 以上
30 万以上 50 万以下	3300 以上	800 以上	90 000 以上	9000 以上
50 万以上	4950 以上	1200 以上	150 000 以上	15 000 以上

在表 7.2 配置标准的基础上，还有一些针对具体情况的细化规定，主要包括：

- 服务对象人口在 2 万人以上的公立公共图书馆，除一般阅览室外，还应配置参考书阅

① 图书馆法实施令:2012 年 8 月 18 日实施，总统令第 24035 号，2012 年 8 月 13 日部分修正. 第 19 条.

② 图书馆法:2012 年 8 月 18 日实施，法律第 11310 号，2012 年 2 月 17 日部分修正. 第 32 条第 1 款.

③ 图书馆法:2012 年 8 月 18 日实施，法律第 11310 号，2012 年 2 月 17 日部分修正. 第 32 条第 2 款.

④ 图书馆法:2012 年 8 月 18 日实施，法律第 11310 号，2012 年 2 月 17 日部分修正. 第 5 条第 1 款.

⑤ 图书馆法实施令:2012 年 8 月 18 日实施，总统令第 24035 号，2012 年 8 月 13 日部分修正. 附表 1.

⑥ 在韩国现行的《图书馆法》中，“服务对象人数”是指作为图书馆服务对象的有关市(区设置的市除外，在城乡一体化的市中仅指洞)、区(在城乡一体化的市中仅指洞)、镇(邑)、乡(面)地区的人口。

览室、连续出版物阅览室、视听室、会议室、办公室等必备设施。

• 公立公共图书馆中儿童阅览坐席的数量不低于坐席总量的20%，老年人和残疾人阅览坐席的数量不低于坐席总量的10%。[①]

• 公立公共图书馆的馆藏资源，除基本藏书外，服务对象人数达到1000人的，应有1种以上的连续出版物，10种以上的视听资料且每年增加1种以上，同时应拥有一定数量的地方文献、电子资源及政府行政资料。

(2)私立公共图书馆与特殊类型公共图书馆的设施与资料配置标准

韩国现行《图书馆法》规定任何自然人和法人都可以设立私立公共图书馆，但设立者提出设立登记申请的前提，是私立公共图书馆应具备《图书馆法》所规定的设施、资料及司书馆员条件。韩国《图书馆法实施令》对私立公共图书馆的设施与资料配置标准，仅规定了最低入门标准：具备服务对象人口在2万人以下的公立公共图书馆所应有的设施与资料条件，即私立公共图书馆应满足的最低标准是：设施建筑面积264平方米以上，阅览坐席60座以上，基本藏书3000册以上，年新增藏书300册以上。

在韩国，有大量散布在公众生活区域，以提供知识信息、开展阅读服务为主，但尚未达到《图书馆法》所规定的公立公共图书馆设施和资料标准的“小图书馆”，《图书馆法实施令》规定了这类“小图书馆”设施和资料的配置标准：设施建筑面积33平方米以上(不包括门厅、休息室、走廊、卫生间以及食堂等面积)，阅览坐席6座以上，藏书1000册以上。[②]

盲人图书馆也属于公共图书馆的范畴。《图书馆法实施令》规定了盲人图书馆设施和资料的配置标准：设施建筑面积66平方米以上(阅览室及书库面积占建筑面积的45%以上)，配备盲文制版机1台以上、盲文印刷机1台以上、盲文打字机1台以上、录音机4台以上，盲文读物1500册以上，录音带500盘以上。

向社会公众提供特定领域专业文献和服务的“专业图书馆”，也可视为一种特殊类型的公共图书馆。《图书馆法实施令》规定了这类“专业图书馆”的设施与资料配置标准：阅览室面积165平方米以上，专业资料(含纸质文献和视听资料)3000册/盘以上。

6. 公共图书馆的司书配置标准

司书是韩国图书馆中的馆员。韩国现行《图书馆法》规定，图书馆应配置运营所必需的司书。现行《图书馆法实施令》规定了公立公共图书馆的司书配置标准，基本原则是配置司书的数量与图书馆的设施规模、馆藏资源数量挂钩。具体标准如表7.3。

表7.3 公共图书馆司书配置标准[③]

类别	配置标准
公共图书馆(私立公共图书馆及特殊类型的公立公共图书馆除外)	1. 建筑面积在330平方米以下，配置司书3名。 2. 建筑面积超过330平方米以上部分，每330平方米增设司书1名；或6000册基本藏书以上部分，每6000册藏书增设司书1名。
小图书馆	公立小图书馆配置司书1名以上。
残疾人图书馆	盲人图书馆配置司书1名以上。

①②图书馆法实施令：2012年8月18日实施，总统令第24035号，2012年8月13日部分修正.附表1.

③ 图书馆法实施令：2012年8月18日实施，总统令第24035号，2012年8月13日部分修正.附表2.

第三节　韩国的司书资格制度和司书公务员制度

一、司书资格制度

1. 司书资格制度产生的背景

根据《国立中央图书馆60年史》、[①]《韩国图书馆协会60年史》[②]等文献记载，韩国最初的近代司书教育源于1939年朝鲜图书馆联盟实施的图书馆事务讲习会，到1943年共举办5次，后因二战爆发中断。1946年4月1日，国立图书馆（今国立中央图书馆）设立了朝鲜图书馆学校，后更名为国立图书馆学校，同年10月，学校接收了当时已经解体的朝鲜图书馆联盟，以此为契机，韩国开始了自己主导的司书养成工作。1947—1949年期间，国立图书馆和朝鲜图书馆协会共同举办了三期图书馆事业讲习会，144名在职馆员参加了学习。讲习会后因战争爆发而中断。

1957年，在美国乔治皮博迪师范大学（the George Peabody College for Teachers）教育使节团的帮助下，韩国延世大学创办了图书馆学系（现更名为文献情报学系），在韩国率先开设了4年制本科图书馆学专业和两年制研究生院硕士课程，韩国通过高等教育培养图书馆专门人才的历史由此开始。同年，延世大学还开设了韩国图书馆学堂，开展对图书馆员的继续教育，一直延续到1971年年初。几乎与延世大学创办图书馆学专业的同时，韩国梨花女子大学（1959年）、中央大学（1963年）以及成均馆大学（1964年）也相继设立图书馆学系。延世大学和梨花女子大学分别在1957年和1959年设立了图书馆学硕士点，分别于1980年和1987年设立了图书馆学博士点。截至2011年5月，韩国共有32所高校设立了文献情报学本科，其中25所高校有硕士点，15所高校有博士点，17所高校设置了培养司书的教育研究生院，3所高校设置了培养司书的教育院。[③]

1963年，韩国第一部《图书馆法》颁布。从此，韩国的司书资格制度有了法律依据和保障。此后，随着《图书馆法》的不断修正，司书资格制度也不断走向完善。

2. 司书资格及其条件

韩国司书资格制度的确立和发展与韩国《图书馆法》的产生与演变息息相关。在《图书馆法》中，司书资格和培养标准是重要内容之一。韩国司书资格制度的法律化，体现了图书馆职业专业性的法律认可和社会认可。

韩国图书馆的工作人员一般分为司书、行政人员和其他事务人员三类，司书是图书馆中接受过系统专业教育的馆员。韩国法律化的司书资格制度是在1963年10月28日公布的《图书馆法》（法律第1424号）中确立的。当时的法律规定，司书分为"正司书"和"准司书"。自1987年起，司书的职级修改为一级正司书、二级正司书和准司书三类，一直延续至今。

1963年韩国的《图书馆法》颁布后，1965年3月26日制定的《图书馆法实施令》（总统

① 국립중앙도서관. 국립중앙도서관60년사 [M] . 서울: 국립중앙도서관,2006.

② 韓國圖書館協會. 韓國圖書館協會60年史[M]. 서울:韓國圖書館協會,2006.

③ 段明莲. 韩国图书馆学情报学教育与馆员认证制度对我国的启示[C]//中国图书馆学会编. 中国图书馆学会年会论文集·2011年卷. 北京:国家图书馆出版社,2011:195—199.

令第2086号)首次明确规定了司书的资格条件。此后,伴随着《图书馆法》及其配套规章的修订,司书的资格条件也在不断变化。现行的《图书馆法实施令》所规定的一级正司书、二级正司书以及准司书的资格条件如表7.4。

表7.4 司书资格条件①

司书职级	资格条件
一级正司书	1. 根据《高等教育法》在研究生院获文献情报学或图书馆学博士学位者; 2. 持有二级正司书资格证,根据《高等教育法》在研究生院获非文献情报学或图书馆学博士学位者,或获情报处理技师资格者; 3. 持有二级正司书资格证,图书馆工作经历或在文化体育观光部令指定的其他机构研究文献情报学或图书馆学的经历(以下简称"图书馆等工作经历")6年以上,根据《高等教育法》在研究生院获硕士学位者; 4. 持有二级正司书资格证,图书馆等工作经历9年以上,在文化体育观光部令指定的教育机构(以下简称"指定教育机构")履修了文化体育观光部令规定的教育课程(以下简称"规定教育课程")者。
二级正司书	1. 根据《高等教育法》在大学(包括教育大学、师范大学、远程大学等此类大学)文献情报学或图书馆学专业毕业,或在法律上有同等学力认证修了文献情报专业者; 2. 根据《高等教育法》在研究生院获文献情报学或图书馆学硕士学位者; 3. 根据《高等教育法》在教育研究生院专修图书馆教育或司书教育,并获硕士学位者; 4. 根据《高等教育法》在研究生院获非文献情报学或图书馆学硕士学位,并在指定的教育机构履修了规定教育课程者; 5. 持有准司书资格证,根据《高等教育法》在研究生院获硕士学位者; 6. 持有准司书资格证,图书馆等单位的工作经历3年以上,在指定的教育机构履修了规定教育课程者; 7. 根据《高等教育法》大学毕业并持有准司书资格证,图书馆等单位工作的经历1年以上,在指定的教育机构履修了规定教育课程者。
准司书	1. 根据《高等教育法》在专科大学(包括授予专科学士学位的网上大学)文献情报系或图书馆系毕业者,或具有同等以上学历,并履修了文献情报学或图书馆学专业课程者; 2. 根据《高等教育法》在专科大学(包括授予专科学士学位的网上大学)毕业者,或具有同等以上学历,在指定的教育机构履修了规定教育课程者; 3. 根据《高等教育法》大学毕业者,在校期间辅修了文献情报学或图书馆学专业课程者。

图7.1是韩国司书资格获取过程的示意图。

韩国的司书资格条件与下列4个要素关系密切。

① 图书馆法实施令:2012年8月18日实施,总统令第24035号,2012年8月13日部分修正。附表3.

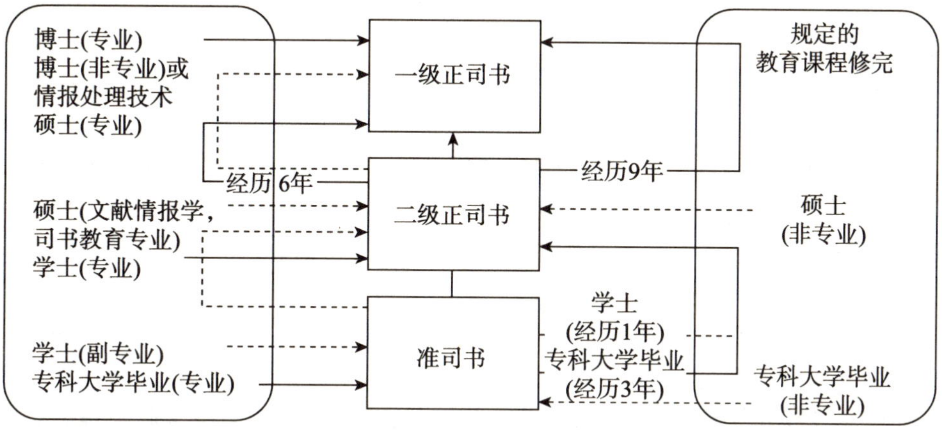

图 7.1 韩国司书资格获取过程示意图[①]

第一,拥有文献情报学或图书馆学的专业学位。例如,一级正司书要求在大学研究生院获文献情报学或图书馆学博士学位,二级正司书要求获文献情报学或图书馆学硕士学位,准司书要求是专科大学文献情报专业或图书馆专业毕业,或者是在大学辅修了文献情报专业或图书馆专业课程。

第二,非文献情报学或图书馆学学位获得者,须具备在文化体育观光部部长指定的教育机构履修了规定教育课程的条件。

第三,具有图书馆等相关工作经历。例如,二级正司书晋升一级正司书,具有硕士学位者要求有 6 年以上图书馆工作经历,或在文化体育观光部指定的机构从事文献情报学或图书馆学研究的工作经历。若无硕士学位,则要求有 9 年以上图书馆等工作经历,并且要求在文化体育观光部部长指定的教育机构履修了规定教育课程。

第四,逐级晋升。例如,晋升一级正司书须持二级正司书资格证,晋升二级正司书须持准司书资格证。

上述规定最主要的着眼点在两个方面,一是是否接受过系统的专业教育,二是是否有足够的实际工作经历磨炼。这是与图书馆专业工作特点相适应的专业要求,对确保图书馆员具有良好的职业理念、职业素养和职业技能具有重要意义。在韩国,获得司书资格不是一件容易的事情,清州大学郭东哲教授说,"与其他任何专门职业的资格标准相比,一级正司书的资格毫不逊色"。[②]

3. 司书资格教育课程

在韩国,司书资格教育课程的教学科目最早出现在 1966 年 3 月 23 日颁布的《图书馆法实施规则》(文教部令第 172 号)中。当时规定的课程包括必修课和选修课两类。必修课有图书馆组织及管理、图书馆史、目录法、分类法、图书选择、参考业务以及一般参考资料 7 门;选修课包括图书馆学概论、书志学概论、图书馆与社会、图书及印刷史、著作权法、古书目录法、非书资料、文件管理、人文科学书志、社会科学书志、自然科学书志、韩国书志、视听资料、

①②郭东哲. 韩国的司书培养体系和资格制度[J]. 图书情报工作,2008(6):25.

各种近代韩国专题史料、司书实习。[1]《图书馆法实施规则》在1969年7月和1975年11月进行了修订,但司书资格教育课程沿袭了1966年的规定。

1989年3月25日,再次修订的《图书馆法实施规则》(文教部令第570号)颁布。这次修订,司书资格教育课程作了较大调整。首先是将《教育课程表》更名为《司书资格课程教学科目》。其次是全面调整了司书资格教育课程设置,具体表现是:第一,按照不同司书类型分别设置必修课和选修课。如,一级正司书的必修课包括图书馆评价论、比较图书馆学、图书馆情报协作体制论、图书馆系统分析论;二级正司书的必修课包括图书馆与社会、藏书开发论、资料组织论Ⅱ、[2]情报资料专题、情报检索、图书馆管理论Ⅱ、图书馆自动化论;准司书的必修课则包括图书馆及情报学概论、图书馆史、资料选择论、资料组织论Ⅰ、[3]非书资料、参考服务论、图书馆管理论Ⅰ。[4] 第二,加大了选修课的自由度。一级正司书在图书馆学或文献情报学的硕士、博士学位课程中选择;二级正司书在大学的图书馆学系或文献情报学系课程中选择;准司书则是在专科大学图书馆系或文献情报系课程中选择。第三,不同级别的司书选修课在学科领域与选课范围方面有限制。1989年3月之后直到2006年的《图书馆法》实施之前,司书资格课程基本稳定。唯一的变化是,1991年《图书馆振兴法实施规则》(文化部令第7号)中在准司书、一级正司书、二级正司书课程中分别增加了著作权Ⅰ、著作权Ⅱ和比较著作权课程。[5]

2006年的《图书馆法》实施后,与《图书馆法》配套的《图书馆法实施规则》于2007年4月颁布,取消了原实施规则中的《司书资格教育课程教学科目》。鉴于此,2008年7月2日,文化体育观光部以行政规则的形式发布了《司书养成机构教育课程及履修学分告示》,其中包括了《司书资格课程教学科目》。韩国学者说,司书资格教育课程以行政规则的形式“复活”了。表7.5是韩国现行的《司书教育机构教育课程及履修学分》(文化体育观光部告示第2012-28号,2012年8月3日部分修正)的主要内容。

表7.5 司书教育机构教育课程[6]

司书职级	必修课	选修课
一级正司书	图书馆评价论 比较图书馆学 图书馆协作体制论 图书馆系统分析论 比较著作权论	在文献情报学或图书馆学的硕士、博士学位课程中选择。

① 图书馆法实施规则:文教部令第172号,1966年3月23日制定.第6条.

② 标注“Ⅱ”者是深化课程。

③ 标注“Ⅰ”者是基础课程。

④ 图书馆法实施规则:1989年3月25日修改全文,文教部令第570号.第8条.

⑤ 图书馆振兴实施规则:1991年7月16日制定,文化部令第7号.第8条.

⑥ 司书教育机关的教育课程及履修学分:文化体育观光部告示,第2012-28号,2012年8月3日部分修正.

续表

司书职级	必修课	选修课
二级正司书	图书馆与社会 藏书开发论 资料组织论(Ⅱ) 情报资料专题 情报检索 图书馆管理论(Ⅱ) 图书馆自动化论 读书指导论(Ⅱ) 著作权论(Ⅱ)	在大学的文献情报学系或图书馆学系的课程中选择。
准司书	图书馆及情报学概论 图书馆史 资料选择论 资料组织论(Ⅰ) 非书资料论 参考业务论 图书馆管理论(Ⅰ) 读书指导论(Ⅰ) 著作权论(Ⅰ)	在专科大学文献情报学系或图书馆学系的课程中选择。
备注:表中的"Ⅰ"表示基础课,"Ⅱ"表示深化课程。		

司书资格教育课程以学分为单位计算,要求履修 30 学分,1 学分需要 16 学时以上的教学时间(包括实习课)。

4. 司书教师与实技教师(司书)

司书教师是指修完文献情报学或图书馆学课程并获司书教师资格的中小学图书馆员。实技教师(司书)是指依据《初、中等教育法》(法律第 11219 号,2012 年 1 月 26 日部分修正)第二十一条规定获得实技教师资格的中小学图书馆员。在韩国,初、中等学校的教师分为两类:一类是具有公务员身份的教师(即国立和公立初、中等学校的教师,称为教育公务员),另一类是非公务员身份的教师(即私立初、中等学校的教师)。与此相应,中小学校的司书教师有些是教育公务员,有些则不是。

根据《初、中等教育法》(法律第 11219 号,2012 年 1 月 26 日部分修正)的规定,中小学以及特殊学校的教师分为正教师(一、二级)、准教师、专门咨询教师(一、二级)、司书教师(一、二级)、保健教师(一、二级)、营养教师(一、二级)以及实技教师。教师必须具备《初、中等教育法》所规定的资格条件,并持有根据总统令由教育科学技术部部长审定并颁发的资格证。表 7.6 是目前韩国司书教师和实技教师(司书)的资格条件。

表 7.6 司书教师与实技教师(司书)资格条件[①]

职级 \ 资格条件	小学、中学、特殊学校
一级司书教师	1. 持有二级司书教师资格证,司书教师经历 3 年以上,接受资格培训者; 2. 持有二级司书教师资格证,在教育研究生院或教育科学技术部部令指定的研究生院教育系专修司书教育课程,获硕士学位,司书教师经历 1 年以上者。
二级司书教师	1. 大学、产业大学毕业生,在大学专修文献情报学或图书馆学,并修完所规定的教职课程者; 2. 持有准教师以上资格证,并接受所规定的司书教师培训者; 3. 在教育研究生院或教育科学技术部部令指定的研究生院教育系专修司书教育课程,并获硕士学位者; 4. 师范大学毕业生,并在大学专修文献情报学或图书馆学者。
实技教师(司书)	1. 专科大学(包括相当于专科大学的各类学校)毕业,在校修完总统令所规定的实业系列技能的人员,或毕业于高等技术学校各专业者,或依照《终身教育法》第三十一条第四项,毕业于专科大学同等学力的终身教育机构,履修与教师资格相关专业的学生; 2. 大学(包括相当于大学的各类学校)或专科大学毕业,在校修完艺能、体育以及总统令所规定的技能课者; 3. 实业系列高等学校或三年制高等技术学校毕业,参加实技教师资格鉴定合格者; 4. 具有实业系、艺能系或保健科相关知识和技能,参加实技教师资格鉴定合格者。

5. 司书资格证颁发统计

韩国的司书资格制度从 1963 年开始实施,1966 年首次根据《图书馆法实施令》(总统令第 2086 号)颁发司书资格证。截至 2011 年年底,韩国司书资格证获得者共计 73 340 人,其中一级正司书 1880 人,约占司书总数的 26%;二级正司书 42 649 人,占司书总数的 58%;准司书 28 811 人,占司书总数的 39%。1966—2011 年韩国历年司书资格证颁发情况见表 7.7。

表 7.7 1966—2011 年韩国司书资格证书颁发统计[②]

年度	资格证书种类				小计[④]
	一级正司书	二级正司书	更换资格证[③]	准司书	
1966—75		1410		1251	2661
1976		212		305	517
1977		132		428	560
1978		144		491	635
1979		176		609	785
1980		268		685	953

① 初、中等教育法:法律第 11219 号,2012 年 1 月 26 日部分修正.附表 2 教师资格标准第 21 条第 2 款.

② 表 7.7 参照韩国图书馆协会的内部资料制成。

③ "更换资格证"栏内数字是指 1990 年原有的正司书证更换成二级正司书的数量。

④ 在表 7.7 的"小计"和"累计"中不含各年资格证更换数字。

续表

年度	资格证书种类				小计
	一级正司书	二级正司书	更换资格证	准司书	
1981		368		685	1053
1982		226		814	1040
1983		389		1078	1467
1984		579		873	1452
1985		1014		835	1849
1986		1248		633	1881
1987		1459		719	2178
1988		1558		732	2290
1989		1653		712	2365
1990①	63	1516		580	2159
1991	54	1587	(30)	774	2415
1992	140	1510	(1611)	678	2328
1993	100	1467	(2345)	841	2408
1994	43	1376	(31)	663	2082
1995	51	1353	(14)	758	2162
1996	58	1358	(17)	854	2270
1997	43	1255	(10)	719	2017
1998②	35	1310	(18)	783	2128
1999	88	1405	(16)	896	2389
2000	55	1396	(19)	986	2437
2001	80	1368	(24)	920	2368
2002	75	1471	(14)	984	2530
2003	106	1381	(28)	949	2436
2004	96	1420	(33)	1030	2546
2005	81	1418	(26)	917	2416
2006	105	1449	(18)	841	2395
2007	138	1532	(12)	801	2471
2008	115	1509	(25)	790	2414
2009	128	1545	(20)	747	2420
2010	126	1569	(23)	752	2447
2011	100	1618	(33)	698	2416
总计	1880	42 649	(4367)	28 811	73 340

① 从1966年到1989年正司书不分一级正司书和二级正司书，1990年《图书馆法》修正后才开始分级。

② 根据1998年8月11日出台的《关于行政权限的委任和委托的规定》（总统令第15864号），国立中央图书馆已将资格证颁发和补发业务移交给了韩国图书馆协会。

表7.7反映的是韩国历年各类司书新增持证者的数量,以及各类司书资格证累计持证总人数。表7.7中的统计数据既包括调离图书馆专业岗位的持司书资格证者,也包括从事图书馆工作已故的持司书资格证者。因此,上述统计无法反映韩国图书馆从业人员中拥有司书资格者所占的比例和总数。

二、司书公务员制度

1. 司书公务员的定义与范围

司书公务员是指在由国家和地方政府及其所属机构运营的国立或公立图书馆、信息中心、资料室等机构工作的司书工种公务员。由政府资金运营的国立或公立图书馆范围广泛,包括中央政府及其所属机构运营的图书馆,如文化体育观光部下属国立中央图书馆、行政安全部下属国家记录院、国会下属国会图书馆、大法院下属法院图书馆、政府各部门内设的行政资料室、教育科学技术部下属的国立大学设置的大学图书馆等。在此类图书馆工作的司书职员都具有国家公务员身份。[①]

由地方政府及其所属机构运营的图书馆主要包括地方公共图书馆、地方议会运营的议会资料室、地方教育厅所属中小学设置的学校图书馆、地方公立大学设置的大学图书馆等,在这类图书馆工作的司书职员具有地方公务员身份。

2. 司书公务员的职级体系

根据韩国1949年《公务员聘用令》(总统令第208号)的规定,公务员编制的司书在不分职业群、工种的单一职级体系中有二级四类职位:三级甲类、乙类"司书官"和四级甲类、乙类"司书"。

在韩国2012年《公务员聘用令》(总统令第24124号,2012年9月28日部分修正)所附的《一般职公务员职级表》中,公务员分为两个职业群(行政职业群和技术职业群),31个工种,司书公务员是行政职业群的工种之一,细分为三至九级7个职级,见表7.8。

表7.8 公务员职级表中的司书职级[②]

区分	职业群	工种	种类	三级	四级	五级	六级	七级	八级	九级
一般职	行政	司书	司书	副理事官	书记官	司书事务官	司书主事	司书主事补	司书书记	司书书记补

地方职公务员的司书职级体系与国家职公务员的司书职级体系基本一致。简单地说,《公务员聘用令》中的司书职级体系,适用于所有国家和地方政府及其所属机构的司书公务员的人事管理。

3. 司书公务员的聘用考试

(1)司书公务员聘用考试的种类及其适用范围

在韩国,司书公务员聘用考试分为国家职及地方职司书公务员聘用考试、国会图书馆司书公务员聘用考试、司书教师聘用考试以及军务员聘用考试。

国家职及地方职司书公务员聘用考试,适用于配置国家职及地方职公务员的国立中央

---

① 全昌昊.图书馆司书资格、就业指引[OL].[2008-01-18].http://user.chollian.net/~chjeon12/librarian/faq.pdf.

② 公务员聘用令:总统令第24124号,2012年9月28日部分修正.附表1:一般职公务员职级表.

图书馆、法院图书馆、国家记录院、国立及公立大学图书馆、公立公共图书馆、政府部门资料室等国家和地方政府及其所属机构运营的国立及公立图书馆。国会图书馆司书公务员聘用考试只适用于国会图书馆。司书教师聘用考试适用于国立、公立中小学图书馆。司书军务员聘用考试仅限于在部队工作的具有公务员身份的行政人员。

(2)国家职及地方职司书公务员聘用考试

国家职及地方职司书公务员的聘用方式有两种：一是以非特定资格人员为对象的公开竞争聘用方式，二是限定特定资格的特别聘用方式。后者是针对持有司书资格证的人员进行公开选拔，故采用限定资格的特别聘用方式。

司书公务员选拔考试分笔试和面试。依据《公务员聘用考试令》(总统令第24200号，2012年11月27日部分修正)的有关规定，不同职级第一次和第二次笔试科目如表7.9所示。

表7.9　公务员聘用司书职考试科目[①]

级别	考试科目		种类	司书
			工种	司书
五级以上	公开聘用	第一次	必修	语言逻辑领域、资料解释领域、状况判断领域、英语、韩国史
五级以上	公开聘用	第二次	必修	资料组织论、图书馆管理论、参考服务论、情报学概论
五级以上	公开聘用	第二次	选修	人文科学书志、自然科学书志、社会科学书志、东洋书志、图书馆史、资料选择论，任选一门
五级以上	特聘、调职、晋升	第一次	必修	宪法、行政法
五级以上	特聘、调职、晋升	第二次	必修	资料组织论、图书馆管理论
五级以上	公升	第一次	必修	宪法、行政法、英语
五级以上	公升	第二次	必修	资料组织论、图书馆管理论、资料选择论
六级七级	公开聘用	第一次	必修	国语(包括汉文)、英语、韩国史
六级七级	公开聘用	第二次	必修	宪法、资料组织论、图书馆管理论、情报服务论
六级七级	特聘、调职、晋升	第一次	必修	行政法
六级七级	特聘、调职、晋升	第二次	必修	资料组织论、图书馆管理论
八级九级	公开聘用	第一次	必修	国语、英语、韩国史
八级九级	公开聘用	第二次	必修	资料组织概论、情报服务论
八级九级	特聘、调职、晋升	第一次	必修	社会
八级九级	特聘、调职、晋升	第二次	必修	资料组织概论

表7.9中，“公开聘用”是指具有资格的所有人员通过公开的竞争考试进行选拔聘用。“特聘”是指通过限制竞争的其他选拔程序从外部聘用的方法。“调职”是指在机构内部从一个职位平移到另一个职位。“晋升”是指职位有空缺时，按照晋升候补人员高低顺序在2—5倍人数范围内实施竞争性的晋升考试。“公升”是指职位有空缺时，通过公开竞争性考试遴选晋升人选。

① 公务员聘用考试令：总统令第24200号，2012年11月27日部分修正. 附表1：各种聘用考试科目表.

不同级别的司书公务员聘用考试科目有别，但六级与七级、八级与九级的考试科目相同。每个级别的考试分为第一次和第二次。第一次考试的内容是一般行政业务所必备的基本科目，第二次考试的内容是履行职务所必需的相关专门科目。第二次专门考试又分为必修和选修，五级公开聘用的第二次考试有一部分科目为选修科目。

在韩国，聘用司书公务员普遍采取限制竞争的特别聘用考试方式，要求应聘者须具有司书资格，并有一定时间的工作经历。在《公务员聘用考试令》中规定了特聘考试的应试资格：九级要求为准司书，八级要求二级正司书，七级要求有3年以上工作经历的二级正司书，六级要求一级正司书或有6年以上工作经历的二级正司书，五级要求有5年以上工作经历的一级正司书。

(3)国会图书馆司书公务员聘用考试

国会图书馆的司书作为国会所属公务员单独制定了聘用考试规定。根据《国会公务员聘用考试规定》(国会规定第725号,2012年9月27日部分修正)所附《职级别各种考试科目表》的有关规定，不同职级的司书职考试科目如表7.10。

表7.10　国会公务员聘用司书职考试科目①

<table>
<tr><td rowspan="2">职级</td><td rowspan="2" colspan="2">考试科目</td><td>职业群</td><td>行政</td></tr>
<tr><td>工种</td><td>司书</td></tr>
<tr><td rowspan="7">五级以上</td><td rowspan="3">公开竞争聘用</td><td>第一次</td><td>必修</td><td>语言逻辑领域、资料解释领域、状况判断领域、英语、韩国史</td></tr>
<tr><td rowspan="2">第二次</td><td>必修</td><td>图书馆管理论、资料组织论、情报检索论、参考服务论</td></tr>
<tr><td>选修</td><td>社会科学书志、行政法、经济学、政治学，任选一门</td></tr>
<tr><td rowspan="2">调职及一般晋升</td><td>第一次</td><td>必修</td><td>宪法、行政法</td></tr>
<tr><td>第二次</td><td>必修</td><td>资料组织法、图书馆管理论</td></tr>
<tr><td rowspan="2">特聘及公开竞争晋升</td><td>第一次</td><td>必修</td><td>宪法、行政法、英语</td></tr>
<tr><td>第二次</td><td>必修</td><td>资料选择论、图书馆管理论、情报学</td></tr>
<tr><td rowspan="5">六级与七级</td><td rowspan="2">公开竞争聘用</td><td>第一次</td><td>必修</td><td>国语(包括汉文)、英语、韩国史</td></tr>
<tr><td>第二次</td><td>必修</td><td>宪法、资料组织论、图书馆管理论、情报学</td></tr>
<tr><td rowspan="3">特聘、调职</td><td>第一次</td><td>必修</td><td>宪法</td></tr>
<tr><td rowspan="2">第二次</td><td>必修</td><td>资料组织论、情报学</td></tr>
<tr><td>选修</td><td>外国语(英语、日语、汉语、德语、法语、俄语)任选一门</td></tr>
<tr><td rowspan="4">八级与九级</td><td rowspan="2">公开竞争聘用</td><td>第一次</td><td>必修</td><td>国语、英语</td></tr>
<tr><td>第二次</td><td>必修</td><td>资料组织法、情报学概论、宪法</td></tr>
<tr><td rowspan="2">特聘、调职</td><td>第一次</td><td>必修</td><td>资料组织概论</td></tr>
<tr><td>第二次</td><td>必修</td><td>情报学概论</td></tr>
</table>

① 修正国会公务员聘用考试规定：国会规定第725号,2012年9月27日部分修正.附表1职级别各种考试科目表:2011年9月26日.

与国家职及地方职司书公务员聘用考试科目相比，国会公务员司书职的考试科目有一定差异。首先，国会公务员司书职除八级和九级外，其他职级都将“情报学”、“图书馆管理论”以及“资料组织论”作为聘用考试的必修科目，但不包括《公务员聘用考试令》中的必修科目——“情报服务论”。其次，国会公务员司书职五级以上公开竞争聘用第二次考试选修科目，只保留了一门公务员聘用考试科目——“社会科学书志”。与此同时，新增了“行政法”、“经济学”以及“政治学”。在第二次选修课考试科目的设置上，体现了社会科学领域专业图书馆的个性，尤其是反映了国会图书馆的特性。

(4)司书军务员聘用考试

军务员是指作为普通人在部队工作、具有公务员身份的行政人员。司书军务员是指在军校或教育司令部所属学校等非战斗部队的图书馆工作、具有公务员身份的司书，由国防部和陆海空军本部通过个别公开聘用或特聘方式选拔。按照韩国《军务员人士法施行令》的规定，司书军务员分为九级司书军务书记补、八级司书军务书记、七级司书军务主事补、六级司书军务主事、五级司书军务事务官以及四级司书军务书记官，共6个职级。

司书军务员的聘用考试分为笔试和面试两种。考试科目与司书公务员的考试科目基本相同。

后　记

2009年初,在谋划"《公共图书馆法》立法支撑研究"内容架构时,对国外公共图书馆法进行系统深入研究的任务又一次提上日程。由于这次研究有明确的目的——为我国的公共图书馆立法提供国际经验借鉴,所以对研究成果也有不同以往的期冀:首先希望能够对不同国家的公共图书馆法律体系有整体性展现,其次希望能对不同国家的公共图书馆专门立法确立的基本制度、涉及的主要问题有准确的介绍分析,还希望能够分析和研究不同国家公共图书馆法律法规发展演变的趋势和规律。在研究方法上,虽然还做不到全部建立在现场考察、实地收集资料的基础上展开研究,但至少要求要依据第一手的原始资料进行研究,以避免以往常见的二手资料辗转稗贩、以讹传讹的现象。要把这样的期冀变成现实,对研究者的最低要求是,有良好的国外原始文献阅读和理解能力,有良好的国外文献资料检索、收集和获得的能力与条件。

伴随着"《公共图书馆法》立法支撑研究"项目的展开,我从2009年开始在北京大学有计划地安排博士和硕士研究生对国外主要国家的公共图书馆法进行系统研究。在四五年的时间里,学生们的研究触角先后涉及了美国、英国、加拿大和澳大利亚。依托着北京大学良好的国外文献资料获得环境和条件,再加上研究成果需要形成学位论文的压力和动力,这几项研究成果在全面性、系统性、准确性上确有超越以往之处。

2012年,我组织的研究团队在竞争性招标中获得了国家社科基金重大项目"加快公共文化立法,提高文化建设法制化水平研究"(批准号:12&ZD032),该项目的子课题之一,就是"《公共图书馆法》立法跟踪及配套规章研究"。按照研究计划,我们开始对有关美、英、加、澳公共图书馆法的研究成果进行修改完善,同时启动对日本和韩国公共图书馆法的研究。早在2008年的时候,我和韩国延世大学荣誉教授、也是中国图书馆界的老朋友李炳穆先生在《图书情报工作》杂志上做过一个专题,名为"中韩图书馆法治研究"(见《图书馆情报工作》2008年第6—7期),把韩国2006年10月最新修订颁布的《图书馆法》全面系统地介绍到了中国。这次的韩国公共图书馆法研究,北京大学段明莲教授在2008年李炳穆教授等人专题研究的基础上,补充了最新资料,介绍了最新进展,堪称截至目前国内最为全面系统的有关韩国公共图书馆法的研究成果。我本人从1995年开始关注和研究日本图书馆法的相关问题,屈指算来,已近20年光景,这次承担了日本公共图书馆法专题研究的任务。

本书目前形成的各章节,都是在一项全面系统的研究成果基础上浓缩提炼而成。承担每一国度研究任务并完成本书各章初稿的作者如下:

第一章　美国联邦公共图书馆法　孙冰

第二章　美国州公共图书馆法　高长伟

第三章　英国公共图书馆法　曹磊

第四章　加拿大公共图书馆法　唐开敏

第五章　澳大利亚州公共图书馆法　王学思

第六章　日本公共图书馆法　李国新

第七章　韩国公共图书馆法　段明莲

全书的章节架构设计及最终统稿由李国新完成。

本书是一项集体研究成果,内容覆盖了当今世界图书馆事业较为发达的主要国家。引发本书研究的直接原因,就是国内的公共图书馆立法。目前,我国的《公共图书馆法》制定正在稳步推进,希望本书的研究能为公共图书馆立法提供参考和借鉴。改革开放以来,国内图书馆界有关图书馆法治建设的研究持续不断,但以一部专门著作的容量较为系统地研究国外主要国家的公共图书馆法,本书还是第一次。第一次有开创之难,自然也有疏漏和问题,我们希望听到商榷和批评。

最后,我代表我们的研究团队感谢国内外同仁、朋友对我们研究的帮助和支持,感谢国家图书馆出版社编辑为本书出版付出的辛劳。

李国新
2013 年 2 月 15 日